N. T. Wright

Offenbarung für heute

BRUNNEN
Verlag GmbH · Giessen

Zusätzlich als E-PDF erhältlich:

N. T. Wright, Offenbarung für heute – ***Studienführer.***
ISBN 978-3-7655-7329-3, www.nt-wright.de

Der „Studienführer" macht „Offenbarung für heute" zum idealen Material für Kleingruppen oder zum persönlichen Bibelstudium. Fragen zu jedem Bibelabschnitt helfen, sich die biblischen Texte zu erarbeiten und sie für unsere Welt heute lebendig werden zu lassen.

Titel der englischen Originalausgabe
Revelation for Everyone

Originalausgabe: 2011, Society for Promoting Christian Knowledge
36 Causton Street
London SW1P 4ST
www.spckpublishing.co.uk
Großbritannien

Aus dem Englischen von Johann Alberts

2. Auflage 2024

www.brunnen-verlag.de
Umschlaggestaltung: Ralf Simon
Satz: DTP Brunnen
Herstellung: CPI GmbH, Leck
ISBN 978-3-7655-0628-4

Inhalt

Vorwort zur deutschen Ausgabe

Mit der deutschen Ausgabe der Kommentarreihe von N. T. Wright zum gesamten Neuen Testament verbinden sich einige Hoffnungen.

Die erste Hoffnung ist eine schlichte, aber nicht unwichtige: dass Wrights Übersetzung und Auslegung vielen Menschen helfen möge, das Neue Testament besser zu verstehen. Der Kommentar bietet dazu geschichtliche Erläuterungen und Impulse für das Leben hier und heute – kurzweilig erzählt sowie mit Bildern und Geschichten aufgelockert.

Die zweite Hoffnung lautet, dass sich durch die Lektüre die Sicht dafür weiten möge, was das Neue Testament zu sagen hat. N. T. Wright ist ein Mann für die großen Linien und Zusammenhänge der gesamten Bibel. Also werden auch die alttestamentlichen Bezüge des Neuen Testaments gebührend beachtet. Wrights Kommentar zu lesen heißt, sich herausfordern zu lassen, die Bibel als gewaltiges, atemberaubendes Drama zu lesen. Dieses Drama umspannt die Geschichte Gottes mit der Welt von der Schöpfung bis zur Neuschöpfung des Kosmos. Jesus ist darin der Dreh- und Angelpunkt.

Die dritte und größte Hoffnung lautet, dass diese Kommentarreihe dazu dienen möge, dass viele Menschen die Stimme Gottes im Neuen Testament hören. Die Bibel kompetent zu lesen und zu verstehen ist das eine. Sich von dem Drama anstecken zu lassen und selbst eine Rolle darin zu spielen ist das andere. Erst wenn beides geschieht, wird der Gott, der hier präsentiert wird, wirklich ernst genommen.

Das Neue Testament präsentiert diesen Gott schließlich nicht als nette Idee oder Wunschvorstellung, die vielleicht tröstlich, aber nur eine schöne Illusion ist. Dieser Gott wird als die letzte umfassende Wirklichkeit und Jesus von Nazareth als reale geschichtliche Person und lebendiger Herr der Welt präsentiert. Darin steckt Sprengstoff, den es wieder neu zu entdecken und im Geist der Liebe auszuleben gilt.

Rainer Behrens, Herausgeber

Einleitung

Als jemand zum allerersten Mal den Menschen öffentlich von Jesus erzählte, machte er eines ganz klar: Diese Botschaft ist für alle Menschen, und sie ist aktuell, sie ist jeweils *für heute*.

Das war ein großer Tag – manchmal wird er der Geburtstag der Kirche genannt. Der stürmische Wind des Geistes Gottes hatte die Nachfolger Jesu durchgepustet und sie mit einer neuen Freude erfüllt, mit einem Gefühl für Gottes Gegenwart und Kraft. Petrus, ihr Anführer, hatte nur ein paar Wochen vorher wie ein kleines Kind geweint, weil er gelogen, geflucht und geleugnet hatte, Jesus überhaupt zu kennen. Nun war er selbst überrascht, dass er vor einer riesigen Menschenmenge stand und den Leuten erklärte, dass etwas geschehen war, das die Welt für immer verändert hatte. Was Gott für ihn, Petrus, getan hatte, begann er nun für die ganze Welt zu tun: Neues Leben, **Vergebung**, neue Hoffnung und Kraft blühten auf wie eine Frühlingsblume nach einem langen Winter. Ein neues **Zeitalter** hatte begonnen. Der lebendige Gott war nun dabei, neue Dinge in der Welt zu tun – und er fing damals an Ort und Stelle mit den einzelnen Menschen an, die Petrus zuhörten. „Diese Verheißung gilt *euch*“, sagte er, „und euren Kindern und allen, die weit weg sind“ (Apostelgeschichte 2,39). Die Botschaft war nicht nur für die Person neben Ihnen. Die Botschaft war für alle.

Innerhalb einer erstaunlich kurzen Zeit bewahrheitete sich dies in einem derartigen Ausmaß, dass sich die junge Bewegung in einem Großteil der damals bekannten Welt verbreitet hatte. Die Verheißung, dass die Botschaft für alle war, wurde unter anderem durch die Schriften der frühchristlichen Anführer vorangetrieben. Diese kurzen Werke – zumeist Briefe und Storys[1] über Jesus – wurden weit ver-

[1] Anm. des Übers.: Der Gebrauch des Begriffs *story* (eine „Geschichte“) ist im Werk von N. T. Wright von besonderer Bedeutung. Der Begriff wird trotz einer gewissen Sperrigkeit auch in der deutschen Übersetzung mit „Story“ wiedergegeben, da der

breitet und begierig gelesen. Sie waren niemals für eine religiöse oder intellektuelle Elite gedacht. Von Anfang an richteten sie sich an alle Menschen.

Das gilt heute genauso wie damals. Natürlich ist es wichtig, dass sich einige Leute sorgfältig mit der historischen Evidenz befassen, mit der Bedeutung der ursprünglichen Wörter (die frühen Christen schrieben auf Griechisch) und mit der exakten und zielgerichteten Stoßkraft dessen, was die Autoren über Gott, Jesus, die Welt und sich selbst sagten. Diese Kommentarreihe basiert ganz klar auf Arbeiten dieser Art. Doch der Punkt, um den es letztlich geht, ist der: dass die Botschaft alle Menschen erreicht, besonders Menschen, die normalerweise kein Buch mit Fußnoten und griechischen Wörtern lesen würden. Für diese Menschen sind diese Bücher geschrieben worden. Deshalb gibt es am Ende jedes Bandes eine Liste mit Begriffen, mit den Schlüsselwörtern, ohne die man nicht auskommt. Die Bedeutung dieser Begriffe wird in einfachen Worten erklärt. Immer, wenn ein Wort **fett gedruckt** erscheint, können Sie in der Liste am Ende nachschlagen und sich erinnern, was der Begriff bedeutet.

Heute stehen uns natürlich zahlreiche Übersetzungen des Neuen Testaments zur Verfügung. Die Übersetzung, die ich hier liefere, ist auf dieselbe Leserschaft zugeschnitten: Leser, die den stärker formalen, manchmal gar schwerfälligen Ton von manchen Standardübersetzungen nicht unbedingt leicht verstehen. Ich habe natürlich versucht, mich so nah wie möglich an den Urtext zu halten. Doch meine

---

Begriff „Geschichte" durch den Begriff *history* belegt ist und der Begriff „Erzählung" durch den Begriff *narrative*. Dabei ist zu beachten, dass Wright den Begriff „Story" in keiner Weise abwertend benutzt im Sinne von: „Das ist doch bloß so eine Story." Eine Story ist nach Wright eine erkenntnistheoretische Grundkategorie, eine Geschichte oder Erzählung, *die dem Erzählten einen bedeutungsvollen Rahmen gibt*. Die Story beantwortet also nicht die Frage, ob Ereignisse historisch gesichert sind oder nicht, sondern sie verleiht den erzählten Ereignissen die Bedeutung, die der Autor vermitteln will. Vgl. dazu ausführlicher N. T. Wright, *Das Neue Testament und das Volk Gottes* (Marburg: Francke, 2011), Teil II.

Hauptabsicht war es sicherzustellen, dass die Wörter nicht nur zu einigen Menschen sprechen können, sondern zu allen Menschen.

Heute halten viele Menschen die Offenbarung für das am schwersten verständliche Buch des Neuen Testamentes. Es ist voll von fremdartigen, reißerischen und manchmal sogar bizarren und gewalttätigen Bildern. Man würde meinen, dass es uns in einer Welt von aufwendig inszenierten Filmen mit ihren aufregenden und komplexen Bildern zur Offenbarung hinziehen müsste wie Enten zum Wasser, aber es scheint nicht immer so zu sein. Viele Menschen, die sich in den Evangelien, der Apostelgeschichte und den Paulusbriefen ziemlich zu Hause fühlen, schleichen auf Zehenspitzen um die Offenbarung herum mit dem Gefühl: Ich gehöre nicht wirklich hierhin! Aber sie gehören dorthin! In Wahrheit präsentiert dieses Buch eine der klarsten und schärfsten Visionen über Gottes endgültige Absicht mit der ganzen Schöpfung. Es erzählt, wie die mächtigen Kräfte des Bösen auf tausend Arten an der Arbeit sind, nicht zuletzt in tyrannischen politischen Systemen, die sich selbst zum Götzen machen. Doch Jesus, der Messias, und dann auch seine Nachfolger können und werden diese Mächte besiegen und entthronen. Die Welt, in der wir heute leben, ist nicht weniger komplex und gefährlich als die Welt im späten ersten Jahrhundert, als dieses Buch geschrieben wurde. Wir sind es uns selber schuldig, unsere Gedanken und unsere Herzen um die herrlichen Bilder des Johannes kreisen zu lassen, wenn wir versuchen, treue Zeugen von Gottes Liebe in einer Welt von Gewalt, Hass und Misstrauen zu sein. Hier ist sie also: die Offenbarung für jedermann!

Tom Wright

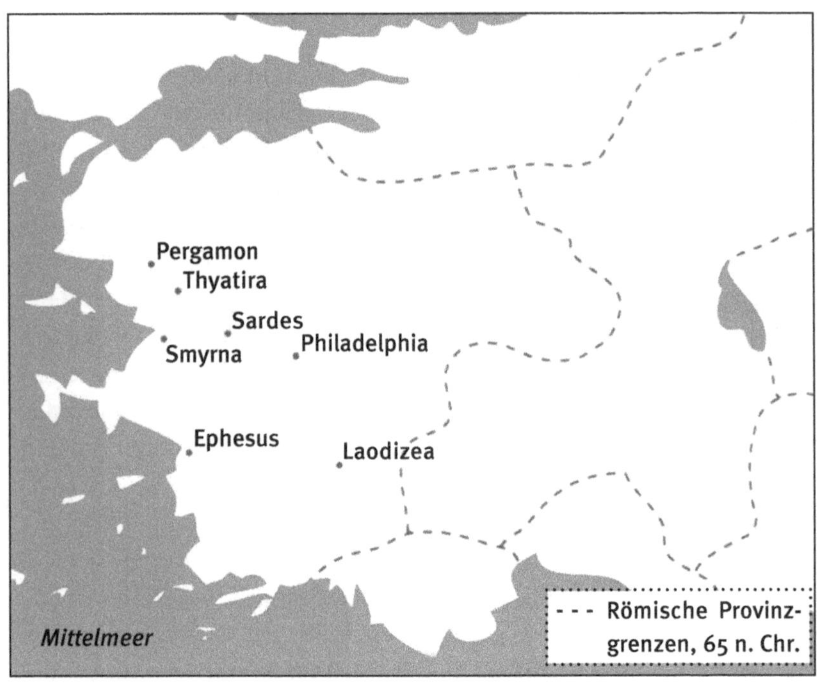

Die sieben Gemeinden Kleinasiens

Offenbarung 1,1-8: Schaut, er kommt!

1 Offenbarung von Jesus dem Messias! Gott gab sie ihm, um seinen
Knechten zu zeigen, was bald geschehen muss. Er teilte sie mit, indem
er seinem Knecht Johannes eine Botschaft durch seinen Engel sandte.
2 Johannes berichtete alles, was er sah. So bezeugte er das Wort Gottes
und gab den Bericht von Jesus, dem Messias, weiter. 3 Gottes Segen
sei mit dem, der die Worte dieser Weissagung liest, und mit dem, der
sie hört und sich an das, was darin geschrieben steht, hält. Denn die
Zeit ist nahe.

4 Johannes an die sieben Gemeinden in Asien: Gnade und Friede
sei mit euch von ihm, der da ist und der da war und der da kommt,
und von den sieben Geistern vor seinem Thron, 5 und von Jesus, dem
Messias. Er ist der treue Zeuge, der Erstgeborene von den Toten und
der Herrscher über die Könige der Erde. Ehre sei dem, der uns geliebt
und uns durch sein Blut von unseren Sünden befreit hat, 6 und uns als
Könige und Priester vor Gott, seinem Vater eingesetzt hat – Ruhm
und Macht sei ihm für immer und ewig. Amen.

7 Schaut! Er kommt mit den Wolken, und jedes Auge wird ihn se-
hen, ja, sogar diejenigen, die ihn durchbohrt haben. Alle Völker der
Erde werden seinetwegen trauern. Ja! Amen.

8 „Ich bin das Alpha und das Omega", spricht der Gott, der Herr,
der da ist und der da war und der da kommt, der Allmächtige.

Das Licht im Saal erlosch, und schnell verstummte das aufgeregte Stimmengewirr im Publikum. Bald war es ziemlich dunkel im Theater. Die Musik setzte ein, zunächst verhalten und geheimnisvoll, dann steigerte sie sich immer mehr bis zu einem ersten Höhepunkt. In dem Moment hob sich schlagartig der Vorhang. Wir hielten alle die Luft an – nicht nur wegen der plötzlichen Helligkeit, sondern auch wegen dem, was wir sahen.

Die Bühne war hervorragend gestaltet. Wir, das Publikum, hatten den Eindruck, mitten in einem großen Raum zu sein, an einem Ende des Geschehens. Fast sofort tauchten Schauspieler aus ihren Verstecken mitten im Publikum auf. Ihre Stimmen schienen aus unserer Mitte zu kommen, als sie sich auf den Weg zur Bühne machten. Die Bühne selbst, wie ein großer Raum in einem Schloss gestaltet, war schon halb voll mit Menschen und Tieren. Vorfreude schwebte über dem Saal: Jetzt würde zweifellos etwas Wichtiges geschehen …

Ich überlasse es Ihnen, das Stück zu erraten. Am Anfang der Offenbarung, dieses wunderbarsten und rätselhaftesten der biblischen Bücher, müssen wir den Gedanken der *Offenbarung* an sich verstehen. Dieses Wort ist mittlerweile zum Titel dieses Buches geworden. Das hat auch damit zu tun, dass der ursprüngliche Begriff „Apokalypse" zum Zeitpunkt der frühen Übersetzungen ins Deutsche nicht sehr geläufig war. Heutzutage sind „Apokalypse" und „apokalyptisch" in unserer Sprache viel gebräuchlicher. Vielleicht werden sie sogar zu inflationär verwendet: Man bezeichnet damit nicht mehr die plötzliche Enthüllung von bisher verborgenen Wahrheiten, sondern „apokalyptische" *Ereignisse*: gewaltsame und aufwühlende Geschehnisse wie Naturkatastrophen (Erdbeben, Vulkanausbrüche, Tsunamis) oder große gewalttätige Aktionen von Menschen. In diesem Sinne war der 11. September 2001 ein „apokalyptisches" Ereignis.

Aber das ist nicht ganz die Bedeutung, die „Offenbarung" oder „Apokalypse" in diesem Buch haben. Sein Autor Johannes – manchmal nennt man ihn „Johannes, den Seher", manchmal wird er (wohl zu Unrecht) mit dem Johannes identifiziert, der das Evangelium und die Briefe geschrieben hat – greift einen Erzählstil auf, der in der jüdischen Welt seiner Zeit sehr vertraut war. Dieser Erzählstil diente dazu, die Visionen und „Offenbarungen" zugänglich zu machen, die heilige, betende Menschen gesehen haben, wenn sie mit der Frage nach Gottes Absichten und Zielen rangen. Sie fühlten sich zusammen mit dem Rest von Gottes Volk im Dunkeln, so wie auch das Publikum im Theater. Sie studierten die alten Schriften und beteten. Sie glaubten, dass die Musik auf irgendetwas vorbereitete. Aber niemand war sich sicher, auf was. Und dann bemerkt der „Seher" – dieses Wort spiegelt die Realität wider: jemand, der etwas sieht, was die anderen noch nicht wahrnehmen –, dass sich der Vorhang hebt wie im Theater bei der Premiere. Plötzlich nimmt der „Seher“ eine Szene wahr, ja er wird sogar eingeladen, an dem Fortgang von Gottes Drama teilzunehmen.

„Offenbarung“ – die Idee und das Buch – basieren auf der alten jüdischen Überzeugung, dass der Bereich, wo Gott lebt und wirkt („Himmel“) und unser Lebensraum („Erde“) nicht durch einen großen Graben getrennt sind. Vielmehr berühren und vermischen sie sich und sind in vielfältiger Weise miteinander verflochten. Für die Juden geschah das vor allem im Tempel. Es ist wichtig, dass wir das im Hinterkopf behalten, wenn die Geschichte sich entfaltet. Die meisten Menschen scheinen blind zu sein für diese Realität und sehen nur die irdische Seite der Geschichte. Manche scheinen zu ahnen, dass es im Leben mehr gibt, aber sie sind sich nicht sicher, um was es da genau geht. Die alten Juden rangen darum, beide Seiten der Geschichte zu sehen, auch wenn es oft ihre Möglichkeiten überstieg.

Die ersten Christen glaubten, dass Jesus von Nazareth in Person zu dem Ort geworden ist, wo sich Himmel und Erde berühren. So glaubten sie, direkt in Gottes eigene Welt sehen zu können, wenn sie auf ihn sahen und besonders, wenn sie seinen Tod und seine Auferstehung betrachteten. Sie konnten dann Dinge über Gottes Absichten und Ziele verstehen, die sich vorher niemand hätte vorstellen können.

Das war aber noch nicht alles. Die frühchristliche Bewegung wuchs und entwickelte sich sehr dynamisch. Damit kamen neue Fragen auf: Was tut Gott jetzt? Welche Pläne hat er für die kleinen Kirchen, die rings ums Mittelmeer verteilt lagen? Wo sollte all das enden?

Drängend war auch die Frage, wieso Gott es zuließ, dass die Nachfolger Jesu Verfolgung erleiden mussten. Welche Position mussten sie einnehmen gegenüber der am schnellsten wachsenden „Religion“ jener Tage, dem Kaiserkult? Mussten sie Widerstand leisten?

Es gab wohl verschiedene Gruppen von Christen in der alten Türkei, wo Johannes zu Hause war. Die meisten von ihnen waren arm und trafen sich in ihren Wohnhäusern. Im Gegensatz dazu bauten die

Menschen in verschiedenen Städten große und teure Tempel für den Kaiser und seine Familie, um so ihre Loyalität zu Rom zu bekunden. Was würde Jesus selber dazu sagen? Verschwendeten die Christen am Ende ihre Zeit damit, einem gekreuzigten Juden nachzufolgen und nicht dem, der offensichtlich „Herr der Welt" war?

Die Offenbarung wurde geschrieben, um diese Frage mit einem klaren „Nein" zu beantworten – und um noch mehr zu sagen. Im Zentrum steht eine frische „Offenbarung von Jesus dem Messias" (Vers 1). In einem besonderen Moment erlebte Johannes, dessen Kopf und Herz voll waren von den Schriften Israels, wie sich der Vorhang hob. Er fand sich Jesus von Angesicht zu Angesicht gegenüberstehend wieder.

Wir kommen im nächsten Abschnitt darauf zurück. In diesem Abschnitt, der Einführung in die Einführung dieses Buches, lernen wir bereits fünf wichtige Dinge darüber, was für eine Art Buch dies ist und wie wir es lesen sollen. (Nicht erwähnt wird, dass wir es sorgfältig betend und denkend lesen und dabei bereit sein sollen, dass Gott den Vorhang hebt und wir mehr erspähen, als wir erwartet hätten.)

Als Erstes ist dieses Buch eine vierstufige *Offenbarung*. Sie behandelt etwas, das Gott der Vater Jesus enthüllt hat (Vers 1). Jesus gibt es durch einen Engel an „seine Diener" weiter, und dies durch einen speziellen Diener, Johannes. Gott – Jesus – Engel – Johannes – Gemeinden. Diese Linie verblasst im Fortgang des Buches, aber die grundlegende Struktur bleibt.

Zweitens hat das Buch die Form eines erweiterten *Briefes*. In den Kapiteln 2 und 3 gibt es spezielle Briefe an sieben Gemeinden in der westlichen Türkei, aber das Buch als Ganzes ist ein Brief von Johannes an alle Gemeinden und berichtet darüber, was er gesehen hat.

Drittens ist das Buch eine *Prophetie* (Vers 3). Wie viele Propheten im alten Israel bedient er sich frei der früheren biblischen Traditionen. Diese waren in sich Offenbarungen von Gott und seinen Zielen. Wieder und wieder erscheinen sie, in frischen neuen Formen.

Viertens dient das Buch auch als *Zeuge* (Vers 2). Wir begegnen hier einem verbreiteten Problem. Der Begriff „Zeuge“ wird auf verschiedene Arten verwendet, und es ist nicht immer einfach, sich für eine der Bedeutungen zu entscheiden. Wir sollten uns deshalb beide Bedeutungen vor Augen führen, wenn wir diesem Wort begegnen:

a) Oft nimmt das Wort „Zeuge“ das Bild auf, dass Gott einen großen himmlischen Gerichtsprozess durchführt. Vor diesem Gericht ist das „Zeugnis“ von Jesus und seinen Nachfolgern der Schlüssel zum abschließenden Urteil.

b) Ebenso oft kommt auch die Bedeutung des ursprünglichen griechischen Wortes *martys* zum Tragen, das im Wort „Märtyrer“ Eingang in die deutsche Sprache gefunden hat. Menschen, die in dieser Art „Zeugen“ sind, können auch zum Leiden und sogar Sterben für das, was sie gesagt haben, berufen sein.

Fünftens und bei Weitem das Wichtigste: Was auch immer kommen mag, es geht von der zentralen Gestalt, Jesus selber, und schlussendlich von Gott, dem Vater, „von ihm, der da ist und der da war und der da kommt“, aus (Verse 4 und 8). Schon in diese kurze Eröffnung packt Johannes einen guten Teil dessen, was er über Gott, Jesus und den göttlichen Plan glaubt. Gott ist der Allmächtige, er ist Anfang und Ende. Vers 8: Alpha und Omega sind der erste und der letzte Buchstabe im griechischen Alphabet. Dieser Titel erscheint am Anfang und am Ende von Johannes’ Buch (22,13). Andere „Herren“ und Herrscher werden ähnliche Titel beanspruchen, aber es gibt nur einen Gott, dem er wirklich zusteht.

Jesus hat durch seinen Tod und seine Auferstehung Gottes Pläne erfüllt. Er liebt sein Volk, er befreit es, indem er sich selber opfert. Sein Ziel für es: Er will es nicht nur retten, sondern ihm wichtige Aufgaben in seinem Dienst geben – all dies wird hier in Vers 6 kurz zusammengefasst. Und nicht zuletzt: Jesus wird bald zurückkehren, um seine Aufgabe zu vollenden und seine Herrschaft wie im Himmel, so auch auf der Erde aufzurichten.

Niemand wusste im ersten Jahrhundert, wann Jesus zurückkehren würde. Auch heute noch warten wir auf diesen Moment. Leben als

Christ und auch der Glaube an diesen einen Gott machen nur Sinn, wenn wir daran festhalten, dass Jesus wirklich zurückkommt und am Ende alle Dinge in Ordnung bringt.

Wir setzten uns in unserem Sessel zurecht, legen andere Sorgen zur Seite, und warten darauf, dass der Vorhang sich hebt.

Offenbarung 1,9-20: Jesus offenbart

9Ich, Johannes, Euer Bruder und Partner im Leiden, im Königreich und im geduldigen Standhalten in Jesus, war auf einer Insel namens Patmos wegen des Wortes Gottes und des Zeugnisses von Jesus. 10Am Tag des Herrn war ich im Geist und hörte hinter mir eine laute Stimme wie eine Posaune. 11„Schreib das, was du siehst, in ein Buch," sagte sie, „und schicke es an die sieben Gemeinden in Ephesus, Smyrna, Pergamon, Thyatira, Sardes, Philadelphia und Laodizea."

12Ich drehte mich um, um die Stimme zu sehen, die mit mir sprach. Hinter mir sah ich sieben goldene Leuchter. 13Mitten zwischen den Leuchtern sah ich „einen wie einen Menschensohn". Der trug ein langes Gewand und einen goldenen Gurt um seine Brust. 14Sein Kopf und seine Haare waren weiß, weiß wie Wolle oder wie Schnee. Seine Augen waren wie Feuerflammen. 15Seine Füße sahen aus wie edles Metall, das im Schmelzofen glüht, und seine Stimme war wie das Rauschen vieler Wasser. 16In seiner rechten Hand hielt er sieben Sterne, und aus seinem Mund kam ein scharfes zweischneidiges Schwert. Er leuchtete wie die Sonne, wenn sie mit voller Kraft scheint. 17Als ich ihn sah, fiel ich wie tot vor seine Füße.

Er berührte mich mit seiner rechten Hand. „Hab keine Angst", sagte er mir, „ich bin der Erste und der Letzte 18und der Lebendige. Ich war tot, und sieh: Ich lebe für immer und ewig. Ich habe die Schlüssel des Todes und des Hades. 19Und jetzt schreibe alles auf, was du siehst, sowohl das, was schon ist, als auch das, was noch gesche-

hen wird. [20]Übrigens, dies ist die geheime Bedeutung der Sterne, die du in meiner rechten Hand siehst, und der Leuchter: Die sieben Sterne sind die Engel der sieben Gemeinden, und die Leuchter sind die Gemeinden selbst."

Vor einigen Jahren gab es eine Sonnenfinsternis. Das geschieht selten genug, deshalb ist es ein großartiges Erlebnis. Es ist aber auch gefährlich, auf die Sonne zu starren, während sie hinter der Mondscheibe verschwindet. Wenn man sie durch ein Fernglas oder Teleskop anschaut, kann die Kraft der Sonne bleibenden Schaden anrichten oder sogar zur Erblindung führen.

Daher wurde in Radio, Fernsehen und Zeitungen zur Vorsicht aufgerufen. Es hieß, man solle nur durch spezielle dunkle Gläser in die Sonne schauen. Schließlich regte sich eine Person, die offensichtlich nur wenig Verständnis für naturwissenschaftliche Zusammenhänge hatte, sehr darüber auf. Die Sonnenfinsternis müsse doch, so dachte sie, eine sichere Sache sein, und sie schrieb einen Leserbrief an die Londoner *Times*: Wenn dieses Ereignis so gefährlich ist, wieso erlaubt dann die Regierung so etwas überhaupt?

Glücklicherweise ist es auch den totalitärsten Regierungen bis jetzt nicht gelungen, die Bewegungen von Sonne und Mond zu beeinflussen. Doch lohnt es sich, über die Gefahr des direkten Sonnenlichts nachzudenken, wenn wir den Bericht von Johannes über seine Begegnung mit Jesus hören. Gerade jetzt, während ich diese Sätze schreibe, bricht die Sonne durch milchige Wolken. Aber auch so kann ich nicht länger als ungefähr eine Sekunde hinsehen, dann muss ich den Kopf abwenden. Wenn jetzt Johannes, der das helle Licht des Mittelmeerraumes im Sinn hat, in dieser Art von Jesus spricht (Vers 16), dann sollten wir lernen, mit neuer Ehrfurcht über Jesus zu denken.

Manche betrachten Jesus als eine weit entfernte Figur, die der Fantasiewelt des ersten Jahrhunderts angehört. Für andere, das schließt auch einige enthusiastische Christen unserer Tage ein, ist Jesus derjenige, mit dem wir eine persönliche liebevolle intime Beziehung pflegen können. Johannes würde dem zweiten Bild zustimmen. Er würde uns aber doch vor der Vorstellung warnen, dass Jesus nur ein netter Kumpel ist, der unsere Seele streichelt. Wenn wir Jesus sehen würden wie er ist, würden wir uns nicht an ihn kuscheln, sondern wie tot zu seinen Füßen niederfallen.

Die Vision von Jesus (Vers 12-16) führt uns gleichzeitig in die Art ein, wie Johannes schreibt. Wie wenn jemand einen seltsamen Traum beschreibt, so kann man sich die Dinge, die er berichtet, nur schwer vorstellen. Die Schilderung gleicht mehr einem surrealen Gemälde oder einer Reihe sich verändernder computergenerierter Bilder, sie ist nicht eine simple Skizze. Am Anfang hört Johannes eine Stimme wie eine Posaune (Vers 10). Er berichtet dann: „Ich drehte mich um, um die Stimme zu sehen." In einem gewissen Sinn ist das genau richtig: Der Jesus, den er sieht, ist in der Tat die Stimme, das lebendige **Wort** des Vaters, der eine, durch den Gott sprach und immer noch spricht. Und die Worte, die Jesus selber ausspricht, werden zu einem sichtbaren Schwert, das aus seinem Mund kommt (Vers 16). Darin hören wir die Prophetie von Jesaja über den kommenden König (11,4) und den leidenden Knecht (49,2). Ein großer Teil dieses Buches dreht sich einerseits um Ideen, die sichtbar gemacht werden, und andererseits um wahr werdende Bibelworte. Wenn jemand, der von biblischen Texten erfüllt ist, viele Tage nachdenkt und betet, dann sieht er in seinen Träumen tatsächlich solche Dinge.

Ganz besonders ist, dass in dieser Schau zwei Gestalten aus Daniel 7, einer der berühmtesten biblischen Visionen, miteinander verbunden werden. (Neben den Büchern **Exodus**, Jesaja, Hesekiel und Sacharja ist Daniel eines von Johannes' Lieblingsbüchern.) Als das Leiden von Gottes Volk seinen Höhepunkt erreicht, nimmt der „Alte an Tagen" im **Himmel** seinen Sitz ein, und „einer wie der **Sohn eines Menschen**" (mit anderen Worten: eine menschliche Gestalt, die Gottes Volk und im gewissen Sinn die ganze menschliche Rasse repräsentiert) wird vor ihn gestellt und neben ihm auf den Thron gesetzt. Hier, in der Vision des Johannes, scheinen beide zu verschmelzen. Wenn wir Jesus anschauen, so sagt er, dann sehen wir durch ihn hindurch direkt auf den Vater selbst.

Vergegenwärtigen Sie sich jedes Detail dieses Bildes. Lassen Sie vor Ihrem geistigen Auge zu, dass diese flammenden Augen Sie innen und außen durchsuchen. Stellen Sie sich vor, Sie stehen neben einem gewaltigen Wasserfall. Er ist so laut wie beständiger Donner. Und dann stellen Sie sich vor, dieses Geräusch wäre eine menschliche Stimme, die um die Hügel und um ihren Kopf hallt. Und stellen Sie sich vor, dass sich diese Hand ausstreckt, um Sie zu berühren ...

Ja, Angst ist die natürliche Reaktion. Aber wie so oft an anderen Stellen sagt Jesus: „Hab keine Angst!" Ja, du leidest und dein Volk leidet (Vers 9). Ja, die Zeiten sind seltsam und hart. Harte und grausame Herrscher regieren die Welt und drücken einer Stadt nach der anderen ihren Willen auf. Für die sieben Gemeinden aber – sieben ist die Zahl der Vollkommenheit, so stehen die Gemeinden, die in Vers 11 aufgezählt sind, für alle Gemeinden in der Welt, die ganze Kirche, an allen Orten und zu allen Zeiten – ist es wichtig, dass sie wissen, dass Jesus selber in ihrer Mitte steht und dass die „Engel", die sie repräsentieren und sich um sie kümmern, in seiner rechten Hand sind.

Offenbarung 2,1-7: Der Brief an Ephesus

[1]Schreibe dies an den Engel der Gemeinde in Ephesus: „Dies sind die Worte von dem, der die sieben Sterne in seiner rechten Hand hält und der zwischen den sieben Leuchtern umhergeht. [2]Ich weiß, was du getan hat. Deine harte Arbeit und deine Geduld kenne ich. Ich weiß, dass du böse Menschen nicht tolerierst. Selbst ernannte Apostel, die nicht wirklich Apostel sind, hast du geprüft und entlarvt. [3]Du hast Geduld. Um meines Namens willen hast du große Lasten getragen und hast dich dabei nicht entmutigen lassen. [4]Eine Sache aber habe ich gegen dich: Du hast die Liebe, die du am Anfang zeigtest, verlas-

sen. [5]Erinnere dich wieder an den Ort, von dem du gefallen bist. Kehre um und tue wieder die Werke, die du am Anfang tatest. Wenn du nicht umkehrst, werde ich kommen und deinen Leuchter von seinem Platz stoßen. [6]Und doch spricht etwas für dich: Du hasst die Taten der Nikolaiten. Ich hasse sie auch. [7]Wer ein Ohr hat, soll auf das hören, was der Geist den Gemeinden zu sagen hat. In Gottes Paradies steht der Baum des Lebens. Jedem, der überwindet, werde ich das Recht verleihen, von ihm zu essen."

Als ich zum ersten Mal Ephesus besuchte, war ich überwältigt von der Größe und Pracht des Ortes. Massive Gebäude stehen immer noch dort, die bis ins erste Jahrhundert und noch weiter zurückdatieren. Allein schon das Amphitheater ist atemberaubend. Straßen, Häuser, Läden: Man bekommt einen sehr guten Eindruck davon, wie das Leben damals aussah. Es gibt einen Friedhof für Gladiatoren. Daran sieht man, wie ein Teil der Bevölkerung seine Freizeit verbrachte. Der Artemistempel (Artemis war der griechische Name der römischen Göttin Diana) war eines der Weltwunder der Antike. Wenn die Römer Tempel für die Stadt Rom oder für den Kaiser errichteten, so taten sie das vorzugsweise im großen Bezirk des Artemistempels selber. Man schätzt die Einwohnerzahl im ersten Jahrhundert auf eine Viertelmillion. Ephesus war die Hauptstadt der Region und die wichtigste Stadt in der westlichen Türkei.

Was man heute in Ephesus oder in den modernen Städten und Dörfern der Umgebung nicht sieht, sind Kirchen. Das mag auf den ersten Blick nicht verwundern. Aber Ephesus war eines der wichtigsten Zentren der frühen Christenheit. Am Anfang des zweiten Jahrhunderts galt Ephesus für viele christliche Autoren als das große Beispiel für **Glauben, Leben** und Zeugnis der Christen. Einige Jahrhunderte dauerte diese Vormachtstellung. Eines der großen Kirchenkonzile des fünften Jahrhunderts (431 n. Chr.) wurde hier abgehalten. Archäologen haben in der Stadt eine Kirche ausgegraben, in der das Konzil vielleicht stattgefunden hat. Aber, um es zu wiederholen: Heute existieren dort keine aktiven Kirchen. Wenn es Christen gibt, dann leben sie im Verborgenen.

Für die Leser des Johannes war das ein unvorstellbarer Gedanke. Auch wir können uns heute kaum vorstellen, dass unsere großen Kirchen leer und als Ruinen dastehen, ohne dass neue christliche Gemeinschaften ihren Platz einnehmen. Einst war hier blühendes christliches Leben. Jetzt findet man nichts mehr davon. Aber genau vor einer solchen Verwüstung warnt Jesus die Gemeinde in Vers 5: „Wenn du nicht umkehrst, werde ich kommen und deinen Leuchter von seinem Platz stoßen." Das ist – wie so vieles in diesen Briefen – eine ernste Warnung.

Die sieben Briefe, von denen dieser der erste ist, beinhalten klare und pointierte Warnungen an die jeweiligen Gemeinden, und darüber hinaus an viele christliche Gruppen in der weiteren Region. Sie richten sich aber auch an alle anderen, damals wie heute, die bereit sind, auf die Worte des auferstandenen Herrn zu hören. Diese Briefe sind alle gleich aufgebaut. Am Anfang erinnern sie immer an einen Aspekt davon, wie Jesus in Kapitel 1 beschrieben wird. Daraufhin lobt Jesus die Gemeinde für das, was bei ihnen gut läuft (nur in Laodizea scheint es nichts lobenswertes zu geben). Dann folgt eine Warnung wegen der Dinge, die falsch laufen (nur in Smyrna und Philadelphia findet sich nichts zu tadeln). Die Briefe enden mit einer feierlichen Mahnung und Verheißung: Der **Geist** spricht zu den Gemeinden. Er ruft die Christen auf, zu „überwinden" und verheißt ihnen einen Aspekt der herrlichen Zukunft, die Gott bereithält. Dabei dürfen wir uns nicht vorstellen, dass den Christen in Ephesus *ausschließlich* das Recht verheißen wird, vom Baum des Lebens zu essen, und dass denen in Smyrna *ausschließlich* die Rettung vor dem zweiten Tod versprochen ist und so weiter. Alle Verheißungen und alle Warnungen gelten für alle Gemeinden.

Gleichzeitig ist sich Johannes der Unterschiede und Besonderheiten der Gemeinden sehr wohl bewusst. Der örtliche Bezug der Briefe ist bemerkenswert. Im Fall von Ephesus sticht ein Punkt besonders heraus. Auf dem weitläufigen Areal des großen Artemistempels befand sich ein wunderbarer Garten. Im Zentrum dieses Gartens stand ein besonderer Baum, der nicht nur Kultstätte, sondern auch Fluchtort war. Der Baum war so wichtig, dass er sogar auf örtlichen Münzen abgebildet war. Verbrecher, die den Bereich des Baumes erreichten, wurden nicht bestraft. Deshalb endet dieser Brief nicht zufällig mit der Verheißung, dass auch Gott ein „Paradies" hat, einen wunderbaren Garten, in dessen Mitte der „Baum des Lebens" steht.

Gottes „Paradies" ist allerdings keine Zuflucht für reuelose Kriminelle. An diesem Ort haben alle, „die umkehren" (Vers 5) und alle, „die überwinden" (Vers 7), das Recht, vom Baum zu essen. So empfangen sie das „Leben" in einer Qualität, wie es Gott seinen Menschen schon immer geben wollte. Bis zu diesem Zeitpunkt verpassten sie es aber – wegen ihrer Sünde. Schließlich gab es schon im ursprünglichen Garten (Genesis 2,9; 3,22) den „Baum des Lebens". In der „Gartenstadt", im neuen Jerusalem, wird er in vielfacher Anzahl wieder zu finden sein (Offenbarung 22,2).

Aber damit gehen wir schon über diesen Brief hinaus. Der beginnt damit, dass er die Gemeinde in Ephesus, dem Machtzentrum des römischen Imperiums in dieser Region, daran erinnert, dass Jesus der souveräne Herr ist, der die sieben Sterne in seiner Hand hält. Wenn Jesus die Christen in Ephesus anschaut, freut er sich: Sie haben hart gearbeitet. Unter Drohungen und Verfolgung sind sie standhaft geblieben (Vers 5). Sie haben deutlich unterschieden zwischen denen, die Jesus wirklich nachfolgen und denen, die nur so tun als ob (Vers 2). Als einige Leute auftraten und sich als **Apostel** aufspielten, hat die Gemeinde sie durchschaut. Wir wissen nicht, wer diese Leute waren. Die frühen Christen sind aber viel gereist. Scheinbar haben einige gesehen, was in Ephesus passiert, sind dort hingereist und haben Gastfreundschaft beansprucht. Und sie suchten Zuhörer für ihre neue Lehre. Die Epheser ließen all das nicht zu.

Alles schön und gut. Alle, die in christlichen Gemeinden mitarbeiten, wissen aber ganz genau, dass es hier eine Gratwanderung gibt:

Gerade eine Gruppe, die sich zu Recht sehr um die Wahrheit des **Evangeliums** sorgt, kann sehr schnell vergessen, dass das Herz des Evangeliums Liebe ist. In genau diese Falle sind die Epheser geraten: „Du hast die Liebe, die du am Anfang zeigtest, verlassen“ (Vers 4). Das kann sich auf die Liebe zu Jesus selbst beziehen. Diese Liebe zu ihm muss immer das Zentrum bleiben. Es geht aber auch darum, was die Leute tun. Jesus sagt: „Kehre um und tue wieder die Werke, die du am Anfang tatest.“ „Liebe“ im Sinne der ersten Christen ist immer etwas, das man *tut*: Gastfreundschaft gewähren, denen praktisch helfen, die es nötig haben, ganz besonders anderen Christen, die arm, krank oder hungrig sind. Das war das wichtigste Kennzeichen der frühen Kirche. Keine andere nicht-ethnische Gruppe hat sich je so verhalten. Sie selbst hätten es so erklärt, dass diese Art von Liebe Gottes eigene Liebe zu ihnen widerspiegelt, die sich selber verschenkt. So ist sie der beste Ausdruck von und die beste Werbung für den Glauben an diesen Gott.

Das geht ganz schnell vergessen. So schnell gibt man sich mit einem einigermaßen komfortablen Dasein zufrieden. Die eigenen Bedürfnisse sind der erste und manchmal auch letzte Punkt auf der Agenda. Die Gemeinde in Ephesus muss aufwachen, sich daran erinnern, wie es früher war, umkehren und wieder in die Spur der Nachfolge treten.

An dieser Stelle macht der Brief eine weitere positive Bemerkung, die für uns aber schwer zu verstehen ist: Die Gemeinde in Ephesus weigert sich, „die Nikolaiten“ zu tolerieren. Diese Leute tauchen im Brief an Pergamon (Vers 15) nochmals auf. Auch dort wird nichts darüber gesagt, wer sie waren, was sie lehren (das ist der Punkt im Brief an Pergamon) oder taten (das ist der Punkt in unserem Brief). Es gab verschiedene Versuche von der alten Kirche bis heute, mehr über sie herauszufinden, aber ohne großen Erfolg. Aus der Erwähnung der „Nikolaiten“ können wir vor allem eines lernen: Die Kirche muss immer wachsam bleiben, ob Einzelne oder Gruppen neue seltsame Dinge lehren oder eigenartige neue Verhaltensregeln einführen wollen. Das heißt nicht, dass Gott nicht immer wieder Neues bereit hat für die Kirche. Im Gegenteil. Dieses Neue von Gott entsteht aber aus geisterfülltem, betendem Bibelstudium und nicht einfach um der Innovation willen.

Weshalb betonen die Briefe denn, dass es wichtig ist, zu „überwinden“ (Vers 7)? Wenn wir all die Stellen, wo das Wort in diesem Buch erwähnt wird, zusammenziehen, gewinnen wir ein klares Bild. Die größte Herausforderung für die junge Kirche war die Bedrohung durch die heidnische Verfolgung. Diese sieben Briefe scheinen sogar ein Teil davon zu sein, wie der Herr die Kirchen auf noch Schlimmeres vorbereitet, das auf sie zukommen wird. Sie sollen „überwinden“: Nicht zurückschlagen, sondern Jesus selbst nachfolgen, der den Sieg errungen hat durch sein eigenes geduldiges Leiden. Einige aus den Kirchen werden leiden. Einige werden sogar sterben. Alle müssen treu am Zeugnis für Jesus festhalten. So werden sie die bösen Mächte „überwinden“, die sie umgeben und bedrohen.

Offenbarung 2,8-11: Der Brief an Smyrna

8 Schreibe dies an den Engel der Gemeinde in Smyrna: „Dies sind die Worte von dem Ersten und dem Letzten, von dem, der tot war und wieder lebendig wurde. 9 Ich kenne deine Leiden und deine Armut (aber du bist reich!). Ich kenne auch die Gotteslästerung der selbst ernannten Juden. Aber sie sind nichts dergleichen. Sie sind die Synagoge des Satans. 10 Habt keine Angst vor dem, was ihr leiden werdet. Schaut: Der Satan wird einige von euch ins Gefängnis werfen, damit ihr geprüft werdet. Ihr werdet zehn Tage lang Bedrängnis erleben. Seid treu bis in den Tod, dann werde ich euch die Krone des Lebens geben. 11 Wer ein Ohr hat, soll auf das hören, was der Geist den Gemeinden zu sagen hat. Der zweite Tod wird dem nicht schaden, der überwindet.“

Vor einigen Jahren beteiligte ich mich an einer Serie von Radiosendungen. Dort trafen für eine Stunde Menschen aus sehr unterschiedlichen Hintergründen zusammen, um über aktuelle, komplexe und herausfordernde Themen zu diskutieren. Weil diese Talkshow von der British Broadcasting Cooperation (BBC) produziert wurde, gab es einige interne Richtlinien. So war es zum Beispiel nicht erlaubt, Markennamen zu erwähnen, weil die BBC keine Werbung ausstrahlte.

Ich hatte aber nicht erwartet, dass man mir verweigert, eine simple Frage zu beantworten. Ein Hörer hatte die Frage an die Runde gerichtet: Wenn du deinen religiösen **Glauben** wählen könntest, welchen würdest du wählen und wieso?“ Ich war der Einzige, der offenkundig „religiös“ war. Deshalb bat die Moderatorin mich, als Erster zu reagieren. (Jeder Talkgast hatte ungefähr fünfzig Sekunden für ein erstes Statement, anschließend diskutierten wir darüber). In meinen fünfzig Sekunden versuchte ich, drei Punkte zu klären. Zuerst sagte ich, dass das Christentum mehr ist als das, was die Menschen heute allgemein unter einer „Religion“ verstehen. Es umfasst eigentlich alle Bereiche des Lebens. Weiter zeigte ich auf, dass kaum jemand seinen Glauben „wählt“, so wie man sich im Supermarkt ein spezielles Fertiggericht einer bestimmen Marke aussucht. Dann begann ich zu erklären, weshalb ich (wenn man all das berücksichtigt) für die Wahrheit des christlichen Glaubens argumentieren und seine positive, heilende und **leben**sspendende Wirkung erläutern würde.

Kaum hatte ich mit dem dritten Teil der Antwort angefangen, unterbrach mich die Moderatorin. „Tom“, sagte sie, „so etwas darf man in einer Sendung nicht sagen. Das ist Missionierung.“ Glücklicherweise setzten sich die anderen Gesprächsteilnehmer für mich ein – soweit ich weiß, waren sie alle entweder Atheisten oder mindestens Agnostiker. Sie bestanden darauf, dass ich meinen Standpunkt vertreten durfte. So konnte ich trotz dieser reflexartigen Reaktion der altgedienten „Lasst-uns-in-allen-Belangen-neutral-sein“-Moderatorin der BBC weiterreden.

Ich erzähle diese Geschichte, weil unsere Welt heute sich mindestens im Westen genauso entwickelt hat wie diese BBC-Angestellte: Wir haben panische Angst davor, dass jemand für sich beanspruchen könnte, die Wahrheit zu haben oder dass jemand anders sie nicht haben könnte. Gerade heute hörte ich eine Radiosendung, in der man sich alle Mühe gab, das Dilemma von muslimischen Kindern in britischen Schulen während des Ramadanfastens zu erklären. Ebenso wurde lang und breit erklärt, wie schwierig es für die örtlichen Behörden sei. Zeitungen lassen sich aus über die Maßnahmen der Schulleitungen. Wir sind in solchen Fragen übersensibel geworden. Wir verhalten uns wie jemand, der sich die Zehen gequetscht hat und schon bei dem bloßen Gedanken zusammenzuckt, dass jemand in die Nähe seiner Füße kommen könnte.

Dann lesen wir das Neue Testament und finden solche Abschnitte: „Ich kenne die Gotteslästerung der selbst ernannten Juden" (Vers 9) und schrecken zurück. Wie kann man so etwas sagen? In der wirklichen Welt gibt es aber (anders als in der Fantasiewelt der Relativisten) solche harten Kanten, schwierigen Fragen und steilen Herausforderungen. In der frühen Kirche, die bis ins Mark jüdisch war, kamen einige sehr unangenehme Fragen auf den Tisch. Das haben wir schon bei Paulus gesehen. Wer sind die Kinder Abrahams? Sind das nur seine leiblichen Nachkommen (und wenn es so wäre: Was wäre dann mit den Nachkommen Ismaels oder Esaus?) oder gibt es eine größere, weltumspannende Familie, die Gott Abraham verheißen hat? Weil die Gemeinschaft der Christen die zweite Antwort gab (Abrahams Familie ist jetzt Völker übergreifend), löste sie einen Skandal aus. Und dieser Skandal brachte Saul von Tarsus dazu, die frühen Christen gewaltsam zu verfolgen. Als er die Seiten wechselte, widerfuhr ihm das gleiche Ungemach. Wenn wir andere jüdische Erneuerungsbewegungen aus jener Zeit anschauen, zum Beispiel die Qumran-Bewegung, dann merken wir schnell, dass dies *innerjüdische* Diskussionen sind, nicht *antijüdische*. Die frühe Kirche hielt unerschütterlich an der alten jüdischen Hoffnung und an den alten jüdischen Schriften fest. Sie proklamierten, dass diese in Jesus, dem jüdischen **Messias**, erfüllt worden sind.

Als die Offenbarung geschrieben wurde, bestanden die Gemeinden in der westlichen Türkei aus einer ausgewogenen Mischung von Juden und Nichtjuden. Es gab aber auch eine große und lebendige Synagogengemeinde. Deren Mitglieder glaubten nicht, dass Jesus Gottes Messias war, der zu Israel gesandt wurde, um Gottes **Königreich** anzukündigen, und der auferweckt worden war, um diese Ankündigung zu bestätigen. Das Christentum war nicht eine neue „Religion", die aus dem Nichts heraus erfunden wurde. Das Herz des christlichen Glaubens war, dass das Evangelium von Jesus die Erfüllung der alten Verheißungen an Israel und zugleich dessen Hoffnung war. Das führte sofort zu einem Problem, und das spitzte sich zu, als Mitglieder der Synagoge Jesus nicht nur ablehnten, sondern ihn aktiv lästerten und vielleicht sogar verfluchten.

Für unsere politisch korrekte Zeit wäre es viel angenehmer, wenn es diese Herausforderungen des wirklichen Lebens nicht gäbe. Es gab sie aber, und es gibt sie immer noch. Es ist unmöglich, gleichzeitig zu behaupten, dass Jesus von den Toten auferstand und deshalb Gottes wahrer Messias, Israels König und der wahre Herr der ganzen Welt ist – und zu sagen, dass er es nicht war und nicht ist. Wer ist jetzt ein wahrer Jude? Paulus gab die Antwort bereits in Römer 2,25-29: wer im Herzen ein „Jude" ist. Johannes würde zustimmen, und gemäß diesem Brief an die Gemeinde in Smyrna auch Jesus selbst. Ob es uns gefällt oder nicht, die jüdische Synagoge in Smyrna ist zu einer „Synagoge des **Satans**" geworden. Das wird nicht als unklare, allgemeine Beschimpfung gesagt, sondern mit einer sehr spezifischen Intention: „Der Satan" ist wörtlich der „**Ankläger**". Und die Synagoge wurde zum Ankläger der Christen. Sie warfen ihnen alle möglichen Schlechtigkeiten vor. In einer Stadt wie Smyrna bestimmte die imperiale Präsenz der Römer alles, und die Juden hatten einen Sonderstatus. Sie mussten nicht an den Feiern des Kaiserkultes teilnehmen. Die Christen wollten diese Ausnahmerechte auch für sich beanspruchen, und es ist gut möglich, dass die Synagoge die Christen bei den Behörden verklagt hat. Das hatte soziale und politische Folgen, die den Christen in Smyrna das Gefühl von Armut in einer an sich reichen Stadt gaben (Vers 9).

All das ist der Kern des Schreibens an Smyrna. Jesus findet in dieser Gemeinde keinen Kritikpunkt. In erster Linie warnt er sie, dass ernste Verfolgung bevorsteht. Das tut er als der Erste und der Letzte, der tot war und wieder lebendig geworden ist. (Vielleicht ist das eine Anspielung auf die Geschichte der Stadt. Sie wurde einst zerstört und später wieder aufgebaut.) Was auch geschehen mag, die Zukunft und das Schicksal der Christen in Smyrna sind sicher in seiner Hand, auch wenn der **Teufel** einige von ihnen einsperren und „prüfen" mag. Die „zehn Tage" sind hier wohl symbolisch gemeint. In solchen Schriften wie der Offenbarung stehen „Tage" manchmal für Jahre oder mehr allgemein für Zeitabschnitte.

Die Warnung ist wiederum eingepackt in Verheißungen, die für eine Kirche in dieser Situation lebenswichtig sind. Alle, die „treu bis in den Tod" sind, so wie es Jesus selbst war (Philipper 2,7-8), werden die „Krone des Lebens" erhalten. Wahrscheinlich bedeutet das: „das Leben als Krone". Das meint das wahre, erneuerte Leben von Gottes neuem **Zeitalter**. Wer dieses Leben hat, wird herausgehoben, wie eine Krone eine königliche Person heraushebt. Smyrna wurde als eine Stadt mit einer Krone angesehen, weil ihre großartige Architektur die natürlichen Vorzüge eines steilen Hügels ausnutzte.

Die letzte Verheißung deutet in die gleiche Richtung. Allen, die (verständlicherweise) Angst haben, dass sie wegen ihres Glaubens getötet werden könnten, bringt Johannes einen Gedanken nahe, den er gegen Ende seines Buches nochmals aufnimmt. Es scheint zwei Formen von Tod zu geben. Der erste ist der körperliche Tod, den alle Menschen sehen werden mit Ausnahme der Generation, die noch lebt, wenn Jesus wiederkommt. Jesus ist diesen Weg bereits gegangen. Er wird jeden, der zu ihm gehört, auf der anderen Seite willkommen heißen und ihn am Ende zum neuen Leben in seiner endgültigen neuen Welt auferwecken. Der „zweite Tod" aber ist das endgültige Schicksal all der Menschen, die sich standhaft und bewusst weigern, Jesus nachzufolgen und den einen Gott anzubeten, der in ihm offenbart worden ist. Dieser „zweite Tod“ wird wohl der ganzen Persönlichkeit das zufügen, was der „erste Tod“ mit dem Körper tut.

Johannes wird im Kapitel 20 zu dieser Furcht einflößenden Perspektive zurückkehren. Im Moment ist sein Punkt aber ein anderer: Habe keine Angst vor dem ersten Tod. Einige von euch werden ihn erleiden. „Überwinden“ heißt, diesem Martyrium in glaubensvoller Geduld entgegenzutreten. Wer das tut, muss den „zweiten Tod“ nicht fürchten. Begnüge dich damit, mit Jesus durch den ersten Tod zu gehen. Er war tot und wurde wieder lebendig. Das wirst du auch erfahren.

Offenbarung 2,12-17: Der Brief an Pergamon

12 Schreibe dies an den Engel der Gemeinde in Pergamon: „Dies sind
die Worte von dem, der das scharf geschliffene zweischneidige Schwert
hat. 13 Ich weiß, wo du wohnst: genau dort, wo der Thron des Satans
steht! Du hast an meinem Namen festgehalten und den Glauben an
mich nicht verleugnet, auch nicht in der Zeit, als mein treuer Zeuge
Antipas in eurer Mitte umgebracht wurde, dort, wo der Satan wohnt.
14 Ich habe aber ein paar Dinge gegen dich: Du hast einige Leute, die
an den Lehren des Bileam festhalten. Der hat Balak erklärt, wie er
die Kinder Israels zu Fall bringen kann, indem er sie verführt, Göt-
zenfleisch zu essen und sexueller Unmoral zu frönen. 15 Auch gibt es
in deiner Mitte solche, die der Lehre der Nikolaiten anhängen. 16 Keh-
re also um! Wenn du nicht umkehrst, werde ich bald kommen und
mit dem Schwert meines Mundes gegen sie kämpfen. 17 Wer ein Ohr
hat, soll auf das hören, was der Geist den Gemeinden zu sagen hat.
Jedem, der überwindet, werde ich von dem geheimen Manna geben.
Er bekommt auch einen weißen Stein, auf dem ein neuer Name steht.
Niemand außer dem Empfänger kennt diesen Namen.“

Wenn man mit dem Zug anreist, dann sieht man die Wolkenkratzer schon von Weitem. Man reist durch New Jersey, wenn man aus Richtung Philadelphia kommt, und fährt durch die reizvolle Stadt Princeton, durchquert einige weniger reizvolle Vorstädte. Wenn man dann in die richtige Richtung schaut, dann sind sie plötzlich da. Der Boden, auf dem sie stehen (die relativ kleine Insel Manhattan), befindet sich mehr oder weniger auf Meereshöhe. Die Spitzen der Gebäude strecken sich dem Himmel entgegen. An wolkigen Tagen verschwinden sie oft wirklich in den Wolken. Das höchste von ihnen, das *One World Trade Center*, erbaut auf dem Ground Zero nach der fürchterlichen Zerstörung des World Trade Centers, ragt 541 Meter in die Höhe. Man sieht es schon von Weitem.

Aus einem anderen Grund gibt es bei der Stadt Lincoln in England den gleichen Effekt. Mitten in einer flachen Moorgegend gelegen wurde Lincoln selber auf einem kleinen Hügel erbaut, der sich unvermittelt erhebt. Wie die Hochhäuser von New York sieht man sie schon aus großer Entfernung. Natürlich hat Lincoln auch noch eine gewaltige Kathedrale. Das verstärkt den Effekt noch. Man sieht die Stadt aus mehr als 30 Kilometern Entfernung.

So ähnlich muss man sich den Eindruck vorstellen, den Pergamon hervorrief: Wegen der geografischen Gegebenheiten lag die Akropolis mitten in der Stadt schon deutlich höher als bei anderen Städten. Und auf ihr stand eine ganze Reihe eindrucksvoller Tempel. Sie beherrschten den Horizont nicht nur in der Stadt, sondern im weiten Umland. Viele Einwohner von Pergamon waren im ersten Jahrhundert sehr stolz darauf. Für die kleine christliche Gemeinschaft dagegen stellte das eine Bedrohung dar. Und scheinbar konnten die Christen mit dieser Bedrohung nicht besonders gut umgehen.

Der Brief an Pergamon bezeichnet die Stadt als den Ort, „wo der Thron des Satans steht“. Der „Satan“ oder der „Teufel“ wird an anderer Stelle in der Offenbarung „die alte Schlange“ genannt (20,2). Die berühmten lokalen Religionen Pergamons können uns deshalb einen Schlüssel zum Verständnis dieser Bezeichnung geben. Zunächst einmal gab es dort das Heiligtum des Gottes der Heilkunst, Asklepios. Sein Zeichen war eine Schlange. Zusätzlich war auch Pergamon eine Stadt mit einem großen Zentrum für den imperialen Kult der Stadt Roms und ihrer Kaiser. Johannes setzt nicht Rom mit dem Teufel gleich. Wie wir aber noch sehen werden, glaubt er, dass der Teufel Rom für seine eigenen Zwecke gebraucht. Nicht zuletzt greift er durch Rom die Kirche an. Und Pergamon war der Sitz des römischen Gouverneurs für die ganze Region.

Wie konnte jetzt ein Christ in einer solchen Stadt wie Pergamon leben? Was durfte man tun, was sollte man besser lassen? Wir können uns vorstellen, dass es viele besorgte Gespräche und unterschiedliche Lehren darüber gab, wie man sich in diesen Fragen verhalten sollte. Sollte man am normalen bürgerlichen Leben teilnehmen, auch wenn das Feste für die Götter und sogar für Rom und den Kaiser einschloss? Gab es einen Weg, um genug mitzumachen und sich keine Probleme einzuhandeln, ohne sich voll auf alles einlassen zu müssen? Paulus hatte diese Themen in zweien seiner Briefe (1. Korinther 8-10; Römer 14) bereits behandelt. Er gab dort sorgfältigen und differenzierten Rat: keine Kompromisse mit den heidnischen Tempeln, aber Freiheit im Blick auf Essen, das den Götzen geopfert worden war, und auch allgemein für Fleisch und Getränke.

Einige aus der Gemeinde in Pergamon haben die Freiheit, die ihnen zugestanden wurde, so weit ausgenutzt, dass sie sich kulturell völlig angepasst haben. „Es führt zu nichts, aufzufallen. Wir sind Teil der Gesellschaft, lasst uns mit dem Strom schwimmen.“ Andere haben deutlich Widerstand geleistet, als man von ihnen forderte, Jesus zu verleugnen. Einer von ihnen, sein Name war Antipas, wurde deshalb sogar umgebracht (Vers 13). Viele andere haben daraufhin – vielleicht als Reaktion auf diesen Märtyrertod – umso mehr darauf geachtet, ja nicht aufzufallen. Sie schwammen in der vorherrschenden Kultur mit.

Jesus findet deutliche Worte für diese Leute. Mehr oder wenige begehen sie den gleichen Fehler wie die Israeliten, als König Balak von Moab den Propheten Bileam anheuerte, um Israel zu verfluchen

(Vers 14). Bileam konnte sie nicht verfluchen. In dieser Beziehung war er ein echter Prophet. Und doch wollte er unbedingt die Belohnung, die Balak ihm versprochen hatte. So empfahl er dem König eine andere Taktik. Wenn der direkte geistliche Angriff (der Fluch) fehlschlägt, dann ist der subtilere Angriff in Form von Verführung vielleicht Erfolg versprechender. Und wie so oft ist wohl die sexuelle Versuchung die erfolgreichste. Honigfallen sind in Spionageromanen sehr beliebt. Soweit ich weiß, werden sie auch in der realen Welt der Spione gern eingesetzt. In der antiken Form der Honigfalle wurden moabitische Frauen losgeschickt, um israelische Männer zu verführen, die vermutlich schon israelische Frauen hatten. Auf diese Art wurden sie auch in den Götzendienst hineingezogen. Sie beteten andere Götter als **JHWH** an. Ziel erreicht.

Auch heute noch funktioniert diese Taktik ausgezeichnet. Oft wird es so dargestellt, dass sexuelle Moral das Anliegen von ein paar Ewiggestrigen ist, die an überholten Regeln festhalten wollen, während der Rest der Gesellschaft sich schon weiterentwickelt hat. In Wahrheit ist die Sexualmoral aber Teil des Auftrags, den der Schöpfergott seiner Menschheit gegeben hat. Die treue Ehebeziehung zwischen Mann und Frau spiegelt die Verbindung der Gegensätze von **Himmel** und Erde wider. In der großartigen Szene am Ende dieses Buches wird dieses Thema ganz deutlich aufgenommen. Eheliche Liebe ist ein Hinweisschild auf die Treue des Schöpfers zu seiner Schöpfung. Sexuelle Unmoral ist oft verbunden mit Götzendienst, weil solche Verhaltensweisen auf andere Götter hinweisen: die Götter von Blut und Boden, Rasse und Macht. Das ist ein Giftcocktail, und Christen sollen diesen Cocktail auf keinen Fall genießen, wie Paulus auch in 1. Korinter 10 deutlich macht.

Vielleicht waren die „Nikolaiten" eine kleine Gruppe, die etwas Ähnliches gelehrt haben wie die „Lehre des Bileam". Manche vermuten, dass die Namen „Bileam" und „Nikolas" in den Ursprungssprachen das Gleiche bedeuten. So oder so: Das Problem in Pergamon ist, dass ein großer Teil der Kirche seine klare Haltung verloren hat.

Sie konnten sich nicht mehr von der umgebenden Kultur abgrenzen. Schon die allerersten Christen in der Apostelgeschichte hatten entdeckt, dass man immer „Gott mehr als den Autoritäten" gehorchen muss. Das gilt auch dann, wenn die „Autoritäten" nicht die Vertreter der Regierung sind (auch wenn Regierungsvertreter für Christen, die die Staatsreligion ablehnen, durchaus eine Bedrohung darstellen), sondern ganz einfach der heimtückische Druck: „Aber das tun doch alle."

Jesu Antwort ist ganz klar. Der römische Gouverneur hantiert mit dem Schwert. Jesus aber hat das zweischneidige Schwert, das aus seinem Mund kommt (Verse 12 und 16, wie in Kapitel 1,6). Sein **Wort** wird alle halbherzige Spiritualität zerschneiden, die gern beiden Herren dienen möchte.

Wie immer folgt jetzt eine Verheißung. Im Fall von Pergamon ist sie ein wenig rätselhaft. In vielen frühen christlichen Texten werden die kleinen Gemeinden der frühen Kirche gesehen wie Israel in der Wüste, und das ist ja auch der Kontext der Bileamgeschichte. Ebenso ist das der Kontext von 1. Korinther 10, wo Paulus ähnliche Warnungen äußert. Auf der Wüstenwanderung ernährte Gott sein Volk mit „Manna" – Brot, das vom Himmel fiel. Jesus sagt ihnen hier: Ich werde das Gleiche für dich tun. Der Ort, wo du lebst, scheint dich auszuhungern. Ich werde dich aber mit „geheimem Manna" nähren. Viele Christen haben sich an diesen Verheißungen aufgerichtet. Sie fanden sich geistlich ausgehungert in einer feindlichen Umgebung wieder. Viele sehen darin auch einen Hinweis auf das Sakrament von Jesu Leib und Blut. Auch das ist eine Parallele zu 1. Korinther 10.

Und dann wird noch ein weißer Stein verheißen, auf dem ein neuer Name steht. Die großartigen Gebäude in Pergamon wurden aus dem schwarzen Stein der Gegend erbaut. Wenn man eine Inschrift auf dem Gebäude anbringen wollte, dann kaufte man weißen Marmor und meißelte dort den Text ein. Wenn man den am schwarzen Gebäude anbrachte, hob er sich sehr deutlich ab. Außerdem – und das hat eine Verbindung zum „geheimen Manna" – gab es die Sitte, Gäste mit einem Stein zum Fest einzuladen, auf dem ihr Name stand. Das war dann gleichzeitig die „Eintrittskarte“.

Welcher Name steht denn jetzt auf dem Stein? Geht es um einen neuen Namen für die betreffende Person, oder handelt es sich um den „neuen Namen“ des **Messias** Jesus, im Unterschied zu den „alten Namen“ der örtlichen Götter und Göttinnen? Für den zweiten Vorschlag spricht, dass es eine Anspielung auf die Kleidung des **Hohepriesters** sein könnte. Darauf waren die Namen aller zwölf Stämme Israels angebracht. Diese Namen sind zusammengefasst im Namen des einen wahren Israeliten, des Messias Jesus. Die Tatsache, dass niemand außer dem Empfänger diesen Namen kennt, weist aber eher auf den ersten Vorschlag. Jesus verheißt jedem treuen **Jünger**, jedem, der „überwindet“, eine ganz nahe Beziehung zu ihm selber. Jesus wird, wie das bei Liebenden oft ist, einen geheimen Namen verwenden, den nur der Betreffende selber kennt. Es ist herausfordernd, die falsche Intimität der sexuellen Promiskuität zu vermeiden. Jesus verspricht dafür eine viel wertvollere Intimität: die echte Nähe der geistlichen Vereinigung mit Jesus selbst.

Offenbarung 2,18-29: Der Brief an Thyatira

18Schreibe dies an den Engel der Gemeinde in Thyatira: „Dies sind
die Worte des Sohnes Gottes, dessen Augen wie Feuerflammen und
dessen Füße wie kostbares glühendes Metall sind. 19Ich weiß, was du
getan hast: Ich kenne deine Liebe, deinen Glauben, deinen Dienst und
deine Geduld. Ich weiß, dass deine Werke in der letzten Zeit eindrück-
licher waren als früher. 20Ich habe aber etwas gegen dich: Du duldest
diese Frau Isebel, die sich als Prophetin bezeichnet und meine Diener
lehrt (in Wahrheit verführt sie meine Diener!), Unzucht zu treiben
und Götzenfleisch zu essen. 21Ich habe ihr Zeit zur Umkehr gegeben.
Sie wollte aber nicht von ihrer Unmoral umkehren. 22Schau! Ich wer-

de sie auf ein Bett werfen. Alle, die mit ihr Unzucht getrieben haben,
werden in große Bedrängnis kommen, wenn sie nicht von den Taten
umkehren, in die sie sie hineingeführt hat. [23]Ich werde ihre Kinder
töten. Alle Gemeinden werden erkennen, dass ich es bin, der Herzen
und Gewissen erforscht. Ich werde jedem das geben, was seine Taten
verdienen. [24]Euch anderen in Thyatira, die sich nicht an diese Lehre
halten und die sogenannten „satanischen Tiefen" nicht entdeckt ha-
ben: Euch werde ich keine weiteren Lasten auflegen. [25]Halte fest, was
du hast, bis ich wiederkomme. [26]Jeder, der überwindet und mein Wort
hält bis zum Ende, wird Autorität über die Nationen bekommen. [27]Er
wird sie mit eisernem Stabe weiden und sie wie Tonkrüge zerschmet-
tern. [28]Diese Autorität habe ich von meinem Vater erhalten. Außer-
dem werde ich ihnen den Morgenstern geben. [29]Wer ein Ohr hat, soll
auf das hören, was der Geist den Gemeinden zu sagen hat."

Einige Städte sind für ihre Industrieprodukte sehr bekannt. Ich bin im Nordwesten Englands in der Nähe der Stadt Newcastle aufgewachsen. Mehr als zweihundert Jahre lang kannte man diese Stadt als wichtigsten Kohleproduzenten für das Land und weit darüber hinaus. So entstand die englische Redensart „Kohlen nach Newcastle tragen". Wenn wir Saudis Sand verkaufen oder Eskimos Kühlschränke aufschwatzen (ja, ich weiß, man sollte „Inuit" sagen und nicht Eskimo, weil einige [nicht alle] das anstößig finden) sagen wir das Gleiche: Menschen etwas bringen, von dem sie selber mehr als genug haben. Leider exportiert Newcastle kaum noch Kohle, obwohl der Boden noch voll davon ist. Wir warten auf eine Änderung der Regierungspolitik, damit die Region erneut ihre vorhandenen Ressourcen ausschöpfen kann. Vielleicht bleibt die Redensart lebendig, bis die Wirklichkeit sie wieder einholt, und Newcastle aufs Neue für den Handel mit seinem gefeierten Bodenschatz bekannt wird.

Die Stadt Thyatira war nicht so bekannt wie die anderen sechs Orte, die Briefe erhalten haben. Immerhin waren die Handelsgilden der Stadt berühmt, wie auch die Kupfer- und Bronzeverarbeitung.

Das erklärt vielleicht, wieso in Vers 18 diese speziellen Worte aus der Beschreibung von Jesus in Kapitel 1,15 gewählt wurden: Seine Füße sind wie kostbares glühendes Metall. Was vielleicht noch wichtiger ist: Die Ortsgottheit dieser Region war zugleich die Schutzgottheit der Bronzehändler: Apollon Tyrimnaios. Der findet sich auf Münzen aus dieser Region, zusammen mit dem „Sohn Gottes", dem römischen Kaiser. Wenn man sich das vor Augen hält, dann merkt man, wie viel Kraft im Anfang dieses Briefes liegt. Er kündet die „Worte des **Sohnes Gottes** an, dessen Augen wie Feuerflammen und dessen Füße wie kostbares glühendes Metall sind."

Das einheimische Gewerbe und all die verschiedenen Geschäfts- und Handelsgilden, die sich in ihrem Umfeld formierten, wurden zu einem großen Problem für die Kirche. Damals wie heute vollzogen diese Vereinigungen religiöse und halbreligiöse Zeremonien, um das Gewerbe zu feiern und eine Art von göttlichem Segen zu beschwören. Und damals wie heute nehmen viele Leute daran teil, ohne sie ganz ernst zu nehmen. In diesem Brief macht Jesus aber klar, dass dies für Christen keine Option ist. Die Kirche in Thyatira lebt zwar in letzter Zeit deutlich besser als früher (Vers 19). Liebe, **Glaube**, Dienst und Geduld – das liest sich wie einer der Tugendkataloge, die man bei Paulus findet, und die die Erwartungen an eine reife Gemeinschaft von Christen beschreiben. Und doch gibt es ein großes Problem.

Das Hauptproblem der Gemeinde in Pergamon wurde im vorigen Brief durch die Erwähnung der biblischen Gestalt des Bileam identifiziert. Dieses Mal übernimmt ein anderer biblischer Bösewicht diese Rolle: Isebel, die Frau von König Ahab. Sie war wohl für einen großen Teil der Untaten ihres Mannes verantwortlich. Ihre gemeinsame Geschichte wird in 1. Könige 16–22 erzählt und endet mit dem Tod von Ahab. Isebels eigene Geschichte kommt in 2. Könige 9 zu einem unrühmlichen Ende. Wie die Frauen Moabs, die von Balak und Bileam gesandt wurden, um die israelischen Männer von der ungeteilten Nachfolge Jahwes abzubringen, so war Isebel eine fremde Frau, die die Verehrung Baals, eines fremden Gottes, nach Israel brachte. Das war der Kern ihrer vielen Bosheiten, die in 2. Könige 9,22 als „Hurerei und Zauberei" zusammengefasst werden.

„Hurerei" dort war wie „Unzucht" hier eine bildhafte Umschreibung dafür, dass man geistlich mit anderen Gottheiten „herumspielt". Das stand sicher hinter Vers 22. Es kommt uns zwar unwahrscheinlich vor, dass sich Gemeindemitglieder damals sexuell mit der „Isebel" des ersten Jahrhunderts eingelassen haben. Wir wissen aber vom alten wie auch vom modernen Heidentum, dass die sexuelle Unmoral, die schon im Brief an Pergamon erwähnt wird, wirklich gelebt wurde. Vers 20 weist eindeutig in diese Richtung. Wenn man erst zugesteht (was Paulus niemals tat!), dass es in Ordnung ist, Veranstaltungen in heidnischen Tempeln und Ähnliches zu besuchen, dann erlaubt man auch all die Praktiken, die dazugehören. Und das schließt sexuelle Freizügigkeit mit ein. Wenn man in der Antike eine Prostituierte suchte, wurde man im Umfeld eines heidnischen Tempels garantiert fündig.

Umso schockierender ist es zu hören, dass die Gemeinde diese Frau duldet, die hier „Isebel" genannt wird. Es ist nicht klar ersichtlich, ob sie eine offiziell anerkannte Lehrerin der Kirche war. Sicher hatte sie aber einen prägenden Einfluss durch das, was sie selbst ihre prophetische Gabe nennt. Es hat den Anschein, dass innerhalb der jungen und noch sehr ungeordneten christlichen Gemeinschaft einige zu der Überzeugung gekommen waren, dass sie ihre geistliche Freiheit auf diese beiden Arten angemessen ausleben könnten: Sie beanspruchten für sich völlige sexuelle Freizügigkeit (auch heute noch gibt es möchtegern-christliche Kreise, die das Wort „prophetisch" als Deckmantel für sexuelle Freiheit benutzen) und sie besuchten heidnische Tempel, kultische Mahlzeiten und auch die mehr als zweideutigen **Gemeinschafts**mahle der Handelsvereinigungen, die immer auch religiöse Obertöne hatten. Einige haben vielleicht sogar die Lehre angenommen, dass die christliche Freiheit von der Sünde bedeutet, dass sie die „satanischen Tiefen" (Vers 24) erforschen dürfen oder sogar müssen. So meinten sie, dass sie mutig mitten ins Lager des Feindes marschieren konnten, nur um ihre eigene Unverwundbarkeit zu demonstrieren.

Aus Jesu Sicht sind diese ganzen Spielereien eine einzige Katastrophe. Die Kirche hat keinen Grund, irgendwelche Kompromisse einzugehen mit heidnischem Götzendienst und entsprechenden Praktiken und dem dazugehörigen Lebensstil. Wie in den schrecklichen Beschreibungen in Kapitel 17–19, wo Babylon, die kaiserliche Stadt, „die große Hure“ ist, wird auch hier über Isebel und über alle, die sich auf ihr Lasterleben eingelassen haben, das Gericht vorausgesagt. Es ist ohne Zweifel symbolische Sprache, wenn es heißt, dass sie aufs Bett geworfen, große Bedrängnis erleiden (Vers 22) und am Ende umgebracht (Vers 23) werden wird. Diese Symbole stehen aber für die machtvollen und realen Taten des Herrn, der kommen wird. Mit seinen „Augen wie Feuerflammen“ wird er Gewissen und Herzen erforschen (Vers 18 und 23), um sein Volk von diesen vielfachen Sünden zu reinigen.

Die Autorität des Herrn, durch die er all dies tun kann, wird mit der Anspielung an Psalm 2 auf den Punkt gebracht. Das ist einer der großen messianischen Psalmen: Der **Messias** bekommt dort die Autorität, Nationen mit eisernem Zepter zu regieren und sie wie Tonkrüge zu zerschlagen. Hier (Verse 26-27) teilt er seine königliche Autorität mit denen, die überwinden. Wie so oft in der Offenbarung will Jesus eine „königliche **Priester**schaft“ bilden. Im Moment ist für alle, die sich von Lehre und Lebensstil der „Isebel“ nicht haben mitreißen lassen, wichtig, dass sie „festhalten, was sie haben“. Dieses **Wort** richtet sich auch an alle die Christen heute, die in Kirchen und Gemeinden zu Hause sind, wo Lehre und Leben nicht den Wegen des Messias Jesus entsprechen und trotzdem als gottgegeben gepriesen werden.

Ein letztes Wort: Jesus verspricht, ihnen „den Morgenstern zu geben“. Weiter hinten im Buch (22,16) wird Jesus selber der „Morgenstern“ genannt. So ist diese Verheißung wohl ein weiterer Hinweis auf die Intimität der Beziehung, die er seinem Volk anbietet. Er wird seine Identität mit ihnen teilen, so wie er auch (wie wir gerade gesehen haben) seine königliche Autorität mit ihnen teilt. Der „Morgenstern“ ist wahrscheinlich der Planet Venus, der in der Morgendämmerung am hellsten leuchtet. Das deutet auf die besondere Berufung der Christen, besonders auch von denen, die „fest bleiben“, wenn andere um sie herum unter Druck faule Kompromisse mit dem Heidentum schließen. Das christliche Zeugnis soll immer auch ein Zeichen des anbrechenden Tages sein: des Tages, an dem Liebe, Gnade, Dienst und Geduld ihre Erfüllung finden werden, an dem Götzendienst und Zügellosigkeit als Fallen und Irreführung entlarvt werden, und an dem der Messias Jesus seine wunderbare Herrschaft über die ganze Welt aufrichtet.

Offenbarung 3,1-6: Der Brief an Sardes

1 Schreibe dies an den Engel der Gemeinde in Sardes: „Dies sind die
Worte von dem, der die sieben Geister Gottes und die sieben Sterne
hat. Ich weiß, was du getan hast. Du hast den Ruf, sehr lebendig zu
sein. In Wahrheit aber bist du tot. 2 Wach auf! Stärke das, was noch
da ist – das, was im Sterben liegt. Ich habe gesehen, dass deine Taten
aus der Sicht meines Gottes nicht vollständig sind. 3 Denke zurück
an die Zeit, als du die Botschaft angenommen hast. Erinnere dich
daran, wie du sie gehört und gehalten hast – und kehre um! Wenn du
nicht wach bleibst, werde ich wie ein Dieb mitten in der Nacht kom-
men. Du kannst nicht wissen, zu welcher Zeit ich kommen werde.
4 Aber du hast einige Menschen in Sardes, die nicht zugelassen haben,
dass ihre Kleider beschmutzt und verseucht werden. Sie werden weiße
Kleider erhalten und mit mir gehen, so wie sie es verdienen. 5 Alle, die
überwinden, werden auch weiße Kleider erhalten, und ich werde ihre
Namen nicht aus dem Buch des Lebens ausradieren. Ich werde ihre
Namen in der Gegenwart meines Vaters und seiner Engel bestätigen.
6 Wer ein Ohr hat, soll auf das hören, was der Geist den Gemeinden
zu sagen hat.“

Vielleicht sind Sie überrascht zu hören, dass in einigen Teilen Englands die „Rosenkriege“ immer noch sehr lebendig sind. Diese Kriege wurden im fünfzehnten Jahrhundert zwischen den Adelshäusern von York (die weißen Rosen) und Lancaster (die roten Rosen) ausgetragen. Seit dieser Zeit bis heute lebt der Zwist zwischen Yorkshire im Osten des nördlichen England und Lancashire in den Herzen aller fort, die in diesen Gegenden geboren und aufgewachsen sind. Wenn heute die Kricketmannschaften von Yorkshire und Lancashire aufeinandertreffen, redet man von einem „Rosenkampf“. Die alten Gefolgschaften leben wieder auf.

Es ist eine lange Zeit vom fünfzehnten bis ins einundzwanzigste Jahrhundert. Diese Kriege liegen fast sechshundert Jahre zurück. Und wenn wir in unserer modernen Welt noch so lange zurückliegende Erinnerungen pflegen, ist das gar nichts dagegen, wie die Antike lange zurückliegende Ereignisse wach und lebendig hielt. Die Menschen konnten nicht genau sagen, wann etwas geschehen war. Bestenfalls sagten sie: „Das geschah, als König soundso regierte.“ Doch wussten sie genau, was geschehen war, meist noch ein wenig ausgeschmückt.

So wussten die Einwohner von Sardes sehr genau, was ihrer Stadt sechshundert Jahre zuvor widerfahren war. Über viele Generationen hinweg hielt man die Stadt für uneinnehmbar. Auf steilen Hügeln thronend war sie absolut sicher. Angreifer mochten kommen und wieder gehen – die Bürger der Stadt sahen dem Treiben gelassen zu. Sie wussten: Uns kann nichts geschehen.

Bis zu dieser einen Nacht, als die persische Armee zur Zeit der Herrschaft des legendären Königs Krösus einen Weg in die Stadt fand. Jemand überwand in einem wagemutigen Unterfangen die steilen Klippen und konnte so einen Überraschungsangriff landen. Weil das niemand erwartet hatte, war das Ergebnis umso verheerender. Kyrus, der persische König, der auch in einigen biblischen Berichten vorkommt, eroberte Sardes 546 v. Chr. Dieser Augenblick war unvergesslich. Auch wenn Sardes eine einflussreiche Stadt blieb, haben sie diese Lektion nie mehr vergessen.

Und jetzt sagt Jesus der christlichen Gemeinschaft, dass sie diese Lektion aufs Neue lernen müssen! Sie haben den Ruf, sehr lebendig zu sein: ein dynamischer Betrieb, eine **Gemeinschaft**, in der aufregende Dinge passieren. Aber sie ruhen sich auf ihrem guten Ruf aus. Jetzt müssen sie erwachen. Noch ist nicht alles verloren. Auch gute Dinge passieren. Wenn es aber nicht sehr bald grundlegende Veränderungen gibt, werden sie am Weinstock vertrocknen.

Die präzisere Anklage gegen sie hat zwei Teile. Zunächst heißt es, dass ihre Werke nicht „vollständig" sind. Das könnte eine taktvolle Umschreibung dafür sein, dass ihr christliches Leben einiges zu wünschen übrig lässt. Aber der christliche **Glaube** funktioniert so nicht. Dort geht es um alles oder nichts: Entweder ist Jesus der Herr, der zu Recht absolute Gefolgschaft einfordert, oder er ist ein anmaßender Betrüger. Dann sollte man ihn zu Recht zurückweisen. Es reicht nicht, sich irgendwie durchzumogeln, einen beschäftigten Eindruck zu machen und doch nichts zu erreichen. Ein guter Ruf allein ist zu wenig.

Die zweite Anklage taucht in Vers 4 und 5 auf. Dort erkennt Jesus an, dass einige Christen in Sardes „nicht zugelassen haben, dass ihre Kleider beschmutzt und verseucht werden." Das ist wohl kaum eine Bemerkung über saubere oder dreckige Stoffe. Es ist aber auch nicht ganz klar, worauf dieses Bild zielt. Vielleicht ist es einfach eine Bemerkung im Blick auf ihre geistliche Nachlässigkeit. Wie sorglose und nachlässige Menschen sich nicht darum sorgen, ihre Kleider regelmäßig zu waschen, so fallen sie in ein nachlässiges Leben zurück. Vielleicht bezieht es sich auch konkret darauf, dass die Gemeinschaft in ihrer Mitte unmoralische Verhaltensweisen toleriert.

Wenn das so weitergeht, wird die Kirche in Sardes das gleiche Schicksal erleiden wie die Stadt sechshundert Jahre zuvor. Jesus wird „wie ein Dieb kommen" (Vers 3). Sie werden keine Ahnung haben, wann es so weit ist. Das ist ein Echo von ähnlichen Warnungen, wie sie schon Paulus, Petrus und auch Jesus selbst in ihren Lehren geäußert hatten (1. Thessalonicher 5,2; 2. Petrus 3,10; Matthäus 24,43). Offensichtlich war dies eine Warnung, die sich die frühen Christen regelmäßig weitergaben. Der Jesus, der das Leben der Gemeinden in seiner Hand hält – ihre Engel und die sieben **Geister** Gottes, die die Gemeinden lebendig machen (siehe Kapitel 1,4; 4,5; 5,6) – wird kommen. Erst wenn es zu spät ist, werden sie bemerken, was da geschieht.

Meint Jesus den Jüngsten Tag, sein **„zweites Kommen"**, wenn er davon spricht, zur Gemeinde in Sardes zu „kommen"? Das ist sicher auch damit gemeint, ist aber nicht die erste Bedeutung. Durch das ganze Buch hindurch sehen wir immer wieder, dass Jesus „kommt": Sei es in Zeiten der Verfolgung (wenn Jesus „kommt und seine Kirche reinigt und läutert") oder in Zeiten von Trost oder Wiederherstellung. Wir werden sehen, dass er sogar Laodizea verspricht: „Wenn ihr die Tür öffnet, werde ich kommen und mit euch essen" (Kapitel 3,20). Hier sieht es so aus, dass mit dem „Kommen" von Jesus eine Zeit der Verfolgung oder eine Art innerer Zusammenbruch gemeint ist: eine Gemeinde, die still in der eigenen Harmlosigkeit ertrinkt und nicht wahrhaben will, dass sie ihrem guten Ruf, lebendig zu sein, schon lange nicht mehr gerecht wird.

Aber allen, die „wach werden", die „überwinden" und die ihre Kleider bewahrt haben, sodass sie nicht beschmutzt wurden, wird verheißen, dass sie zum Triumphzug gehören werden, wenn Jesus als der Eroberer einzieht. Dieses Thema wird später im Buch immer wieder auftauchen. Sie werden weiße Kleider tragen, wie es damals in Triumphzügen üblich war. Auch frisch Getaufte trugen weiße Kleider. Anders gesagt: Sie werden am Sieg Jesu über alles teilhaben, was das menschliche Leben in den Dreck zerren will (am Ende auch über den Tod selbst).

Darüber hinaus werden ihre Namen im Buch des **Lebens** bleiben. Dieses Buch wird auch später in der Offenbarung verschiedentlich erwähnt (13,8; 17,8; 20,12.15; 21,27). Die Idee wurzelt in uraltem israelischem Gedankengut. In Exodus 32,32 wird es erwähnt. Das ist kein Mut machender Bezug. Dort hätten es fast alle Israeliten verdient, aus diesem Buch ausradiert zu werden. Allein Gottes Zuwendung in einem neuen Akt der Gnade hat die Situation gerettet. Näher an der Zeit der Offenbarung ist die Praxis, dass viele griechische Städte offizielle Bürgerregister führten. An einigen Orten hatten sie eine makabere Tradition. Wenn ein Bürger zum Tode verurteilt werden sollte, dann wurde zuerst sein Name aus dem Buch ausgelöscht. So wurde der gute Ruf der Stadt nicht dadurch befleckt, dass ein Bürger hingerichtet werden musste. Hier sieht es so aus, dass ein Name aus Gottes Buch durchaus auch wieder ausradiert werden kann. Johannes vertritt keine Theorie über die Prädestination, die in jedem Fall die logische Konsequenz hat, dass die, die gerettet werden, sich als die erweisen, die durchgehalten haben. Er hält an einer verbreiteten Warnung der frühen Kirche fest, die auf **Johannes den Täufer**, Paulus und Jesus selbst zurückgeht. Niemand soll sich darauf verlassen, dass es ja reiche, zur Gemeinschaft von Gottes Volk zu gehören und dass es deshalb überhaupt nicht darauf ankomme, wie man dann lebt.

Für alle, die aufwachen, die unbefleckt bleiben, die überwinden, wiederholt Jesus schließlich eine weitere Verheißung, die schon aus der Tradition der Evangelien vertraut ist. Er wird „ihren Namen in der Gegenwart seines Vaters und seiner Engel bestätigen" (siehe Markus 8,38; Lukas 12,8). Diese Bestätigung von Jesus zu bekommen, wird überwältigend sein. Das wird der Augenblick aller Augenblicke sein. Lasst uns aufwachen, bevor es zu spät ist.

Offenbarung 3,7-13: Der Brief an Philadelphia

7Schreibe dies an den Engel der Gemeinde in Philadelphia: „Dies sind
die Worte von dem Heiligen, dem Wahren, der den Schlüssel Davids
hat. Er schließt auf und niemand schließt wieder zu. Er schließt zu,
und niemand öffnet wieder. 8Ich kenne deine Werke. Schau, ich habe
genau vor dir eine Tür geöffnet, die niemand wieder schließen kann,
denn du hast eine kleine Kraft, und du hast mein Wort gehalten und
meinen Namen nicht verleugnet. 9Schau, was ich mit der Synagoge

des Satans tun will. Sie nennen sich Juden, täuschen das aber nur vor. Sie sind es nicht. Achte darauf, was ich dir gewähre: Ich werde dafür sorgen, dass sie zu dir kommen und vor deinen Füßen niederfallen, denn sie werden erkennen, dass ich dich geliebt habe. [10]*Du hast mein Wort von der Geduld gehalten. Deshalb werde ich dich vor der Prüfungszeit bewahren, die über die ganze Welt kommen wird, um alle Bewohner der Erde auf die Probe zu stellen.* [11]*Ich komme schnell! Halte fest, was du hast, damit niemand deine Krone rauben kann.* [12]*Ich werde jeden, der überwindet, zu einer Säule im Tempel meines Gottes machen. Er wird ihn nie mehr verlassen. Auf diese Person werde ich den Namen meines Gottes und den Namen der Stadt meines Gottes, des neuen Jerusalems, schreiben, das vom Himmel von meinem Gott kommt, und meinen eigenen Namen.* [13]*Wer ein Ohr hat, soll auf das hören, was der Geist den Gemeinden zu sagen hat.“*

Ich sitze hier und versuche mir vorzustellen, wie es sich anfühlt, ein Erdbeben zu erleben. Einmal war ich in einem Hotel in Los Angeles, ein paar Dutzend Stockwerke hoch. Es hat mich ziemlich nervös gemacht, dass ich genaue Anweisungen dafür fand, was ich zu tun hätte, wenn das Gebäude zu schwanken beginnen würde. Es tat nichts dergleichen. Am nächsten bin ich einem kleinen Erdbeben gewesen, das fast 200 Kilometer weit weg stattfand. Da hat nur das Porzellan im Schrank ein wenig geklappert. Bis jetzt habe ich also keine eigene Erfahrung mit Erdbeben.

Ich lege auch keinen Wert darauf. Wenn man Menschen zuhört, die schon solche Erschütterungen erlebt haben, dann ahnt man: Das ist der Stoff, aus dem die schlimmsten Albträume gestrickt sind. Häuser, Wände, Straßen, Brücken, Gärten, Felder – alles hüpft plötzlich auf und nieder. Nichts ist mehr sicher.

Die Zentraltürkei war und ist berüchtigt für ihre Erdbeben, im ersten Jahrhundert wie heute. Ungefähr fünfzig Jahre, bevor die Offenbarung geschrieben wurde, hat eines der stärksten Beben Philadelphia getroffen. Große Teile der Stadt waren zerstört und mussten wieder aufgebaut werden. Der Kaiser hatte dafür viel Geld zur Verfügung gestellt. In einer großen Stadt jener Zeit war es bei einem Beben in einem vornehmen öffentlichen Gebäude besonders gefährlich. Kleine armselige Wohnhäuser wurden oft nur wenig beschädigt. Man stelle sich aber die wunderbaren Werke der antiken Architektur vor, öffentliche Gebäude und vor allem Tempel (von denen es in antiken Städten eine Menge gab): Die gewaltigen Säulen werden erschüttert, bekommen Risse und knicken dann ein. Große Marmorgiebel stürzen herunter. Besser, man ist dann nicht in der Nähe.

Jetzt stellen Sie sich vor, wie eine solche Verheißung auf eine Stadt wie Philadelphia wirkt, die viel über Erdbeben und einstürzende Tempel weiß: Die Kirche, die überwindet, wird zu einer Säule im **Tempel** Gottes werden (Vers 12). In diesem Tempel werden weder Stein noch Marmor verbaut. Wie in den Briefen von Paulus und Petrus geht es hier um einen „Tempel", der sich aus lebendigen Menschen zusammensetzt. Jesus selbst ist das Fundament. Dieses Bild gab es schon von den ersten Tagen des christlichen **Glaubens** an. Schon die ersten Christen betrachteten sich, teilweise wegen Jesus und teilweise, weil ihnen der Heilige Geist geschenkt war, als der wahre Tempel – als der Ort, den der lebendige Gott zu seiner Wohnung gemacht hat. Manchmal bezeichneten sich die Leiter der Kirche in Jerusalem als „Säulen" (Galater 2,9). Dieses Bild hat nur dann Kraft, wenn klar ist, dass die Kirche der neue Tempel ist.

Hier werden sogar die ganz gewöhnlichen Christen in Philadelphia, die doch weit von Jerusalem weg sind, „Säulen" genannt – und das ausgerechnet in einer Stadt, die für Erdbeben berüchtigt ist! Das ist eine Verheißung, die man genießen muss.

Die Verheißung und Bemerkung am Anfang des Briefes stehen damit im Zusammenhang. Wie der Diener in Jesaja 22,22 über das Haus Gottes eingesetzt wird, so auch Jesus. Er hat den „Schlüssel Davids". Der königliche Schlüssel kann jede Tür auf- oder zuschließen. Ausgerüstet mit dieser königlichen Kraft hat Jesus direkt vor den Christen Philadelphias eine Tür aufgeschlossen, und er drängt sie, hindurchzugehen. Paulus verwendet das gleiche Bild (1. Korinther 16,9; 2. Korinther 2,12; Kolosser 4,3). Hier wie dort soll damit gesagt sein, dass die Christen nicht nur fest stehen sollen, sondern dass sie vorwärtsgehen und die **gute Nachricht** von Jesus an Orte und zu Herzen bringen sollen, die noch nicht erreicht sind. Sie haben ein wenig Kraft. Nicht sehr viel, aber mit Jesus im Rücken haben sie alles, was sie brauchen. Sie sind treu gewesen, haben sein **Wort** gehalten und seinen Namen nicht verleugnet (was darauf hindeutet, dass es eine Art von Verfolgung gegeben haben muss). Jetzt sollen sie Mut fassen und durch die Tür hindurchgehen. Es ist wichtig, die Gelegenheit zu ergreifen, solange sie sich bietet.

Etwas steht dem aber im Weg. Wie in den meisten anderen Städten der Region gab es sicher eine größere jüdische Gemeinde in Philadelphia. Zu jener Zeit war das nicht weit entfernte Sardes ein wichtiges jüdisches Zentrum. Wie im Brief an Smyrna wird hier angedeutet, dass die Synagogengemeinschaft ihren Einfluss bei den Behörden dazu nutzte, um die Ausbreitung der **Botschaft** von Israels **Messias** – diese so sehr jüdische Botschaft, die für Juden doch so herausfordernd ist – zu verhindern. Wir dürfen uns jetzt nicht vorstellen, dass es an der einen Straßenecke eine „Kirche" und an der anderen eine „Synagoge" gab, wie es heute in vielen Städten der Fall ist. Wir sollten eher an eine jüdische Gemeinschaft mit mehreren Tausend Mitgliedern denken, mit eigenen Gebäuden und aktivem Gemeindeleben, und andererseits an eine Gemeinde mit vielleicht zwei oder drei Dutzend Mitgliedern, die an der höchst unwahrscheinlichen und riskanten Botschaft festhält, dass der Gott Israels Jesus von den Toten auferweckt hat. Dieses Ungleichgewicht hilft uns zu erklären, was jetzt noch gesagt wird.

Vers 9 ist deutlich härter ausgedrückt als die ähnliche Passage im Brief an Smyrna (Kapitel 2,9). Wir müssen uns noch einmal daran erinnern, dass dies nicht eine antijüdische Aussage ist. Wir haben es hier mit einer innerjüdischen Frage zu tun. Welche Gruppe darf sich zu Recht als „wahre Juden" bezeichnen, welche trägt die Fackel des alten Bundesvolkes weiter? Wie wir schon gesehen haben, wurde diese Frage zwischen den verschiedenen jüdischen Gruppierungen des ersten Jahrhunderts immer wieder heiß diskutiert. Jesus spricht in diesem Punkt Klartext: Alle die ihm, dem wahren davidischen Messias, nachfolgen, sind wahre Juden. Alle, die ihn verleugnen, verspielen damit das Recht auf diesen Ehrentitel.

Mehr als das (hier geht der Brief an Philadelphia noch weiter als der Brief an Smyrna): Die Rollen werden auf dramatische Art vertauscht. In Maleachi 1,2 sagt Gott dem rebellischen Israel: „Ich habe dich immer geliebt." Dabei stellt er Israel, die Nachkommen Jakobs, und Edom, die Nachkommen Esaus, einander gegenüber. Hier finden wir eine ähnliche Gegenüberstellung. Die ungläubige Synagoge wird erkennen, dass Jesus, ihr eigener Messias, *diese kleine Gruppe, die an ihn glaubt,* geliebt hat. Die alten Propheten hatten davon gesprochen, dass fremde Nationen kommen werden, um sich vor Israel zu verneigen und zu bekennen, dass der eine wahre Gott mit ihnen ist. Jetzt ist es genau andersherum. Wie die Brüder Josephs in Genesis 42 wird sich das jüdische Volk vor dem Jesus verneigen, den sie zuvor verachtet hatten. Am Ende wird es sich zeigen, dass die Nachfolger Jesu durch die offene Türe gehen können. Sie werden sich als die Säulen im neuen Tempel erweisen.

Sie sind es auch, die den neuen Namen tragen werden. Das ist jetzt der dreifache Name von Gott, vom himmlischen Jerusalem und von Jesus selbst, der seinen „neuen Namen" als König und Herr trägt. Sie werden öffentlich herausgehoben als Volk Gottes, als Volk Jesu und als Bürger der Stadt, in der **Himmel** und Erde für immer verbunden sind. Dort gibt es keine Erdbeben mehr. Sicherheit, Rechtfertigung und die letztendliche Belohnung für die Geduld warten dort. Die Zeit der Prüfung wird über die ganze Erde kommen (Vers 10). Wie ein kraftvoller Scheinwerfer wird sie zeigen, wer sich zu Jesus und seiner Verheißung einer „Krone" hält (Vers 11) und wer nicht. Im Moment halten die Christen in Philadelphia noch stand. Sie müssen weiter fest bleiben und „überwinden", wenn die Zeit kommt. Und wir mit ihnen.

Offenbarung 3,14-22: Der Brief an Laodizea

[14]Schreibe dies an den Engel der Gemeinde in Laodizea: „Dies sind die Worte von dem Amen, dem treuen und der Wahrheit verpflichteten Zeugen, dem Anfang der Schöpfung Gottes. [15]Ich kenne deine Werke. Du bist weder kalt noch heiß. Ich wünschte mir, dass du kalt oder heiß wärst! [16]Weil du aber weder kalt noch heiß, sondern lauwarm bist, werde ich dich aus meinem Munde ausspeien. [17]Du sagst: ‚Ich bin reich! Ich bin erfolgreich! Ich brauche gar nichts!' Du weißt aber nicht, dass du jämmerlich, bemitleidenswert, arm, blind und nackt bist. [18]Ich rate dir: Kauf von mir Gold, das im Feuer geläutert wurde – das wird dich reich machen! – und weiße Kleider, mit denen du deine Nacktheit bedecken kannst, damit du dich nicht länger schämen musst. Dazu auch heilende Salbe für deine Augen, damit du wieder sehen kannst. [19]Wenn Menschen meine Freunde sind, dann weise ich sie zurecht, wenn sie falsch liegen, und bestrafe sie auch dafür. Wecke also deinen Geist auf und kehre um! [20]Schau! Ich stehe hier und klopfe an die Tür. Wenn jemand meine Stimme hört und die Tür öffnet, dann werde ich zu ihm hineingehen und mit ihm essen, und er mit mir. [21]Dies ist mein Geschenk für jeden, der überwindet: Ich werde ihm einen Platz geben auf meinem Thron an meiner Seite. Genauso habe auch ich überwunden und ich sitze zusammen mit meinem Vater auf dem Thron. [13]Wer ein Ohr hat, soll auf das hören, was der Geist den Gemeinden zu sagen hat.“

Anfang 2011 wurde Australien von außerordentlichen Überschwemmungen heimgesucht. Es begann in Teilen des riesigen Staates Queensland im Nordosten des Landes. Immer größere Teile des Staates waren betroffen. Dann dehnten sich die Wassermassen nach Süden aus und drangen nach New South Wales ein. Hunderttausende Häuser wurden zerstört, Millionen Menschen verloren ihr Zuhause. Die Auswirkungen auf die Wirtschaft sind in dem Moment, in dem ich dies schreibe, nicht zu beziffern. Vielleicht wird dies nie möglich sein.

Ende Januar verkündete Australiens Premierminister eine einmalige Steuer, um das Land nach den Verwüstungen wieder aufbauen zu können. Die Betroffenen und die ganz Armen mussten diese Steuer nicht entrichten. Das war das Mindeste, was die Australier tun konnten, um denen zu helfen, die alles verloren hatten.

Schon seit sehr langer Zeit gilt es als selbstverständlich und notwendig, dass der Staat in solchen Katastrophen einspringt und Unterstützung bringt. So auch in der römischen Welt des ersten Jahrhunderts. Wie wir im letzten Brief gesehen haben, war Philadelphia im Jahr 17 n. Chr. von einem Erdbeben zerstört worden. Sie nahmen Hilfe aus Rom sehr dankbar entgegen. Als in späteren Jahren, 61 n. Chr., eine ganze Reihe Städte im Lykostal südlich von Philadelphia von Erdbeben schwer getroffen wurden, konnte eine einzige davon auf die kaiserliche Unterstützung verzichten. Das war ein stolzes Unterfangen. Laodizea hielt es nicht für nötig, Hilfe von außen anzunehmen. „Wir sind reich genug, vielen Dank für das Angebot."

Das sagt schon viel aus über die Stadt Laodizea in jenen Tagen. Sie lag an der Kreuzung zweier wichtiger Handelsrouten. Eine davon verlief mehr oder weniger von Norden nach Süden, die andere von Osten nach Westen durch den Bezirk Phrygien hindurch. Wie andere Städte in ähnlichen Lagen profitierte Laodizea sehr von dem dichten Verkehr. Gleichzeitig war sie das Bankenzentrum für die ganze Region. Wir wissen heute, was das heißt. Das war aber noch nicht alles. Sie war stolz auf ihre herausragende medizinische Ausbildungsstätte. Menschen kamen von weit her, um sich als Arzt ausbilden zu lassen. Diese Schule war ganz besonders auf die Augenheilkunde spezialisiert. In Laodizea wurde auch die sehr beliebte phrygische Augensalbe verkauft.

Laodizea hatte noch mehr zu bieten. Die Bauern im Umland der Stadt hatten eine besondere Rasse von schwarzen Schafen gezüchtet, deren Wolle außerordentlich fein war. Sehr zur Freude der Züchter entwickelte sich eine Kleidermode aus dieser Wolle, die sehr gefragt war.

Was der Stadt aber fehlte, war eine zuverlässige Versorgung mit gutem Trinkwasser. Der Fluss Lykos führte nicht viel Wasser und trocknete im Sommer regelmäßig ganz aus. Es gab aber in der Nähe zwei Wasserquellen. Eine davon lag nördlich, die andere südöstlich der Stadt. Im Norden liegt über steilen Felswänden die Stadt Hierapolis. Sie ist bis heute stolz auf ihre heißen Quellen, zu denen Touristen aus der ganzen Welt kommen. Das heiße, mineralstoffreiche Wasser sprudelt aus dem Boden. Heute wird ein Teil kanalisiert und in viele Hotel-Pools geleitet. Der Rest ergießt sich über die Felsen und hinterlässt leuchtend weiße Ablagerungen, die kilometerweit sichtbar sind. Im ersten Jahrhundert baute man Aquädukte, um das Wasser über die Entfernung von ungefähr sieben Kilometern ins Tal nach Laodizea zu leiten. Man kann sie heute noch besichtigen. Auffallend sind die mineralischen Ablagerungen im Inneren. Bis das Wasser aber in Laodizea ankam, war es nicht mehr heiß, sondern bestenfalls lauwarm. Und noch schlimmer: Die konzentrierten Mineralien machten das Wasser zum Trinken völlig ungeeignet. Wer davon trank, wurde im schlimmsten Fall sogar krank.

Südöstlich von Laodizea lag Kolossä. Auch diese Stadt war vom Erdbeben im Jahr 61 n. Chr. schwer getroffen worden. Man hatte sie aber nicht wieder aufgebaut. Kolossä hatte aber eine vorzügliche Wasserversorgung. Das Wasser entsprang dem hohen, schneebedeckten Berg Kadmus, es floss schnell, war kühl und erreichte fast alpine Qualität. Bis das Wasser aber die 17 Kilometer nach Laodizea zurückgelegt hatte, war es in der meist vorherrschenden türkischen Hitze ebenfalls lauwarm geworden.

Diese besondere Eigenschaft von Laodizea – heißes Wasser, das abgekühlt ist und kühles Wasser, das sich erwärmt hat – hat zum bekanntesten Teil im bekanntesten der sieben Briefe geführt. Das Wort „laodizäisch" ist (mindestens im englischen Sprachraum) sogar zu einer sprichwörtlichen Redeweise geworden und bedeutet „apathisch", „unentschieden", „weder das eine noch das andere". Jesus spricht die Gemeinde mit einer Mischung aus Sorge und Zorn an: „Du bist weder kalt noch heiß! Ich wünschte, dass du entweder heiß oder kalt wärest! Weil du aber so lauwarm bist, werde ich dich aus meinem Mund ausspeien." „Ausspeien!" Dieses Wort ist hier nicht übertrieben. Der Geschmack des laodizäischen Christentums widert Jesus an. Er macht ihn förmlich krank.

Es geht noch weiter mit dem Lokalkolorit dieses Briefes. „Du sagst: ‚Ich bin reich, es geht mir gut, ich brauche nichts!'" Offenbar hat sich die selbstzufriedene, wohlhabende Einstellung der Stadt auf die Christen übertragen. Jesus lässt hier aber keine Unsicherheit aufkommen. In Wahrheit sind sie jämmerlich und bemitleidenswert (diese Worte beschreiben ihren wirklichen Zustand, auch wenn es sich im Moment gar nicht so anfühlt). Genauer gesagt sind sie arm, blind und nackt. Sie brauchen die Art Gold, die nur Jesus geben kann. Sie brauchen die Art von edlen Kleidern (weiße, nicht schwarze, wie sie hier in Mode sind!), wie sie allein Jesus geben kann. Wir erinnern uns, dass neu Getaufte weiße Kleider trugen und so ihre Hingabe an ein neues, heiliges **Leben** zum Ausdruck brachten. Sie brauchen eine neue Art von Augensalbe. Die phrygische Spezialität reicht nicht aus, um die geistliche Blindheit des Ortes und der Menschen zu heilen. Das sind verheerende Neuigkeiten. Weil sie Echos der lokalen Kultur enthalten, treffen sie umso härter.

Die heilige Theresa von Avila beschwerte sich einmal bei Gott, weil sie so viel leiden musste. Man sagt, dass er antwortete: „So gehe ich mit meinen Freunden um." Theresa betete damals schon auf die gute, direkte, biblische Art. Sie erwiderte: „Dann solltest du dich nicht wundern, dass du nur so wenige davon hast!" Vers 19 hat auch einen Anflug von diesem ironischen Humor. Nach den heftigen Anklagen in den Versen 15-18 sagt ihnen Jesus: „Jetzt wisst ihr, wie ich mit meinen Freunden umgehe!" Trotz allem sind die Christen in Laodizea noch auf der Freundesliste von Jesus. Er ist ein treuer Freund, auch wenn man das von uns nicht immer sagen kann. Und gerade deshalb sagt er ihnen direkt und ehrlich, wenn sie falsch liegen. Weil er nicht nur ihr Freund, sondern auch ihr Herr ist, wird er sie auch bestrafen. Er straft sie aber nicht, um sie zu vernichten, sondern um sie wieder zur Vernunft zu bringen. „Wecke also deinen Geist auf und kehre um!" Man möchte großen Teilen der heutigen Kirche sagen: Wenn dir der Schuh passt, dann zieh ihn an.

Neben dem Lokalkolorit finden wir in diesem Brief die markantesten Beschreibungen von Jesus selbst und auch die stärksten Verheißungen. Das mutet seltsam an: Ausgerechnet die Gemeinde, die in tiefen Problemen steckt, erhält vom Herrn die liebevollste und persönlichste Verheißung. Aber vielleicht steckt genau darin ja auch eine Verheißung. Jesus beschreibt sich als „der Amen", als den, der treu zu seinem **Wort** steht. Er nennt sich „den treuen und der Wahrheit verpflichteten Zeugen" und, was noch mehr ist: „den Anfang der Schöpfung Gottes". Hier klingen die Verse aus Kolosser 1,15-20 an (laut Kolosser 4,16 sollte dieser Brief ausdrücklich auch an die Gemeinde in Laodizea weitergegeben werden): Jesus ist derjenige, durch den Gott die Welt schuf. Und seine **Auferstehung** ist der Anfang der Neuschöpfung. Vor diesem kosmischen Plan wirkt die Lauheit der Laodizäer noch viel peinlicher. Hier ist Jesus, der Herr des Kosmos, und dort seid ihr: eingebildet und selbstzufrieden, in Wahrheit aber arm, nackt und blind!

Dann sind da noch die beiden abschließenden Verheißungen. Ich nannte Vers 15 den bekanntesten Vers des Briefes. Vers 20 kommt aber nahe heran, was Bekanntheit angeht: „Schau! Ich stehe hier und klopfe an die Tür." Ich habe bestimmt schon Dutzende von Predigten und Ausführungen über diesen Vers gehört. Immer ermutigen sie die Zuhörer, ihre Herzenstür und ihre Leben zu öffnen und Jesus einzulassen. Wunderbar! Lebenswichtig! Absolut notwendig! Aber leider geht es in diesem Abschnitt gar nicht darum. Die Geschichten aus den **Evangelien**, die hier anklingen, legen nahe, dass der Besitzer des Hauses an die Tür klopft. Er kommt zu einer Zeit zurück, wenn ihn niemand erwartet (ebenso wie in der Warnung an Sardes in 3,3). Der Knecht, der wach geblieben ist, soll ihm die Tür öffnen. Es ist also zuerst einmal Jesu Haus. Unsere Aufgabe ist es, ihn zu Hause willkommen zu heißen. Aus dem Alten Testament findet hier ein anderes, aber eng verwandtes Bild sein Echo: Der Bräutigam klopft an die Tür des Hauses, in dem seine geliebte Braut schläft (Hohelied 5,2). Ein kurzer Blick auf Offenbarung 21,2 unterstützt diese Verbindung.

Und dann ist da noch mehr. Aus irgendeinem Grund sind all die Predigten und Diskussionen, die ich bisher gehört habe, nie bis zur zweiten Hälfte des Verses gekommen: „Ich werde mit ihnen essen, und sie mit mir." Jeder Christ des ersten Jahrhunderts würde dabei sofort an die regelmäßigen Mahlfeiern denken, besonders an das Brotbrechen. Dort kommt Jesus persönlich mit Kraft und schenkt sich seinen Leuten. Solche Mahlfeiern nehmen das endgültige messianische Festmahl vorweg (siehe Kapitel 19,9). Es ist immer ein vorgezogenes „Wiederkommen" des einen, der eines Tages endgültig kommen und für immer bleiben wird.

Alle, die an diesem Mahl teilhaben und so gestärkt werden, um zu „überwinden", so wie Jesus durch sein Sterben „überwunden" hat, haben das größte Privileg. Es übersteigt schon fast unser Denken, dass Jesus mit Gott auf dem Thron sitzt – obwohl die frühen Christen darin die Erfüllung von Psalm 110 und Daniel 7 sahen. Jetzt sieht es sogar so aus, dass „alle, die überwinden" zusammen mit Jesus auf dem Thron sitzen. Das heißt: Sie werden an seiner souveränen Herrschaft über die Welt Anteil haben, die unsere Vorstellungen sprengt. Diese Herrschaft baut nicht auf Gewalt und Waffen, sondern auf die überwindende Kraft der leidenden Liebe. Das ist die Bedeutung der „königlichen **Priester**schaft".

Die sieben Sendschreiben enden hier. Wer ein Ohr hat, soll auf das hören, was der **Geist** den Gemeinden zu sagen hat – heute genauso wie in den Zeiten des Johannes.

Offenbarung 4,1-6a: Im Thronsaal

1 *Danach blickte ich auf – und da war eine Tür im Himmel, die offen*
stand! Die Stimme, die ganz am Anfang zu mir gesprochen hatte, die
wie eine Posaune klang, sprach wieder. Sie sagte: „Komm hier herauf.
Ich werde dir die Dinge zeigen, die nach diesen Dingen geschehen
müssen."
2 *Sofort war ich im Geist. Dort im Himmel stand ein Thron, und*
jemand saß auf ihm. 3 *Die Gestalt auf dem Thron erschien wie Jaspis*
oder Karneol. Um den Thron herum sah man einen Regenbogen, der
wie Smaragd leuchtete. 4 *Der Thron war von vierundzwanzig Thronen*
umgeben, auf denen vierundzwanzig Älteste saßen. Sie trugen weiße
Gewänder und auf ihren Köpfen goldene Kronen. Vom Thron zuck-
ten Blitze, man hörte Donner und Donnerschläge. Vor dem Thron
standen sieben hell brennende Leuchter; das sind die sieben Geister
Gottes. 6a *Vor dem Throne sah man etwas wie ein gläsernes Meer, das*
wie Kristall erschien.

Als Teil einer großen Prozession zogen wir in die Kathedrale ein. Mein Begleiter, ein älterer Pfarrer, warf einen Blick auf den Gottesdienstablauf, der an uns verteilt worden war.

Er bemerkte: „Ah, ich sehe, dass wir Offenbarung 4 als zweite Lesung haben." Lächelnd fuhr er fort: „Eines der beiden schönsten Kapitel der Bibel!"

Wohl wissend, dass ich mich damit bloßstellen würde, stellte ich die naheliegende Frage: „Was ist denn das andere?"

Sein Lächeln wurde noch breiter. „Selbstverständlich Offenbarung 5!", versetzte er triumphierend.

Ich habe später oft an dieses Gespräch zurückgedacht, wenn ich über diese zwei Kapitel nachdachte und predigte. Die Briefe an die sieben Gemeinden in Kapitel 2 und 3 sind zweifelsohne schon kraftvoll genug. Die Eingangsvision von Jesus in Kapitel 1 ist so mächtig, dass jeder ernsthafte Bibelleser – wie Johannes selbst – in Ehrfurcht und Anbetung niederfällt. Jetzt merken wir aber, dass diese Eingangskapitel nur eine Vorbereitung waren. In Kapitel 4 beginnt die Geschichte wirklich. Hier empfängt Johannes die „Offenbarung“, die dem ganzen Buch den Namen gegeben hat. Alles, was jetzt folgt, ist Teil der Vision, die ihm hier im Thronsaal geschenkt wird.

Diese kurze Einleitung zeigt uns mit jeder Zeile eine Fülle von Einzelheiten darüber, wohin Johannes versetzt wurde und was das alles bedeutet. Es lohnt sich, ganz langsam durch diesen Abschnitt zu gehen und ihn Satz für Satz anzuschauen.

Wie muss man sich das vorstellen, wenn hier eine „offene Tür im **Himmel**“ erwähnt wird? Viele Jahre lang stellte ich mir vor, dass Johannes zum Himmel hochschaut und dann weit, weit weg, klein und leuchtend wie einen Stern, eine offene Tür erblickt; dann wird er eingeladen, durch diese Tür in die himmlische Welt einzutreten. Jetzt denke ich, dass es ganz anders war.

Wie ich schon oft gesagt habe, sind in der biblischen Theologie „Himmel“ und „Erde“ nicht durch einen tiefen Abgrund getrennt, so wie viele sich das vorstellen. Der „Himmel“, Gottes Sphäre, ist hier, ganz nahe bei uns. Sie überschneidet sich mit unserer gewöhnlichen Wirklichkeit. Die Tür öffnet sich nicht weit oben im Himmel, weit weg von hier. Wir müssen uns das vorstellen wie eine Tür, die sich genau vor uns auftut. Bis jetzt sahen wir nur diesen Raum, diese Straße, dieses Feld. Plötzlich tut sich etwas auf, das uns in eine andere Welt führt und wir werden eingeladen, „hinaufzukommen“ und zu sehen, was vor sich geht.

Manche stellen sich vor, dass Gottes Volk in den Himmel entrückt wird und so den schrecklichen Geschehnissen auf der Erde entkommen kann. Darum geht es aber überhaupt nicht. Es geht um den Propheten, der in Gottes Thronsaal hineingenommen wird, damit er „hinter die Kulissen schauen kann“. So erkennt er, was geschehen wird und begreift auch, wie das alles zusammenpasst und Sinn ergibt. Diese beiden wunderbaren Kapitel, Offenbarung 4 und 5, stehen nicht für sich allein. Einerseits leiten sie die ganze Folge von Prophetien ein, die uns durch den ganzen Rest des Buches führen werden. Sie sind aber auch der Einstieg in die erste Abfolge von Prophetien, in die „sieben Siegel“, die geöffnet werden müssen, damit die „Schriftrolle“ der Absichten Gottes (Kapitel 5,1) geöffnet werden kann.

Es kann uns helfen, in all den vielen Bildern in den folgenden Kapiteln den Überblick zu behalten, wenn wir sehen, dass die Offenbarung rund um „Siebenerreihen“ angeordnet ist. Die sieben Briefe an die Gemeinden haben wir bereits gesehen. Jetzt wird die Reihe der sieben Siegel eingeführt, die in Kapitel 6,1 bis 8,1 geöffnet werden. Das siebte Siegel eröffnet eine weitere Reihe, die sieben Posaunen. Diese werden zwischen Kapitel 8,6 bis 11,15 geblasen. Als Zentrum des Buches folgen dann Visionen, die die eigentliche Quelle des Bösen und seine wichtigsten Vertreter entlarven: den Drachen, das Monster aus dem Meer und das Monster aus dem Land. Dort finden wir auch die Vision von denen, die diese Monster in gewisser Weise überwunden haben (Kapitel 12–15). Das führt uns dann zur letzten Siebenerreihe: die sieben Schalen von Gottes Zorn. Wie die Plagen in Ägypten dienen sie dazu, die großen tyrannischen Mächte zu überwinden und Gottes Volk aus ihren Klauen zu retten. Diese Zornschalen werden in Kapitel 16 ausgegossen, ihre Auswirkungen werden aber in den Kapiteln 17 und 18 klarer beschrieben. Sie führen zur Siegesfeier über die beiden Monster, die in Kapitel 19 beschrieben ist. Nun bleibt noch der Drache selbst. Die letzten Wendungen seines Schicksals werden in Kapitel 20 geschildert. Das macht die Bühne frei, um Gottes Plan endlich ganz zu enthüllen: das neue Jerusalem, in dem Himmel und Erde völlig und für immer verbunden sind.

In den Kapiteln 4 und 5 sehen wir nicht das letzte Ziel von Gottes Plänen. Wir sehen hier nicht den „Himmel“ als den letzten Ruheort für Gottes Volk. Nein! Johannes wird in den Himmel eingeladen, *wie er jetzt im Moment ist.* Er beschreibt den himmlischen Thronsaal, wie er sich jetzt darstellt. Dort werden ihm Visionen darüber gegeben, was „nach diesen Dingen geschehen muss.“ Auch in diesen Visionen sieht er nicht in erster Linie das Ende der Welt. Ihm werden die furchtbaren Ereignisse gezeigt, die die Welt überrollen und für Gottes Volk das Leiden bringen, vor dem sie in den sieben Briefen an die Gemeinden so eindringlich gewarnt worden sind.

Johannes wird in den himmlischen Thronraum bestellt. Wie einigen Propheten im Alten Israel wird ihm das Privileg verliehen, in Gottes Ratssaal zu stehen und zu hören, was dort vor sich geht. Was er dort hört, soll er seinem Volk auf der Erde berichten. Wie Micha ben Jimla in 1. Könige 22 sieht er Gott selbst auf dem Thron sitzen. Seine Heerscharen sind um ihn versammelt, und er kann ihre Diskussionen und Pläne verfolgen. Diese Szene erinnert uns auch an Hesekiel 1. Dort sieht der Prophet Gottes Thronwagen, der sich auf wirbelnden feurigen Rädern hin und her bewegt. Auch der Regenbogen (Vers 3) erinnert uns daran. Er nimmt uns aber noch weiter zurück zu der Geschichte von Noah in Genesis 9. Dort steht Gottes großer Bogen im Himmel für sein Versprechen, diese Welt nie wieder durch eine Flut zu zerstören. Ein „Regenbogen, der wie Smaragd leuchtet" ist eine echte Herausforderung für unsere Fantasie – es wird nicht die einzige in diesen Kapiteln bleiben. Das Bild bringt aber sehr eindrücklich und dicht die Verbindung von Gnade, Ehrfurcht und Schönheit zum Ausdruck.

Wie in einigen anderen alten Visionen sieht Johannes hier Gottes Thronrat: vierundzwanzig Älteste, die alle auf eigenen Thronen sitzen. Sie stehen mit ziemlicher Sicherheit für die Kombination der zwölf Stämme Israel und der **zwölf Apostel**. So verkörpern sie die Vollendung von Gottes Volk und haben jetzt Anteil an Gottes Herrschaft über die Welt. Ihre weißen Gewänder stehen für Reinheit und Sieg. Ihre Kronen zeigen, dass sie die „königliche **Priester**schaft" repräsentieren (1,6; 5,10; 20,6). Die Szene ist (um es mal vorsichtig auszudrücken) alles andere als gemütlich. Blitz, Donner und Feuer erschüttern alles. Wir beobachten das immer wieder in unserem Buch, wenn Entscheidendes geschieht (8,5; 11,19; 16,18). Wir sollten damit rechnen, dass Dinge massiv erschüttert werden, wenn Gott seine Pläne enthüllt.

Als letztes Detail in dieser einleitenden Beschreibung des Thronsaales wird „etwas wie ein gläsernes Meer“ erwähnt. Das ist sehr geheimnisvoll. In Salomos Tempel befand sich ein „Meer“, eine gewaltige Schale aus Bronze (1. Könige 7,23-26). Darauf könnte dieses Bild anspielen. In Kapitel 15,2 gleicht das „gläserne Meer“ aber eher dem Roten Meer, durch welches das Volk Israel der Sklaverei entflohen ist. Das andere „Meer“ in der Offenbarung ist das, aus dem (wie in Daniel 7) das große Monster auftaucht (Kapitel 13,1), während der Drache am Ufer steht und über dem Auftauchen des Monsters wacht (Kapitel 12,18). Das alles deutet darauf hin, dass das „Meer“ im Thronsaal Gottes eine Art symbolischer Repräsentation davon ist, dass das Böse in Gottes Welt sehr gegenwärtig und sehr gefährlich ist. Es ist aber in Gottes souveränen Plan eingeschlossen, und am Ende wird es überwunden werden.

Bis jetzt habe ich über diese Szene nur als Beschreibung von Gottes Thron im Himmel gesprochen, und wie Johannes vor ihm erscheint, so wie ein alttestamentlicher Prophet. Dieses Bild eines Thronsaals, in dem jemand auf dem Thron sitzt, umgeben von seinen weisen Beratern, erinnerte die Leser des Johannes sofort noch an einen sehr anderen königlichen Hof: an den des Kaisers. Wir haben in den ersten drei Kapiteln schon Hinweise gesehen auf diesen Machtkampf: das **Königreich Gottes** gegen die Königreiche dieser Welt. Es wird uns eindrücklich vor Augen gehalten, dass die Mächte dieser Welt nichts als Parodien sind, billige Kopien der einzigen Macht, die in Wahrheit Himmel und Erde beherrscht. Wenn sich die Vision des Johannes weiterentfaltet, werden wir sehen, woher die menschlichen Königreiche ihre bösartige, gemeine Macht haben und auch, wie Gottes radikal andere Macht den Sieg über sie davontragen wird. Die sieben Briefe haben die Gemeinde schon dazu gedrängt, an diesem Sieg Anteil zu haben. Jetzt beginnen wir zu entdecken, wie dieser Sieg zustande kommt.

Es beginnt damit, dass die Wirklichkeit enthüllt wird. Hinter den komplexen und chaotischen Zuständen des Lebens der ersten Christen und Gemeinden in der antiken Türkei, hinter den Herausforderungen der falschen Synagogen und den Drohungen der Herrscher, hinter den verwirrenden Kämpfen und Schwierigkeiten im Leben der normalen Christen steht hier der himmlische Thronsaal, in dem der Schöpfer der Welt und ihr Herr souverän regiert. Nur wenn wir unser Alltagsgeschäft unterbrechen und über diese Vision meditieren, werden wir nach und nach die Wirklichkeit erkennen, die nicht nur unserer Wirklichkeit Sinn verleiht. Sie ermöglicht uns auch, den Sieg zu erringen.

Offenbarung 4,6b-11: Lobgesang auf den Schöpfer

6b In der Mitte des Thrones und rund um den Thron waren vier le-
bendige Wesen, die vorne und hinten voller Augen waren. 7 Das erste
Wesen sah aus wie ein Löwe, das zweite wie ein Stier. Das dritte hatte
ein menschliches Gesicht, und das vierte Wesen sah aus wie ein Adler
im Flug. 8 Jedes dieser Wesen hatte sechs Flügel. Von innen und außen
waren sie voller Augen. Sie hatten keine Ruhe, sondern sie sagten Tag
und Nacht:

„Heilig, heilig, heilig
Herr, allmächtiger Gott,
der war und ist und kommen wird."

9 Wenn diese Wesen Ehre, Preis und Dank dem darbrachten, der auf
dem Thron sitzt und für immer und ewig lebt, 10 dann fielen die vier-
undzwanzig Ältesten jedes Mal nieder vor dem, der auf dem Thron
sitzt, und beteten den an, der für immer und ewig lebt. Sie legten ihre
Kronen vor dem Thron nieder und sagten: 11 „O Herr, unser Gott,
du bist es wert, alle Ehre und Herrlichkeit und Macht zu empfangen,
weil du alle Dinge geschaffen hast. Weil du es so wolltest, wurden sie
geschaffen und existieren."

Unter Naturwissenschaftlern und Anthropologen wird die Frage immer wieder heiß diskutiert, was wir Menschen tun können, das den Computern unmöglich ist. Schließlich spielen Computer inzwischen besser Schach als die meisten von uns. Sie finden in kürzester Zeit Antworten auf alle möglichen Fragen. Wir bräuchten viel mehr Zeit dafür. Manche Leute behaupten kühn, dass die Computer uns eines Tages überholen werden, auch wenn es jetzt noch nicht ganz so weit ist.

Der Autor David Lodge schrieb eine eindrucksvolle Erzählung zu diesem Thema. Sie trägt den Titel „Thinks ...“ (Gedanken ...). Die Heldin entdeckt schließlich die Antwort: Menschen können weinen und Menschen können **vergeben**. Das sind sehr machtvolle und zentrale menschliche Handlungen. Und sie bewegen sich in einer ziemlich anderen Dimension als alles, was Computer tun können. Ohne diese beiden wären wir aber keine echten Menschen.

In ähnlicher Weise wird auch immer wieder die Frage aufgeworfen: „Was können Menschen, was Tieren nicht möglich ist?“ Auch hier gibt es Naturwissenschaftler, die von uns Menschen einfach als von „nackten Affen“ reden. Vielleicht ein wenig höher entwickelt, aber im Großen und Ganzen doch von der gleichen Art. Diese Frage ist schwieriger zu beantworten als bei den Computern. Auf den Punkt gebracht: In unserem Abschnitt ist der wesentliche Unterschied, dass die Menschen „weil ...“ sagen können. Insbesondere können sie das im Blick auf Gott selber sagen.

Vergleichen Sie einmal die beiden Loblieder in unserem Abschnitt. Das erste findet sich in Vers 8, das zweite in Vers 11. Das erste Lied singen die vier lebendigen Wesen rund um die Uhr, Tag und Nacht. Sie preisen Gott als heilig, sie preisen ihn als ewig. Die vier Lebewesen selbst verdienen auch unsere Aufmerksamkeit. Sie erinnern an Jesajas Vision im **Tempel** (Jesaja 6). Andererseits gleichen sie auch den vier Wesen aus Hesekiels Vision (Hesekiel 1). Sie repräsentieren die Welt der Tiere. In dem Moment schließt das die Menschen ein: Das Wesen mit dem menschlichen Antlitz ist einfach eines unter den anderen. Es steht neben dem König der wilden Tiere (dem Löwen), dem mächtigen Vertreter der gezähmten Tiere (dem Stier) und dem unumstrittenen König der Vögel (dem Adler). (In einigen alten christlichen

Traditionen repräsentieren diese Wesen die vier Verfasser der Evangelien. Man stellte sich vor, dass Matthäus [das menschliche Gesicht], Markus [der Löwe], Lukas [der Stier] und Johannes [der Adler] den Jesus, von dem sie reden, anbetend umgeben.) Es sieht so aus, dass diese bemerkenswerten Geschöpfe nicht nur Gottes Thron umgeben. Sie sind auch jederzeit bereit, seinen Befehlen zu gehorchen. Johannes erklärt uns zwei Mal, dass sie „voller Augen“ sind: Sie schlafen nicht und wachen an Gottes Stelle über seine ganze Schöpfung.

Das Lied dieser lebendigen Wesen ist nichts als ein Akt bewundernder Anbetung. Wenn wir diesen Abschnitt lesen, dann soll uns – zusammen mit dem Psalmisten – klar sein, dass jedes Geschöpf von Gott abhängig ist und ihn auf seine eigene Art anbetet. Es lohnt sich, diesem Gedanken noch etwas nachzuhängen. Die meisten von uns sehen das Tierreich nicht aus diesem Blickwinkel. Umso stärker fällt der Unterschied zu den vierundzwanzig Ältesten ins Auge. Die ganze Schöpfung betet den Schöpfer an, aber nur die Menschen, die Gottes Volk repräsentieren, verstehen, *weshalb sie das tun*. Sie sagen: „Du *bist es wert*, alle Ehre und Herrlichkeit und Macht zu empfangen, *weil* du alle Dinge geschaffen hast.“ Hier ist das „weil“, das die Menschen von den anderen Tieren unterscheidet, egal wie edel sie auf ihre Art auch sein mögen. Menschen können nachdenken und verstehen, was vor sich geht. Insbesondere sind sie in der Lage, das, was sie verstehen, in der Anbetung auszudrücken.

Anbetung ist immerhin die wichtigste menschliche Tätigkeit. Ganz sicher ist sie die zentralste christliche Aktivität. Als ich Student war, waren wir mit allen möglichen christlichen Aktivitäten vollauf beschäftigt: lehren und lernen, die Schrift studieren, evangelisieren, Gebetstreffen und so weiter. Wir sind auch oft in die Kirche gegangen, haben aber soweit ich mich erinnern kann nur wenig darüber nachgedacht, was wir dort taten. Da gab es schließlich die Predigt, von der man etwas lernen konnte. Die Lieder waren auch eine gute Lernhilfe. Es war die Zeit des Lernens und der **Gemeinschaft**. Als ein Freund einmal den Vorschlag machte, die Anbetung als das Zentrum all unseres

Tuns anzusehen, schauten wir anderen ihn schräg an. Das klang doch mehr wie eine faule Ausrede.

Inzwischen weiß ich natürlich, dass er recht hatte. Wir sind geschaffen, Anbetende zu sein. Anbetung mit dem „*weil*" darin zeichnet uns als echte menschliche Wesen aus. Diese Szene bleibt die Grundlage für alles, was in diesem kraftvollen und verwirrenden Buch noch folgen wird. Alles, was kommen wird, hat seinen Ursprung in der Tatsache, dass die ganze Schöpfung berufen ist, den einen wahren Gott als Schöpfer anzubeten. Die abgrundtiefen Probleme in dieser Schöpfung veranlassen den Schöpfer, dass er energisch durchgreift und die Dinge in Ordnung bringt. Das hat nichts damit zu tun, dass die Schöpfung schlecht und er wütend auf sie wäre. Er ist vielmehr wütend über die Mächte, die seine gute Schöpfung verdorben und entstellt haben und die drohen, sie ganz zu vernichten (Kapitel 11,18).

Diese kurzen Lobgesänge stehen am Anfang einer bemerkenswerten Besonderheit dieses Buches. Im Buch der Offenbarung finden wir eine ganze Reihe von ähnlichen Abschnitten, in denen Gott, dem Schöpfer, Gebete und Anbetung dargebracht werden. Manche davon sind deutlich länger. Ihr Ursprung liegt im gottesdienstlichen Leben des alten Israel. Oft enthalten sie Anklänge an Psalmen, an die Propheten und andere Loblieder wie an das Lied von Mose und Miriam in Exodus 15. Viele vermuten (wohl zu Recht), dass die frühe christliche Kirche ganz ähnlich gebetet und gesungen hat. Aber das, was Johannes in der himmlischen Dimension sieht, spiegelt nicht einfach das kirchliche Leben auf der Erde wider. Im Gegenteil: Was er im **Himmel** sieht, *sollte* auch auf der Erde geschehen. Der Himmel ist der Taktgeber für das Geschehen. Er ist nicht einfach die „geistliche Dimension" von dem, was wir hier auf der Erde so tun.

In den Abschnitten, die jetzt folgen, kann man noch sehr viel lernen über den Himmel und über Anbetung. Vielleicht sollten wir aber zuerst hier stehen bleiben und gründlich nachdenken. Legen wir in unseren persönlichen Gebetszeiten und auch in unseren Gottesdiensten und Liturgien ausreichend Wert darauf, Gott als den Schöpfer aller Dinge zu ehren? Lassen wir es zu, dass alte Lieder wie zum Beispiel „Geh aus mein Herz und suche Freud in dieser lieben Sommerzeit ..." (Evangelisches Gesangbuch 503) oder Gedichte wie der 19. Psalm („Die Himmel erzählen die Ehre Gottes, und die Feste verkündigt seiner Hände Werk") unsere Gebete prägen und färben, sodass wir ganz bewusst zusammen mit all den verschiedenen Elementen der Schöpfung feiern? Sehen wir die Schöpfung selbst als den Raum, in dem Gott verherrlicht wird, und behandeln wir so einen wunderbaren Ort auch angemessen?

Sind wir uns insbesondere unserer Berufung bewusst, Gott mit einem „weil" anzubeten? Anders gesagt: Lassen wir unser Lob prägen durch das, was wir über Gott denken? Durchdenken wir die Tatsache, dass er „Ehre und Herrlichkeit und Macht" *verdient*, weil er der Schöpfer und der Erlöser ist?

Das mag zwar alles sehr offensichtlich scheinen. Das ist es aber nicht. Die Welt war voll von Bewegungen, Philosophien und Religionen, die die Schöpfung als minderwertig oder unwichtig für das „geistliche" Leben angesehen haben. Manche haben sie sogar verteufelt als ekelhaften, düsteren und gefährlichen Ort voller Bosheit und Tod. Es gab aber auch unzählige Bewegungen, die die Schöpfung selbst verehren oder Kräfte, die in der Schöpfung wirksam sind (Geld, Sex, Krieg, Macht – die übliche Liste), statt Gott als Schöpfer anzubeten. Die Offenbarung bringt das entscheidende und doch so zerbrechliche Gleichgewicht. Die ganze Schöpfung betet Gott an. Wir Menschen sind berufen, ihn mit dem Denken und mit dem Herzen anzubeten und zu erkennen, dass er als Schöpfer aller Dinge alle Anbetung verdient.

Offenbarung 5,1-7: Der Löwe, das Lamm

[1]Ich sah eine Schriftrolle in der rechten Hand dessen, der auf dem
Thron saß. Die Rolle war von innen und von außen beschrieben und
sie war mit sieben Siegeln versiegelt. [2]Ich sah einen starken Engel, der

mit lauter Stimme rief: „Ist jemand würdig, die Rolle zu öffnen, die
Siegel zu brechen?“ 3Weder im Himmel noch auf der Erde oder unter
der Erde konnte irgendjemand die Rolle öffnen und sie ansehen. 4Ich
brach in Tränen aus, weil es schien, dass es niemanden gab, der wür-
dig war, die Rolle zu öffnen und hineinzusehen. 5Aber dann sprach
einer der Ältesten mich an und sagte: „Weine nicht! Schau, der Löwe
vom Stamm Juda, die Wurzel Davids, hat den Sieg errungen! Er kann
die Rolle und ihre sieben Siegel öffnen.“

6Dann sah ich inmitten des Thrones und der vier lebendigen Wesen
und mitten unter den Ältesten ein Lamm. Es stand da, wie wenn es
geschlachtet worden wäre. Es hatte sieben Hörner und sieben Augen.
Das sind die sieben Geister Gottes, die in die ganze Welt gesandt sind.
7Das Lamm kam und nahm die Rolle aus der rechten Hand dessen,
der auf dem Thron saß.

Da standen wir und starrten den Brief an, der auf der Türmatte lag. Der Umschlag war edel, aus hochwertigem Papier. Name und Adresse waren klar und deutlich mit Maschine geschrieben. Oben darüber, mit noch größeren Buchstaben, lasen wir die Worte: „DARF NUR VOM EMPFÄNGER GEÖFFNET WERDEN!“ Dieser Empfänger war nicht zu Hause. Wir getrauten uns kaum, den Brief auch nur zu berühren.

Jetzt stellen wir uns einmal vor, dass es auf dem Umschlag heißt: „DARF NUR VON DER PERSON GEÖFFNET WERDEN, DIE ES WERT IST.“ Das wäre noch viel spannender und würde eine ganz andere Herausforderung darstellen. Wie kann ich wissen, dass ich es wert bin, ihn zu öffnen? Ein Autor hat es einmal so ausgedrückt: Auf der moralischen Bank haben wir alle ein überzogenes Konto. Wenn die Frage im Raum steht, ob wir es wirklich wert sind, eine bestimmte Aufgabe zu erfüllen, dann erforschen wir unser Gewissen und entdecken schnell alle möglichen Dinge, die uns dafür disqualifizieren.

So eine Situation finden wir am Anfang unserer Szene. Immer noch betrachten wir durch die Augen des Johannes den himmlischen Thronsaal. Dort erleben wir nicht einfach einen sich endlos wiederholenden Lobgesang. Es ist der Thronsaal des Schöpfergottes. Deshalb ist seine Welt nicht nur ein lebendiges, bewegliches Bild, das man einfach genießt. Sie ist ein Projekt, sie entwickelt sich in eine Richtung. Es gibt noch Arbeit zu tun.

Insbesondere gibt es viel zu tun, um die Schöpfung vor den tödlichen Gefahren zu retten, die sich mitten in ihr eingewurzelt haben. Es gibt viel zu tun, um die Mächte zu überwinden, die sich aufgemacht haben, die wunderbare Arbeit Gottes zu vernichten. Diese Aufgabe wird fürchterlich sein und man möchte davor zurückschrecken. Natürlich haben wir die Herausforderung noch größer gemacht, weil wir oft eher Teil des Problems waren als Teil der Lösung.

Deshalb ist die Frage des „starken Engels“ in Vers 2 so herausfordernd. Gott, der Schöpfer, hält in seiner rechten Hand eine Schriftrolle, so wie ein Architekt die zusammengerollten Baupläne trägt oder ein General die Pläne für den nächsten Feldzug. Diese Rolle ist mit sieben Siegeln versiegelt. Wir gehen zu Recht davon aus, dass die Rolle Gottes geheimen Plan enthält, wie er die zerstörerischen Projekte aufhalten und rückgängig machen will, die schon so viel Raum eingenommen haben, und wie er stattdessen sein Rettungsprojekt starten und fördern will, das die Schöpfung wieder auf den richtigen Weg bringt. Gibt es irgendjemand dort draußen, der würdig ist, diese Rolle zu öffnen? Gibt es jemanden, der nicht in irgendeiner Weise selbst zu den Problemen der Schöpfung beigetragen und mitgeholfen hat, Gottes wunderbare Welt zu verwüsten?

Johannes hat ebenso wie die anderen Autoren des Neuen Testamentes einen nüchternen Blick auf die tief verwurzelten Probleme der ganzen menschlichen Rasse – und es sieht so aus, dass diese auch alle anderen Lebewesen betreffen (Vers 3). Niemand ist würdig, diese Rolle zu öffnen.

Das wirft aber ein großes Problem auf. Gott der Schöpfer hat sich schon in Genesis 1 und 2 darauf festgelegt, dass er innerhalb seiner Schöpfung *durch eine gehorsame Menschheit* wirken will. So hat er die ganze Welt entworfen. Wenn Gott jetzt sagen würde: „Tja, die Menschen haben versagt, ich muss wohl einen andern Weg suchen!", dann würde er das innerste Wesen der guten Schöpfung auflösen und aus ihr etwas völlig anderes machen. Also muss er jemanden finden.

Innerhalb der Traditionen Israels würde man antworten: Israel selbst ist berufen, Gottes wahre Menschheit zu sein und so Gottes Rettungsplan zu verwirklichen. Das ist wahr. Aber (auch wenn Johannes das hier nicht ausdrücklich sagt) wir treffen hier auf die zweite Ebene des Problems: Israel hat auch versagt und Gott enttäuscht. Und wieder scheint Gott vor einem Dilemma zu stehen. Würde er sagen: „Na ja, Israel hat meine Hoffnungen nicht erfüllt. Schneiden wir diesen Teil des Planes heraus", dann würde es so aussehen, als hätte Gott einen Fehler begangen, als würde er mit verschiedenen Ideen um sich werfen, von denen keine funktioniert. Gott hat die Welt so geschaffen, dass seine Pläne auf der Erde durch ein menschliches Wesen ausgeführt werden müssen. Die Sünde der Menschen bedeutet, dass Gott eine Rettungsoperation braucht, um seinen ursprünglichen Plan weiterverfolgen zu können. Deshalb berief Gott eine menschliche Familie als Weg, durch den diese Rettung zustande kommt. Mit anderen Worten: Gott hat bestimmt, dass er die Welt durch *Menschen verwalten* und dass er die Welt durch *Israel* retten will. Beide haben ihn enttäuscht. Was wird er jetzt unternehmen? „Ist jemand würdig, die Rolle zu öffnen?"

Man möchte sich Johannes anschließen, der laut herausweint. Gibt es denn keine Lösung? Aber der Plan, alle Tränen von den Augen abzuwischen (Kapitel 7,17; 21,4), hat schon begonnen. „Weine nicht", sagt einer der Ältesten: „Schau, hier ist der eine, der es tun kann." Und schon bevor wir hinschauen, wissen wir, wer er ist. Er ist der echte Mensch. Er ist der wahre Israelit. Er ist der **Messias**.

In den Visionen des Johannes wird nichts einfach geradeheraus ausgesprochen. Alles leuchtet auf in vielen wunderbaren Facetten. Johannes wird eingeladen, „den Löwen vom Stamm Juda, die Wurzel Davids" anzuschauen. Der Donnerhall, der über die Höhlenwände unserer biblischen Erinnerungen dröhnt, beschwört Prophetien und Visionen herauf. Der Messias soll aus Davids Stamm kommen, aus dem Stamm Juda. In Genesis 49,9 wird Juda als junger Löwe beschrieben. In einer späteren visionären Schrift wird dieses Bild wieder aufgegriffen (4. Esra 11 und 12, in den Apokryphen). Dort erscheint der Messias in Gestalt eines Löwen und greift den „Adler" des römischen Imperiums an. Kein Jude des ersten Jahrhunderts würde den Bezug zur „Wurzel Davids" übersehen oder falsch verstehen. Wie in Kapitel 22,16 hören wir darin ein lautes Echo der großen messianischen Verheißung aus Jesaja 11,1-10. Wie wir es vom wahren Messias erwarten können, heißt es über ihn nicht nur, dass er „würdig" ist, die Schriftrolle zu öffnen. Er wird auch vorgestellt als der, der „den Sieg errungen" hat. Man erwartete damals, dass der Messias die entscheidende Schlacht gegen den großen Feind von Gottes Volk schlagen und gewinnen und sie so ein für alle Mal befreien würde. Und genau das sagt der Älteste zu Johannes: „Er hat es getan! Und hier kommt er!"

Und jetzt kommen wir zu einem der wichtigsten Momente in der ganzen Heiligen Schrift. Johannes *hört*, dass ein Löwe angekündigt wird. Aber was er daraufhin *sieht*, ist ein Lamm. Während er sieht, was sich vor seinen Augen entwickelt, muss er die Worte im Kopf festhalten, die er gehört hat. Ebenso muss er auch im Kopf behalten, was er gesehen hat, wenn er darüber nachdenkt, was er gehört hat. Diese beiden Bilder sind so radikal unterschiedlich. Der Löwe ist das Symbol für uneingeschränkte Macht und überlegenes Königtum. Das Lamm dagegen verkörpert zurückhaltende Verletzlichkeit und, weil es **geopfert** wird, auch die absolute Schwachheit des Todes. Diese beiden werden jetzt vollständig und für immer miteinander vereinigt. In diesem Augenblick versteht Johannes (und wir als seine sorgfältigen Leser mit ihm), dass der Sieg des Löwen errungen wird, weil das Lamm sich opfert. Es gibt keinen anderen Weg. Wir sollen aber auch begreifen, dass das Opfer des Lammes nicht nur dazu dient, hier und da die Sünden von einzelnen Menschen auszulöschen. Der Sieg, den das Lamm errungen hat, ist Gottes löwengleicher Sieg, errungen durch sein treues Israel-in-Person, durch seine treue Menschheit-in-Person. Es ist der Sieg über alle Kräfte des Verderbens und des Todes, über alles, was Gottes gute, kraftvolle und liebenswerte Schöpfung zerstören und entwerten will.

All die Jahre hindurch bis heute gibt es viele Löwen-Christen. Sie glauben durchaus daran, dass Jesus für uns starb. Jetzt wollen sie aber den Willen Gottes auf Löwenart durchsetzen, unter Anwendung von Gewalt und Macht. So wollen sie die Welt zwingen, Gottes Willen zu tun. Johannes sagt ganz klar „Nein!“ zu diesem Weg. „Denkt an den Löwen, aber schaut auf das Lamm!“

Es gibt aber auch ungeheuer viele Lamm-Christen. Sie sind durchaus überzeugt, dass Jesus der „Löwe von Juda“ ist. Sie weisen aber den Gedanken von sich, dass das auch eine politische Aussage ist. **Erlösung** bedeutet schließlich, dass unsere Sünden **vergeben** sind und wir eines Tages diese zerrüttete Welt verlassen und in den **Himmel** kommen. Dem hält Johannes ganz klar entgegen: „Schaut auf das Lamm, aber vergesst nicht, dass es den Sieg des Löwen errungen hat!“

Wenn wir zuhören und zuschauen, sollten wir nicht vergessen, dass das Lamm sieben Hörner und sieben Augen hat. Mit anderen Worten: Es ist allmächtig und alles sehend. Und es hat das Recht, die Schriftrolle zu nehmen und sie zu öffnen. Alles Weitere folgt aus dieser Handlung.

Offenbarung 5,8-14: Würdig ist das Lamm!

[8]Als es die Schriftrolle nahm, fielen die vier lebendigen Wesen und
die vierundzwanzig Ältesten vor dem Lamm nieder. Jeder von ihnen
hatte eine Harfe und goldene Schalen voller Räucherwerk. Das sind
die Gebete von Gottes heiligem Volk. [9]Sie singen ein neues Lied mit
diesen Worten:

„Du bist würdig, die Schriftrolle zu nehmen;
Du bist würdig, seine Siegel zu brechen;

denn du wurdest geschlachtet
und hast mit deinem eigenen Blut ein Volk für Gott erkauft
aus allen Sprachen und Stämmen,
aus jedem Volk und jeder Nation
10 *und hast sie zu einem Königreich und zu Priestern gemacht für*
unseren Gott. Die werden die Erde regieren."

11 *Als ich aufsah, hörte ich die Stimmen vieler Engel rings um den*
Thron, der lebendigen Wesen und der vierundzwanzig Ältesten. Ihre
Zahl war zehntausend mal zehntausend, 12 *und sie riefen mit lauter*
Stimme:
„Das geschlachtete Lamm hat es jetzt verdient,
den Reichtum und die Macht,
die Weisheit, die Kraft und die Ehre,
die Herrlichkeit und den Lobpreis entgegenzunehmen."

13 *Dann hörte ich, wie alle Geschöpfe im Himmel, auf der Erde, unter*
der Erde und im Meer und alles, was darin ist, sagten:
„Dem Einen auf dem Thron und dem Lamm
sei Lobpreis und Ehre und Herrlichkeit
und Macht für immer und ewig!"

14 *„Amen!", riefen darauf die vier lebendigen Wesen. Die Ältesten ih-*
rerseits fielen nieder und beteten an.

Stellen Sie sich einen weiteren Theaterbesuch vor. Sie sitzen im Dunkeln. Die Trommel macht den Anfang. Ein langsamer, stetiger Rhythmus. Sie erzählt Ihnen etwas. Sie deutet in eine Richtung. Der Klang baut sich auf, wird lauter und lauter. Jetzt fallen die Stimmen mit ein. Wilder, begeisterter Gesang, vielfältig und lebhaft. Auch der wird lauter und lauter. Mit dem Aufleuchten des Bühnenlichts fällt das ganze Orchester mit ein: kräftige Blasinstrumente, samtene Streicher, die klare, scharfe Oboe. Über allem fliegen die Flöten wie Vögel hin und her. Die Musik ist dazu gemacht, die richtige Atmosphäre zu schaffen und das Stück zu eröffnen. Sie ahnen, dass jetzt ein Drama beginnt, wie Sie es noch nie erlebt haben.

Und die Schauspieler? Jetzt kommt der Schock: Mit seiner Beschreibung der Szene deutet Johannes an, dass *wir die Schauspieler sind*. Wir hören der Musik zu, bis unser Einsatz dran ist. Ob wir nun vorbereitet sind oder nicht, wir müssen unsere Rolle spielen.

In der Musik der Eröffnungsszene, die Johannes beschreibt, ist das enthalten. Wenn die Ältesten vor dem Lamm niederfallen, halten sie zwei Dinge in der Hand: eine Harfe und eine goldene Räucherschale. Johannes erklärt uns die Bedeutung des Räucherwerks: Das steht für die Gebete des Volkes Gottes, für Ihre und meine Gebete. Die himmlische Szene ist wie mit einer Nabelschnur mit dem Leben auf der Erde verbunden. Die gewöhnlichen, treuen, demütigen Gebete der Christen hier auf der Erde erscheinen im **Himmel** als herrliches, duftendes Räucherwerk. Ich vermute, dass es sich mit den Harfen im Himmel und der Musik auf der Erde ähnlich verhält, egal wie schwach und wenig eindrücklich uns die Lieder vorkommen mögen, die wir hier zu Gottes Ehre singen. Im ersten von drei Liedern in diesem Abschnitt entdecken wir, dass das Lamm nicht nur dafür gepriesen wird, dass es uns gerettet hat. Viel mehr: Es hat uns hoffnungslose Rebellen zu nützlichen Dienern gemacht, hat aus Sklaven der Sünde ein „**Königreich** und **Priester**“ geformt. Aus der Tonne auf den Thron. Das ist unser Part im Stück. Das Lamm hat uns befreit, damit wir nicht länger Zuschauer sein müssen, sondern anfangen können, mitzuspielen.

Von jetzt an hören wir das Crescendo der Lieder nicht nur mit Spannung und wachsender Faszination, sondern auch mit einem Gespür für unsere Berufung. Als Erstes steht das Loblied das Lammes dafür, was es getan hat (Vers 9 und 10). Es ist wirklich würdig, die Schriftrolle zu nehmen und ihre Siegel zu brechen. Das bedeutet, dass es der Bevollmächtigte ist, der die Pläne Gottes umsetzt, die Zerstörer zu vernichten, die Mächte des Bösen zu durchkreuzen, den scheinbar Allmächtigen entgegenzutreten und an ihrer Stelle seine neue Ordnung aufzurichten. Das Lamm hat all das erreicht durch seinen eigenen Tod, durch sein eigenes Blut.

Jeder Jude, der im ersten Jahrhundert lebte, würde die Bedeutung dieser Worte sofort erkennen: „durch seinen Tod als **Opfer**". Ihnen wäre auch sofort klar, dass ein Opfer, durch das Gott „ein Volk erwirbt, damit sie ein Königreich und Priester sind", das ultimative Passahopfer sein müsste und somit die endgültige Erfüllung dessen, was Gott in der Geschichte Israels begonnen hat: Er befreite sein Volk aus der Sklaverei in Ägypten, er „erwarb" sie wie Sklaven auf dem Markt, um sie zu einer „königlichen Priesterschaft" zu formen, zu dem Volk, mit dem er seine weltweiten Absichten vollenden würde. So viel wird klar, wenn man Exodus 19,4-6 liest.

Wie so oft ruft Johannes aber nicht nur eine einzige Bibelstelle in Erinnerung. Im ersten Lied klingt auch Daniel 7 an, das großartige Kapitel, wo Gott seine Herrschaft über die ganze Erde durch das „heilige Volk des Allerhöchsten" aufrichtet, nachdem die Monster besiegt wurden und derjenige rehabilitiert worden ist, der „wie ein Menschensohn" ist. Die Rettung, die Daniel beschreibt, ist der großartige neue **Exodus**. Die Monster, die Gottes Volk unterdrückt haben, sind an die Stelle des Pharao getreten. Johannes nimmt den gleichen Erzählstrang auf und bringt das geschlachtete Passahlamm und den rehabilitierten Menschensohn zusammen. Diese atemberaubende Wendung ist möglich, weil sie die beiden Berufungen Jesu zusammenbringt.

Das erste Lied preist das Lamm dafür, dass es durch seinen Tod ein Volk gerettet hat, sodass dieses Gottes königliche und erlösende Absichten („Königreich und Priester") für die ganze Welt vorantreiben kann. Das zweite Lied, in das zehntausend mal zehntausend Engel einstimmen, zieht den Blick weg von dem, was das Lamm *erreicht* hat, hin zu dem, was es *verdient:* alle Ehre und Verherrlichung, zu der die Schöpfung in der Lage ist. Der Reichtum und die Kraft der Nationen gehört ihm. Alles, was das menschliche Leben adelt und bereichert, alles, was uns Menschen in die Lage versetzt, weise zu leben und die Schönheit von Gottes Schöpfung zu genießen und zu feiern – all das wird ihm zu Füßen gelegt. Leider gibt es viele Christen, die von Jesus nur Trost und Hoffnung für sich selber erwarten („Er hat mich gerettet, er ist als Freund bei uns“) und so völlig verpassen, wie umfassend seine Majestät und wie groß seine Herrlichkeit wirklich ist. Viele sind damit zufrieden, einen Jesus zu haben, der für die „geistlichen“ Dinge zuständig ist. Reichtum, Macht, Ehre und all das schreiben sie aber weiter den irdischen Mächten und Herrschern zu. Vielleicht wird die Offenbarung in manchen Kirchen so vernachlässigt, weil sie diese Einstellung infrage stellt.

So geht es zum dritten Lied, in das jedes Geschöpf in jedem Teil von Gottes Schöpfung einstimmt – sehr ähnlich, wie es Paulus in seiner Vision in Philipper 2,9-11 beschreibt. Diesmal wird das Loblied des Lammes mit dem Lob des Schöpfers verbunden, wie es schon in Kapitel 4 geschah. In donnernder Anbetung preist die ganze Schöpfung „den einen auf dem Thron und das Lamm“.

Wenn wir jetzt noch nicht völlig überwältigt sind von dieser Vision oder erschöpft vom Versuch, etwas davon zu verstehen, dann können wir hier einen Blick erhaschen auf die tiefste aller Wahrheiten. Wie alles andere aus Kapitel 4 und 5 bestimmt diese Wahrheit den weiteren Verlauf des ganzen Buches. *Das Lamm hat Teil an dem Lobpreis, der dem einzig wahren Gott zusteht.* Das ist Johannes' Art, um die zentrale und den Verstand herausfordernde Wahrheit zu bezeugen, die das Herz des christlichen **Glaubens** bildet: Jesus, das Löwen-Lamm, der Messias Israels, der wahre Mensch – dieser Jesus hat Anteil am Lobpreis, der einzig und allein Gott, dem Schöpfer zusteht.

Achten wir darauf, was das bedeutet. Die völlige und unzweideutige Bestätigung, dass das Löwen-Lamm Gott ist, kommt nur im Zusammenhang mit dem Sieg, den Gott durch das Löwen-Lamm über alle Mächte des Bösen errungen hat. Es reicht nicht aus, nur dem Gedanken zuzustimmen, dass Jesus in der einen oder anderen Art irgendwie Gott ist. (Menschen fragen mich oft: „Ist Jesus Gott?“, als ob „Gott“ ein bestimmtes festgelegtes Schema sei, und wir könnten nachmessen, ob Jesus in dieses Schema passt oder nicht.) Wie wir in der Offenbarung schon gesehen haben, ist Gott der Schöpfer. Als Schöpfer ist er engstens mit der Welt verbunden, und die Welt betet ihn an. Gott hat Pläne und Absichten, um diese Welt von all dem zu befreien, was sie verdorben hat. Anders gesagt: Er will seine souveräne Herrschaft, sein „Königreich“ auf der Erde wieder aufrichten, so wie es im Himmel schon der Fall ist. Im Herzen solcher Pläne, und nur dort, entdecken wir das Löwen-Lamm, das den Thron mit dem einen Gott teilt. Die Kirche hat viel zu oft den theologischen Glaubenssatz von der „Göttlichkeit“ Jesu abgetrennt von Gottes Plänen, sein Königreich wieder aufzurichten. Wer das tut, der verpasst das Entscheidende. Man missbraucht dann einen Teil der Wahrheit als Vorwand, um sich nicht der Wucht der restlichen Wahrheit stellen zu müssen. Wir entdecken und feiern die Göttlichkeit des Löwen-Lammes nur dann, wenn wir uns auch als königliche **Priester**schaft an seiner Arbeit beteiligen: den Lobpreis der Schöpfung vor ihn bringen und auch seine rettende Herrschaft in die Welt tragen.

Offenbarung 6,1-8: Vier Reiter

1Das Nächste, was ich sah, war dies: Als das Lamm eines der sieben
Siegel öffnete, hörte ich, dass eines der vier lebendigen Geschöpfe mit
donnernder Stimme rief: „Komm!“ 2Darauf sah ich ein weißes Pferd.
Sein Reiter hielt einen Bogen. Ihm wurde eine Krone gegeben, und er
zog siegreich aus und errang noch mehr Siege.

3Als das Lamm das zweite Siegel öffnete, hörte ich, wie das zweite
lebendige Geschöpf sagte: „Komm!“ 4Ein weiteres Pferd kam hervor,
das war feuerrot. Seinem Reiter wurde die Erlaubnis gegeben, den
Frieden von der Erde wegzunehmen, sodass die Menschen sich gegen-
seitig umbrächten. Ihm wurde ein großes Schwert gegeben.

5Als das Lamm das dritte Siegel öffnete, hörte ich, wie das drit-
te lebendige Geschöpf sagte: „Komm!“ Ich schaute hin und sah ein

*schwarzes Pferd. Sein Reiter hielt eine Waage in der Hand. [6]Da ver-
nahm ich etwas wie eine Stimme aus der Mitte der vier lebendigen
Geschöpfe. „Ein Maß Weizen für einen Dinar und drei Maß Gerste
für einen Dinar. Aber Öl und Wein lass unangetastet!“*
*[7]Als das Lamm das vierte Siegel öffnete, hörte ich die Stimme des
vierten lebendigen Geschöpfes sagen: „Komm!“ [8]Als ich aufblickte,
sah ich ein leichenblasses Pferd, und sein Reiter hieß „Tod“. Der Hades folgte ihm. Ihnen wurde Autorität gegeben über ein Viertel der
Erde, die Menschen mit Schwert, Hunger, dem Tod und durch die
wilden Tiere der Erde zu töten.*

Alle Ärzte und Pastoren kennen diese Situation: Jemand kommt mit einem Problem zu ihnen, und man merkt sehr schnell, dass dies nicht sein einziges Problem ist. Der Schmerz, den jemand in die Arztpraxis bringt, kann ein Symptom einer viel tieferen medizinischen oder psychologischen Erkrankung sein. Die Angst, Depressionen oder Schuldgefühle, mit denen jemand an die Tür des Pastors klopft, ist sehr wahrscheinlich eine Folgeerscheinung oder Auswirkung einer tiefer liegenden Angst. Erst wenn die zugrunde liegende Angst behandelt wird, verschwinden auch die Symptome.

Dies bringt den Patienten oder die ratsuchende Person in eine ähnliche Position wie den Leser von Offenbarung 6. Wir haben endlich allen Mut zusammengenommen und sind zum Arzt gegangen. Endlich geben wir zu, dass wir ein Problem haben, und vereinbaren einen Termin mit dem Pastor. Jetzt wird sich alles klären! Jetzt werde ich mich wieder gut fühlen, werde wieder glücklich sein! Dieser Besuch wird mich wieder auf die Beine bringen! Der kluge Arzt oder Pastor weiß, dass er für den Moment immer wieder solche Erwartungen enttäuschen muss, um an die Wurzel des Problems zu kommen und so dauerhafte Heilung zu bewirken. Zuerst muss er sich nach anderen Symptomen erkundigen. Er muss ein wenig mehr über die Hintergründe herausfinden: „Hatten Sie schon früher solche Gefühle? Wovor fürchten Sie sich am meisten?“ Der Patient wird sich sehr schnell unwohl fühlen, wenn er solche Fragen beantworten muss: „Ich wusste nicht, dass wir *all diese Dinge* auch anschauen müssen. Ist es wirklich nötig, diese alten Geschichten wieder hochzubringen? Das ist ja schon lange her, und außerdem …"

Sorry, aber es ist nötig. Wenn wir nicht den vollen Umfang der Probleme kennen, gibt es keine wirkliche Heilung. Erst wenn die Übel der Welt ans Licht kommen und wir sie in ihren wahren Farben sehen, sie zur Schau gestellt werden und sie ihr Schlimmstes tun dürfen, können sie überwunden werden. Die Schriftrolle kann erst gelesen werden, wenn die vier Reiter ausziehen und tun, was sie tun müssen. Der Sieg des Löwen-Lamms wird sonst nicht vollständig sein.

Dies ist die Antwort auf das Problem, das viele Leser haben, wenn sie bis zu Offenbarung 6 gelangen. (Wie alle Antworten, die die Offenbarung gibt, bleibt sie unvollständig und rätselhaft: Dieses Buch wurde entworfen, um Sie zum Nachdenken und Beten zu bringen, nicht, um alle Fragen zu Ihrer Zufriedenheit zu beantworten.) Wir haben gerade die großartige Szene im Thronsaal gefeiert, mit der ganzen Schöpfung einen herrlichen, donnernden Lobgesang für Gott, den Schöpfer, und das geschlachtete Lamm angestimmt. Wir haben die Tatsache gefeiert, dass er den Sieg errungen hat: Jetzt kann Gottes Plan, die ganze Welt zu retten, endlich losgehen! Wir brauchen nur noch die Seite umzublättern, und auf der nächsten Seite werden wir dann lesen …

Doch dann lesen wir, dass die dunklen Mächte des Bösen freien Auslauf bekommen. Die Dinge müssen ans Licht kommen, bevor sie behandelt werden können. Die Diagnose muss klar sein, bevor der Chirurg die Operation durchführen kann. Alte Erinnerungen an Schuld und Leid müssen ans Tageslicht kommen, auch wenn es schmerzlich ist, bevor sie durchbetet und geheilt werden können. Die Offenbarung kommt mir vor wie eine kosmische Version des harten seelsorgerlichen Kampfes um die tief verwundete Seele. Die Seele der Welt ist sich der unmittelbaren Probleme und Schmerzen bewusst. Um zu verstehen, was getan werden muss, damit die Welt wirklich geheilt werden kann, müssen wir tiefer schauen, zu den alten Mustern von

Eroberung, Gewalt, Unterdrückung und zum Tod selbst. Sonst basteln wir sie nur für ein paar weitere Jahre wieder zurecht.

Wenn jetzt das Lamm die ersten vier Siegel der Schriftrolle öffnet, erscheinen nicht vier glorreiche Heilmittel für alle Übel der Welt. Im Gegenteil beschwören die vier lebendigen Geschöpfe vier Pferde und Reiter hervor, die jeweils (so scheint es) alles noch viel schlimmer machen. (Die vier eigenartigen Reiter erinnern uns an Sacharjas Visionen in seinem Kapitel 1 und 6. Hier haben sie allerdings eine ganz neue Bedeutung.) Das erste, das weiße Pferd mit dem Reiter und seinem Bogen, wird manchmal für den Messias selbst gehalten, begründet mit einer teilweisen Parallele zu 19,11. Dies ist nicht unmöglich. Ich halte es jedoch für wahrscheinlicher, dass es die erobernden Könige der Erde symbolisiert, die hin und her gezogen sind, mächtige Nationen überwunden haben und Macht (die „Krone") über sie beanspruchen. Wenn die „Siegel" geöffnet werden, dürfen die Kräfte der menschlichen Eroberung und Unterdrückung noch einmal ihr Unwesen treiben, bevor das göttliche Ziel, wie er mit dem Übel der Welt umgehen wird, aus der Schriftrolle gelesen werden kann.

Dieses Verständnis passt auch gut zum zweiten, dritten und vierten Reiter. Das zweite, feuerrote Pferd, dessen Reiter selbst den oberflächlichen Anschein von Frieden von der Erde wegnimmt, kennt man in jedem Jahrhundert nur zu gut. Das schwarze Pferd, das dritte in der Reihe, bezeichnet die wirtschaftlichen Probleme, die die Ursache der Gewalt innerhalb und zwischen den Nationen darstellen. Für gewöhnliche Rohstoffe, die Grundnahrungsmittel der armen Leute, explodieren die Preise; Luxusartikel – Öl und Wein – bleiben gleich, sodass die Reichen auf Kosten der Armen noch einmal reicher werden. Das leichenblasse Pferd, das den Tod auf dem Rücken trägt, und dem der Hades, der Aufenthaltsort der Toten, als personifizierte Kreatur nachfolgt, ist die ultimative Drohung eines jeden Tyrannen und jedes Anarchisten. Die menschliche Geschichte erzählt immer und immer wieder von Krieg, Hunger und tausend anderen Dingen, die die Menschen vor ihrer Zeit weggerissen haben.

Diese vier stehen für die grundlegenden Leiden, die Menschen einander zufügen. Sie überziehen die ganze Welt, und sie müssen es tun dürfen, damit die Heilsbotschaft der Schriftrolle ihre volle Wirkung entfalten kann. Ich denke, dass ihnen erlaubt wird, ihr Schlimmstes zu tun, weil es nötig ist, die Probleme, für die sie stehen, am Schopf zu packen und sie nicht zu umgehen. Wir müssen diesen Gedanken zu gegebener Zeit weiterverfolgen. Schon viel zu lange, mindestens im letzten Jahrhundert, haben die großen westlichen Kirchen die Wunden der Menschheit lediglich oberflächlich behandelt. „Friede, Friede", sagten sie, auch wenn es keinen oder nur einen sehr oberflächlichen Frieden gab. Wir waren nicht bereit, unter die Oberfläche zu schauen und die dunklen Kräfte wahrzunehmen, die am Werk waren. Aber wenn Gottes neue Schöpfung zur Geburt gebracht werden soll, müssen die tiefsten Übel der alten Erde sichtbar werden, ans Licht kommen und behandelt werden.

Dies ist jetzt ein guter Moment, darüber nachzudenken, wie die Symbolik solcher Kapitel funktioniert. Offensichtlich sind die vier Pferde und ihre Reiter Symbole. Johannes erwartet nicht, dass seine Leser aus dem Fenster schauen und diese finsteren Gestalten durch die Straßen von Ephesus oder Smyrna reiten sehen. Auch die Reihenfolge ist symbolisch. Johannes nimmt nicht an, dass nach Eroberung die Gewalt, nach der Gewalt die wirtschaftliche Katastrophe und nach der wirtschaftlichen Katastrophe der weitverbreitete Tod folgt. Sie hängen zusammen, aber nicht so systematisch.

Das ist einer der Unterschiede, ob man etwas mit Worten oder mit Musik ausdrückt: In der Musik kann man mehrere parallele Linien haben, die alle zur gleichen Zeit ablaufen. Mit Worten muss man alles nacheinander sagen. Diese siebenfache Sequenz (vier sind schon vorbei, drei stehen bis jetzt noch aus) ist nicht chronologisch. Hier wird eine siebenfache Realität ausgedrückt.

Ebenso sollten wir nicht annehmen, dass sich diese siebenfache Folge von „Siegeln" noch vor der nachfolgenden Abfolge von Posaunen (Kapitel 8–11) und diese vor den Schalen des Zorns (Kapitel 16) abspielt. Vielmehr zeigt jede dieser Abfolgen – wie auch das Material dazwischen – einen frischen Blickwinkel auf dieselbe hochkomplexe Wirklichkeit. Wenn wir die Probleme und Schmerzen der Welt aus *dieser* Perspektive betrachten, ist Gottes Antwort, dass er die arrogante Schlechtigkeit des Menschen sich in vollem Umfang entwickeln lässt, aber sein Volk sicher hindurchbringt (Kapitel 7). Wenn wir die gleichen Probleme und Schmerzen aus der Perspektive der *nächsten* Vision betrachten, ist die Antwort Gottes: Er lässt die Kräfte der Zerstörung ihr Schlimmstes tun, sodass er dann seine Herrschaft vollständig und endgültig auf der ganzen Welt errichten kann (Kapitel 8–11). Und wenn wir dann einen tiefen Atemzug nehmen und die Geschichte von einem dritten Blickwinkel (Kapitel 12 und 13) aus betrachten, so sehen wir die volle Tiefe und den Horror des Problems. Gott antwortet darauf der rebellischen Welt, indem er sie das Gegenstück der ägyptischen Plagen erleben lässt, bevor er schließlich sein Volk rettet und die dunklen Mächte, die es so lange versklavt haben, verurteilt (Kapitel 12–19).

Dann und nur dann kann er mit der dunkelsten Macht von allen fertig werden (Kapitel 20). Und dann und nur dann können der neue Himmel und die neue Erde aufgebaut werden, ohne Angst vor versteckten, noch nicht geheilten Krankheiten oder vor tief vergrabener Trauer, die immer noch Schmerzen hervorruft. Offenbarung 6–20 ist nicht, was wir hören *wollen*, so wie wir die Diagnose des Arztes oder den Rat des Pastors auch nicht hören wollten. Aber wir *müssen* es hören, wenn die Welt geheilt werden soll.

Offenbarung 6,9-17: Der Tag kommt!

9*Als das Lamm das fünfte Siegel öffnete, sah ich unter dem Altar die Seelen derjenigen, die um des Wortes Gottes willen und wegen ihres Zeugnisses getötet worden waren.* 10*Sie riefen, so laut sie nur konnten:*

„Heiliger und wahrer Meister, wie lange noch schiebst du das Gericht und die Rache für unser vergossenes Blut an den Erdenbewohnern hinaus?“ [11]Jeder von ihnen bekam ein weißes Kleid. Ihnen wurde gesagt, noch ein wenig zu ruhen, bis die Vollzahl derer, die ebenso wie sie getötet werden sollten, erreicht wäre – einschließlich ihrer Mitknechte und Verwandten.

[12]Als ich hinschaute, öffnete es das sechste Siegel. Ein großes Erdbeben geschah, und die Sonne wurde schwarz wie ein Kohlensack. Der Mond wurde wie Blut [13]und die Sterne fielen vom Himmel auf die Erde wie bei einem Feigenbaum, der von kräftigen Winden geschüttelt seine reifen Früchte fallen lässt. [14]Der Himmel verschwand wie eine Schriftrolle, die zusammengerollt wird, und jeder Berg und jede Insel wurde von ihrem Platz wegbewegt. [15]Die Könige der Erde, die führenden Hofbeamten, Generäle, Reiche, Machthaber und alle anderen, Sklaven oder Freie – sie alle versteckten sich in den Höhlen und Felsen der Berge. [16]„Fallt auf uns!“, sagten sie zu den Bergen und Felsen. „Verbergt uns vor dem Angesicht des Einen, der auf dem Thron sitzt, und vor dem Zorn des Lammes! [17]Der große Tag ihres Zorns ist gekommen. Wer kann da aufrecht stehen bleiben?“

Ein Schachspiel kann auf drei Arten enden. Die erste ist, dass einer der Spieler die Partie gewinnt. Dann ist klar: schachmatt, alles ist vorbei. Oder beide Spieler erkennen, dass keiner von ihnen gewinnen kann, und sie vereinbaren ein Remis.[2] Es gibt noch eine weitere Möglichkeit: Einer der Spieler verliert die Geduld, wirft das Brett um und geht davon. Das ist höchst unbefriedigend – abgesehen von kurzlebiger Vergnügen, einmal so richtig Dampf abgelassen zu haben.

Es gibt viele Menschen, die denken, dass Gott – angesichts des langen Schachspieles um die Rettung der Welt – einfach das Brett umwerfen und es genug sein lassen sollte. Das Spiel ist so sinnlos und kompliziert geworden. So viele verrückte Leute tun so verrückte Dinge. So

[2] Remis im Schach = Unentschieden

viel Leiden, Schmerzen, Zorn und Gewalt. Ist es nicht an der Zeit – so denken sie –, aufzustehen und etwas zu unternehmen? Sollte er nicht endlich die Panzer schicken und jede Opposition vernichten? Wäre das nicht besser, als die Dinge einfach so laufen zu lassen?

Dieser Einwand kommt oft von Menschen, die den Glauben an Gott aufgegeben haben, oder die vielleicht nie wirklich geglaubt haben. Sie fragen: „Wie kann ich an einen Gott glauben, der nichts unternimmt angesichts des Terrors und der Qualen in dieser Welt? Wie können wir angesichts des Chaos' in dieser Welt behaupten, dass Gott diese Welt regiert? Da sollte er doch mit der göttlichen Hand auf den Tisch hauen und all die aufsässigen Schachfiguren ins Feuer werfen!"

Das Problem wird auch regelmäßig von denen zur Sprache gebracht, die – obwohl sie an Gott glauben – die gegenwärtigen Leiden fast unerträglich finden. Wir finden hier eine lange Tradition, die über die Psalmen und die Propheten bis zu den Israeliten in Ägypten zurückgeht. Sie alle haben zu ihrem Gott geschrien, er solle endlich etwas unternehmen (Exodus 2,23). Dieser Schrei („Wie lange, Herr, wie lange?") hallt durch die Jahrhunderte. Er wird wieder ertönen, wenn das fünfte Siegel geöffnet wird. Statt eines weiteren Reiters oder eines anderen gewalttätigen Bildes sehen wir jetzt die **Seelen** derer, die getötet worden waren, weil sie das Zeugnis von Gottes **Wort** treu bewahrt hatten.

Dieser Abschnitt fasziniert aus vielen Gründen, nicht zuletzt weil dies die einzige Stelle im Neuen Testament ist, wo wir etwas Definitives erfahren über den gegenwärtigen Status und Ort der im Glauben an Jesus Verstorbenen. Sie sind „unter dem Altar". Den hatte Johannes bisher noch gar nicht erwähnt, aber wir werden nach und nach entdecken, dass der Thronsaal, wo er seine Vision empfängt, zugleich auch der himmlische **Tempel** ist. Diese „Seelen" sind sich der Tatsache bewusst, dass die Welt immer noch nicht gerichtet und nicht geheilt ist. Bosheit, einschließlich der Bosheit, die ihnen den Märtyrertod gebracht hatte, greift immer noch unkontrolliert um sich. Sie sehnen sich nach Gerechtigkeit, so wie alle, die sich so lange schon vergeblich nach ihr ausstrecken. Ihnen geht es nicht um kleinliche oder gehässige Rache. Sie sehnen sich von ganzem Herzen danach, dass die Welt wieder ins Gleichgewicht gebracht wird und dass auch das harte Urteil über sie und ihre Bestrafung sich als Unrecht erweisen werden.

Und ihnen wird gesagt, dass sie warten müssen. Es gibt viele Aufrufe zur Geduld in der Offenbarung – dies ist ein weiterer. Ihnen werden weiße Kleider gegeben – wie eine Seele ein Kleid anziehen kann, bleibt eine Herausforderung für die Fantasie, aber wie schon gewohnt schreibt Johannes in Symbolen. Die weißen Kleider bezeichnen beides: Reinheit und Sieg – und es wird ihnen gesagt, dass zuerst etwas anderes geschehen muss, bevor Gottes Gerechtigkeit sich selbst durchgesetzt haben wird. Erst wenn das passiert ist, wird, wie wir später im Buch sehen werden, die neue Welt erscheinen. Das ist die Welt, in der sie von den Toten auferstehen werden, die Welt, in der am Schluss die Gerechtigkeit aufgerichtet sein wird.

Dieses „etwas andere“, das zuerst geschehen muss, das ist der Punkt, an dem wir entdecken, auf welche Art Gott diese Welt wirklich regiert – ganz anders als die meisten Leute vorschlagen, wie er es tun sollte. Um das zugegebenermaßen gefährliche Bild vom Schachspiel noch einmal aufzunehmen: Hier entdecken wir, dass Gott nicht einfach das Spielbrett umwirft. Er wird sich auch nicht mit einem Unentschieden zufriedengeben. Sein Gegenspieler hat viel, was für ihn spricht, aber Gott spielt mit langem Atem und auf Sieg und wird am Schluss den Sieg davontragen.

Es scheint so, dass das Böse sein Schlechtestes tun, seinen Höhepunkt erreichen und so am Schluss für das Gericht reif werden muss, von dem weise und treue Menschen schon im Voraus wissen, dass das Böse dies verdient hat. Schon sehr weit vorn in der Schrift sagt Gott Abraham, dass seine Familie vier Generationen warten muss, bevor sie das verheißene Land in Besitz nehmen kann, weil das Unrecht der Amoriter noch nicht voll ist (Genesis 15,16). Mit anderen Worten: Gott wird die Amoriter nicht verurteilen, bis sie durch und durch dieses Urteil verdienen. Hier kommen anscheinend zwei Dinge zusammen: Zuerst muss das Böse, das von den vier Reitern repräsentiert wird, seinen Höhepunkt erreichen mit dem Märtyrertod von noch mehr Gläubigen. Auf der anderen Seite ist eben dieses Martyrium in sich schon Teil von Gottes gerechtem Gericht. Wie wir noch sehen werden, wird genau auf diesem Wege der Sieg des Lammes praktisch sichtbare Realität.

Falls wir denken sollten, dass das Aufbrechen der Siegel einfach immer mehr schlechte Nachrichten für Gottes Volk bedeutet, dann zeigt das sechste Siegel (Vers 12-17) eine andere Seite des Bildes. Wieder einmal müssen wir sorgfältig auf die Symbolsprache achten. Es stimmt, dass in der alten Welt viele in Sonnenfinsternissen, Erdbeben, Sternschnuppen und Ähnlichem Omen und schlechte Vorzeichen gesehen haben. Vielleicht hatte Johannes auch nichts dagegen, dass diese Deutungen bei seinen Hörern auch anklangen. Wenn das Alte Testament aber diese Sprache verwendet und darüber spricht, dass die Sonne schwarz wird, der Mond wie Blut, die Sterne vom Himmel fallen und so weiter, dann ist das immer wieder eine Art, um über Ereignisse zu reden, die wir als „weltbewegend" bezeichnen würden – nicht im Sinne von wirklichen Erdbeben, sondern im Sinne von Ereignissen, die alles auf den Kopf stellen: der Fall der Berliner Mauer oder der Einsturz der Twin Towers in New York am 11. September 2001. Es ist schwer, für solche Ereignisse eine angemessene Sprache zu finden außer durch ausdrucksstarke Bilder und Metaphern.

So ist es hier mit Sicherheit gemeint. Wenn Himmel und Erde wirklich verschwinden würden, wenn dies wirklich das Ende des Universums von Raum, Zeit und Materie wäre – wieso würden dann die Reichen und Berühmten sich in Höhlen verstecken? Nein, wir sollten die frische Offenbarung, die durch das Aufbrechen des sechsten Siegels gegeben wird, als eine Zeit von großen politischen und sozialen Turbulenzen ansehen, die in einer Szene enden, wie sie viele alte Propheten schon beschrieben haben (zum Beispiel Hosea 10,8). Diejenigen, die wir „bedeutende und einflussreiche Persönlichkeiten" nennen und viele andere, werden in plötzliche Panik verfallen. Sie werden sich bewusst, dass sie völlig der Gnade des Gottes ausgeliefert sind, der die Welt regiert. Ihre eigenen Absichten sind zunichte geworden; was soll jetzt aus ihnen werden?

Das, wovor sie sich am meisten fürchten, ist die Kombination vom Blick des Schöpfers und vom Zorn des Lammes. Einmal mehr finden wir hier ein tiefes Geheimnis. Die Aussage „der Zorn des Lammes" klingt wie ein Widerspruch in sich selber. So wie Johannes lernen musste, den Löwen als Lamm zu sehen (und so wie die zwei Jünger auf der Straße nach Emmaus in Lukas 24 lernen mussten, ihre Hoffnungen für den Messias neu definiert zu sehen rund um die biblische Geschichte von Leiden und Rechtfertigung, die Jesus ihnen erzählt hat), so wird die ganze Vorstellung von „Zorn" radikal neu definiert durch die Tatsache, dass es der Zorn des Lammes ist. Es ist der Zorn dessen, der in seinem eigenen Tod Gottes sich selbst verschenkende, sich selbst opfernde Liebe verkörpert hat.

Aber dies alles sehen sie nicht – so wie auch heute diejenigen, die Gott zurückweisen, ihn verunglimpfen und ihm alle möglichen Arten von Bosheit unterstellen. Jemand fragte einmal den Novellisten Kingsley Amis, ob er an Gott glauben würde. „Nein", antwortete er, „und ich hasse ihn." Das ist der Tonfall der Menschen, die wir hier sehen. Sie haben recht darin, dass Gott – der Schöpfergott, der Gott, den wir in und durch Jesus kennen – die Welt zur Rechenschaft zieht. Sie haben aber unrecht, wenn Sie ihn sich als launischen oder rachedürstenden Tyrannen vorstellen. Gott ist in der Tat zornig auf alles, das seine wunderbare Welt so furchtbar verdorben hat. Sein Blick vom Thron ist eine tiefe, unbeschreibliche Mischung von Trauer und Zorn. Der Zorn des Lammes dagegen ist, durch die inkarnierte Liebe, die äußerste Zurückweisung all dessen, was lieblos ist. Die einzigen Menschen, die davor Angst haben sollten, sind diejenigen, die entschlossen sind, dem Ruf der Liebe zu widerstehen.

Offenbarung 7,1-8: Gottes Volk wird versiegelt

*[1]Danach sah ich vier Engel, die an den vier Enden der Erde standen.
Sie hielten die vier Winde der Erde zurück und verhinderten so, dass
überhaupt ein Wind ging auf der Erde oder auf dem Meer oder über
irgendeinen Baum. [2]Und ich sah einen anderen Engel, der von Osten
her kam, der hielt das Siegel des lebendigen Gottes. Er rief mit lauter
Stimme zu den vier Engeln, die dafür verantwortlich waren, der Erde
und dem Meer Schaden anzutun: [3]„Tut der Erde noch nichts," rief er,
„oder dem Meer oder den Bäumen. Tut es nicht, bis wir die Knechte
unseres Gottes an ihren Stirnen versiegelt haben."*

*[4]Ich hörte die Zahl derer, die versiegelt waren: Es waren 144.000,
die versiegelt waren von allen Stämmen der Kinder Israel.*

[5]12.000 waren versiegelt vom Stamm Juda
12.000 vom Stamm Ruben
12.000 vom Stamm Gad
[6]12.000 vom Stamm Asser
12.000 vom Stamm Naphtali
12.000 vom Stamm Manasse
[7]12.000 vom Stamm Simeon
12.000 vom Stamm Levi
12.000 vom Stamm Issaschar
[8]12.000 vom Stamm Sebulon
12.000 vom Stamm Joseph
12.000 vom Stamm Benjamin.
Das ist die Zahl derjenigen, die versiegelt wurden.

Immer wenn man denkt, man ist fast auf dem Gipfel des Berges, kommt man über einen Bergrücken und da ... ist ein anderer Rücken, einen halben Kilometer voraus, noch steiler als der, den man bis jetzt bestiegen hat. So fühlt es sich an diesem Punkt in der Reihenfolge der Siegel an. Bisher haben die Siegel verhindert, dass die Absichten Gottes, die in der Schriftrolle festgehalten sind, in Aktion treten. Bis jetzt hat das Lamm sechs Siegel geöffnet und wir sind alle gespannt auf das siebte. Dieses wird sicherlich einen entscheidenden Höhepunkt bringen, weil die Schriftrolle dann endlich gelesen werden kann. Stattdessen hält Johannes uns in Spannung. Diesen Trick wird er wieder und wieder anwenden. Wie die Seelen unter dem Altar müssen wir warten und zuschauen, während zuerst etwas anderes geschieht.

Hier geht es um verschiedene Arten von Siegeln. Die „Siegel" auf der Schriftrolle bestanden aus einem klebrigen Wachs und dienten in der antiken Welt und manchmal auch heute noch dazu, wichtige Dokumente gegen neugierige Blicke zu sichern. Das Siegel war geprägt mit dem Zeichen desjenigen, der das Dokument versiegelt hatte. So bemerkt man sofort, wenn ein Siegel gebrochen ist. Aber Siegel wurden auch verwendet, um das Eigentum von jemandem zu markieren, so wie auch heute noch manche die Bücher ihrer persönlichen Bibliothek mit ihrem eigenen Ex-libris-Stempel versehen. Von dort ist es nur noch ein kleiner Schritt zu dieser Art von Siegel, die einen Gegenstand, zum Beispiel ein Buch, ein Tier oder (wie in diesem Fall) ein menschliches Wesen, für eine bestimmte besondere Behandlung kennzeichnet.

Hier ist die besondere Behandlung, um es mit einem einzigen Wort zu sagen, Rettung. So wie die Kinder Israels gerettet wurden vor dem Angriff des Todesengels, weil sie das Blut des Passahlammes an ihre Türpfosten gestrichen hatten (Exodus 12), so werden auch diese Menschen vor dem Leiden bewahrt, das über die ganze Welt kommen wird, wenn dem Bösen erlaubt wird, sein Schlechtestes zu tun. Auf ähnliche Art wurden schon in Hesekiel 9 die wenigen gerechten Menschen versiegelt, damit sie nicht in dem grausamen Gericht umkommen, das über die Götzenanbeter kommen wird.

Es scheint, dass die Schöpfung gereinigt werden muss – in diesem Fall durch einen gewaltigen Wind, der die Erde versengt, das Meer aufwühlt und Bäume entwurzelt. Wie die anderen Symbole des göttlichen Gerichtes müssen wir auch diese Bilder aus der natürlichen Welt symbolisch verstehen. Sie reden über die große Erschütterung, die die Menschheit in allen ihren Belangen treffen wird, wenn Gottes Gerichte anfangen.

Wenn diese Ereignisse vor der Tür stehen, ist es für Gottes Volk wichtig, dass sie gewiss sein können: Wir kommen sicher hindurch. Dieses spezielle Siegel an unseren Stirnen zeigt an: Diese gehören zu Gott und sollen nicht beschädigt werden.

Das heißt nicht, dass sie jeglichem Leiden entfliehen können. Die meisten Leser der Offenbarung (nicht alle) sind sich einig, dass die Liste von Menschen, die auf dieser Art versiegelt sind (Vers 4-8), sich auf die gleichen Menschen bezieht, die dann in Vers 9-17 als große unzählbare Schar beschrieben werden. Ähnlich wie beim Löwen und beim Lamm in Kapitel 5 bemerken wir, dass Johannes die Zahl *hört* – 144.000, aufgeteilt in zwölf mal zwölftausend – aber dann, wenn er hin*schaut* (Vers 9), sieht er die große unzählbare Menge. Dies legt nahe, dass es sich um die gleichen Leute handelt. Symbolisch repräsentieren sie das vollständige Volk Gottes (zwölftausend mal zwölf), in Wahrheit sind es aber weitaus mehr Menschen, sodass sie niemand zählen kann. Und wie wir sehen, sind die Menschen in dieser großen Menge dem Leiden nicht entflohen. Sie sind durch das Leiden hindurch sicher auf die andere Seite gelangt, wie Jesus selber durch den Tod zum unsterblichen physischen **Auferstehungsleben** gelangt ist.

Wir dürfen es nicht so verstehen, dass mit diesen 144.000 nur ethnische Juden gemeint sind. Für Johannes besteht das Volk Gottes aus allen, die an Jesus glauben und ihn als Herrn anerkennen. Natürlich bleiben die Juden im Herzen der Familie. So wie beim neuen Jerusalem die Namen der zwölf Stämme Israels auf die Tore geschrieben sind, während die Fundamente die Namen der zwölf Apostel tragen (21, 12-14), so sind hier nicht die zwölf Stämme der ethnischen Juden der großen Schar der **heidnischen** Christen gegenübergestellt (Vers 9-17). Ebenso dürfen wir in der großen Schar in Vers 14-17 nicht nur die heidnischen, nichtjüdischen Nachfolger des **Messias** sehen. Im Gegenteil: Wie immer setzt Johannes die reiche symbolträchtige Sprache Israels dazu ein, alle zu bezeichnen, die durch den Messias zu Gottes erneuertem und gerettetem Volk gehören – unabhängig von ihrer Herkunft.

Die Liste der zwölf Stämme ist eigenartig, wenn wir sie mit den großen biblischen Listen vergleichen (siehe Genesis 49 oder Deuteronomium 33). Die erste Eigentümlichkeit lässt sich einfach erklären: Juda wurde auf den ersten Platz vorgerückt anstelle des erstgeborenen Ruben. Das soll vermutlich betonen, dass es sich um das Volk Gottes handelt, das vom Messias, dem „Löwen aus Juda" (Kapitel 5,5) erneuert wurde. Eine andere Auffälligkeit, die Auslassung des Stammes Dan, kann man vielleicht damit erklären, dass einige jüdische Traditionen glaubten, dass der Antimessias aus diesem Stamm kommen würde. Eine dritte Besonderheit ist schwieriger zu verstehen: Wieso taucht Manasse, einer der Söhne Josephs, auf der Liste auf? Vielleicht hat es damit zu tun, dass sich Manasse in der Tat zu einem eigenständigen Stamm entwickelt hat, und Johannes wollte die Lücke füllen, die die Auslassung des Stammes Dan hinterlassen hat.

Wieso soll denn der Erde, den Bäumen oder dem Meer, „Schaden angetan" werden? Immerhin sind sie doch Gottes gute Schöpfung. Gott selber hat die Ordnung der Natur in Genesis 1 als „sehr gut" bezeichnet. Von dieser Schöpfung steigt ununterbrochener Lobpreis auf zum Thron Gottes. Hier scheint sich ein weiteres Geheimnis aufzutun. Sinn ergibt das nach meiner Meinung nur, wenn wir uns vor Augen halten, dass in irgendeiner Art sogar die Materie selber, aus der unsere Welt besteht, von der Krankheit der menschlichen Bosheit und Rebellion angesteckt worden ist. Die Erde selbst, das Meer und die Bäume – auch sie müssen gereinigt werden, indem starke Winde sie erschüttern und durcheinanderwirbeln. (Eines der spannenden Rätsel der Offenbarung ist, dass uns nie gesagt wird, wann die Stürme sich erheben. Es wird auch nicht gesagt, was sie anrichten werden.)

Dieser Abschnitt, der in der Pause zwischen dem sechsten und dem siebten Siegel eingeschoben wird, soll uns versichern, dass Gottes endgültiger Rettungsplan für sein Volk nicht in Gefahr ist, auch wenn das Böse in der Zwischenzeit zu seiner vollen Größe heranwachsen muss, damit es schließlich ganz und endgültig überwunden werden kann. Dieses wahre Volk, das rund um den Löwen von Juda neu definiert wurde, muss ausgezeichnet werden. Zweifelsohne werden sich schreckliche Dinge rund um sie herum zutragen. Sie dürfen aber sicher sein, dass Gott sich um sie kümmert.

Offenbarung 7,9-17: Die große Rettung

[9]Danach blickte ich auf und siehe da: eine große Menschenmenge, die
wohl niemand zählen konnte, aus jeder Nation, jedem Stamm, jedem
Volk und jeder Sprachgruppe. Die standen vor dem Thron und vor
dem Lamm. Sie hatten weiße Kleider an und hielten Palmzweige in
den Händen. [10]Sie riefen so laut, wie sie nur konnten: „Das Heil ge-
hört unserem Gott, der auf dem Thron sitzt, und dem Lamm!“ [11]Alle
Engel, die um den Thron und die Ältesten und die vier Kreaturen he-
rum waren, fielen auf ihr Angesicht vor dem Thron und beteten Gott
an. [12]„Ja, Amen!“, riefen sie. „Lobpreis und Anbetung, Weisheit und
Dank, Ehre und Macht und Stärke sei unserem Gott für immer und
immer! Amen!“

[13]Einer der Ältesten sprach mich an: „Wer sind diese weiß gekleide-
ten Menschen?“, fragte er. „Woherkommen sie?“

[14]„Mein Herr“, antwortete ich, „du weißt es!“

Er antwortete: „Das sind die, die aus dem großen Leiden kommen.
Sie haben ihre Kleider gewaschen und haben sie weiß gemacht im Blut
des Lammes. [15]Deshalb sind sie hier, vor Gottes Thron, und dienen
ihm Tag und Nacht in seinem Tempel. Der, der auf dem Thron sitzt,
wird sie durch seine Gegenwart beschützen. [16]Sie werden nie wieder
hungrig oder durstig sein. Die Sonne wird sie nicht verbrennen und
keine Hitze wird sie plagen. [17]Das Lamm mitten auf dem Thron wird
ihr Hirte sein. Er wird sie zu lebendigen erfrischenden Quellen füh-
ren, und Gott wird alle Tränen von ihren Augen wegwischen.“

Als ich Mitte 20 war, hörte ich auf mit Schlafwandeln. Ich erinnere mich aber noch sehr gut an die Mischung aus Angst und Erregung, die ich immer dann fühlte, wenn ich erwachte. In meinem Traum war ich in einem Raum, in einem Haus, in einem Korridor. Teilweise war das Erinnerung und teilweise Fantasie. Da waren Menschen, die ich treffen sollte; da waren Aufgaben, die ich zu erledigen hatte. Als ich dann langsam aus dem Schlaf erwachte, musste ich mein Denken und meine Vorstellungskraft darauf hinlenken, wo ich wirklich war, und nicht auf meinen Traum. In Wahrheit war ich in *diesem* Raum, in *diesem* Flur, und musste den Weg zurück in mein Bett finden. Und doch war der Traum immer noch äußerst gegenwärtig, und manchmal sogar eindrücklicher als die gewöhnliche Wirklichkeit, der ich jetzt gegenüberstand. Aber ich musste mir immer mal wieder selber sagen, dass dies die Wirklichkeit ist.

Natürlich ist es manchmal auch genau anders herum. Manchmal steckt man mitten in einem Albtraum, der so wirklich scheint, so mächtig und so schrecklich, dass man sich beim Erwachen kaum zu glauben traut, dass das nur ein Albtraum war: dass der Unfall nicht passiert ist, dass Soundso trotz allem immer noch lebt, dass das Monster, das einen soeben angegriffen hat, nur in der eigenen Fantasie existiert. Und wieder prallen Traum und Wirklichkeit mit voller Wucht aufeinander. Und es kann wirklich schwierig sein zu unterscheiden, was was ist.

Johannes hat ein ähnliches Problem, wenn er an die kleinen Gemeinden, an die er dieses Buch richtet, denkt. Auf sie kommt ein Albtraum zu. Verfolgung bahnt sich an, und sie müssen sich darauf vorbereiten. Er zeigt ihnen seine Visionen, und diese Visionen sind nicht nette Träume in seinem Kopf, sondern die himmlische Realität, die die absolute, vollkommene Wahrheit ist, und stellt sie dem Albtraum der Verfolgung gegenüber. Die Wahrheit ist: Gott, der Schöpfer und das Lamm haben den Sieg bereits errungen; dieser Sieg bedeutet, dass alle, die dem Lamm nachfolgen, aus dem Unheil gerettet werden. Die Wahrheit ist, dass die Menschen, die den Schutz des Lammes annehmen, möglicherweise durch eine Zeit großen Leidens gehen, aber sie werden sich dann in der eigentlichen Wirklichkeit wiederfinden, in Gottes Thronsaal, und ihn anbeten und ihm Tag und Nacht mit großer überfließender, übersprudelnder Freude dienen.

Nachdem Johannes in Vers 4-8 die Liste der 144.000 *gehört* hat, *sieht* er jetzt eine gewaltige Menschenmenge. Formell gesprochen ist dies das vollständige Volk Gottes, zwölf mal zwölf mal tausend. In Wirklichkeit handelt es sich um eine gewaltige Menschenmenge, die niemand je zählen könnte. Stellen Sie sich vor, wie ein Journalist eine große Menschenansammlung auf einem Platz in der Stadt schätzt. Dann multiplizieren sie das Ergebnis mit ein paar Hundert oder ein paar Tausend – bis der Zähler mit einem Lächeln den Dienst quittiert. Sie tragen weiße Kleider. Weiß steht für Sieg und Reinheit. Als weiteres Zeichen der Siegesfeier tragen sie Palmzweige, und sie können ihren Jubel nicht zurückhalten: Sie rufen ihre Freude und Lobpreis und Dank zu Gott und dem Lamm, weil die den Sieg errungen haben, der ihnen Rettung gebracht hat.

Das Wort „**Heil**“ in Vers 10 bedeutet wörtlich „Rettung“. Im Alten Testament meint dieses Wort oft „Der Sieg, durch den die Rettung kommt“. So scheint es auch hier zu sein. Der Jubelschrei setzt sich in Vers 12 fort, wo die große Menschenmenge der Erlösten voller Freude erkennt, dass alles Gute, Edle, Kraftvolle und Weise von Gott selber kommen. Das ist der wahre Monotheismus: nicht die trockene Verkündigung, dass es nur einen Gott gibt, sondern der ungehinderte Jubelruf zu Gott, von dem jegliche Segnung strömt.

Jetzt folgt eine dieser kleinen Unterhaltungen, mit denen die Traumerzählungen und die Visionsliteratur jener Zeit gewürzt war. Wir erinnern uns, dass Johannes im himmlischen Thronsaal war, der gleichzeitig (wie ab Vers 15 immer deutlicher zu erkennen ist) auch der himmlische Tempel ist, das Gegenstück zum Tempel in Jerusalem. Er beobachtet die Szene nicht einfach aus großer Distanz wie eine Fliege, die an der Wand klebt. Johannes ist mittendrin, bei den vier lebendigen Geschöpfen und den vierundzwanzig Ältesten. Einer dieser Ältesten spricht ihn jetzt an und stellt ihm die Frage, welche seine Leser Johannes auch fragen würden: Wer sind diese Leute?

Der Älteste gibt selber die Antwort – die Antwort, die die Gemeinschaften des Johannes so dringend hören müssen: *Das sind die, die aus dem großen Leiden kommen.* Sie haben den Albtraum überlebt und erwachen an einem herrlichen frischen neuen Morgen. Ihre Kleider sind weiß. Das heißt nicht, dass sie ein völlig heiliges und reines Leben geführt haben. Das Blut des Lammes, der Tod Jesu, hat sie wie das Passahopfer aus der Sklaverei der Sünde herausgerettet und ermöglicht es ihnen von einem Moment auf den anderen, in der Gegenwart des lebendigen Gottes zu stehen. Keine Notwendigkeit zu warten; keine Angst vor einer langen Aufräumaktion nach dem Tod. Der Tod Jesu und das Leiden, das sie bereits überstanden haben, haben alles, was nötig ist, bereits erledigt.

Gott wird sie nicht nur dulden, er wird sie in seiner Gegenwart willkommen heißen. Und mehr als das: Er wird sie „mit seiner Gegenwart schützen". Gottes „Gegenwart" ist eine Art und Weise, seine herrliche Präsenz im Tempel zu bezeichnen, und das Wort für „sie beschützen" bedeutet wörtlich, dass Gott das Zelt über ihnen ausspannt, so wie er sein Zelt während der Wüstenwanderung der Israeliten in ihrer Mitte ausgespannt hat. Anders gesagt: Alle Segnungen des Jerusalemer Tempels gehören ihnen.

Darüber hinaus gewährt Johannes einen Blick in die fernere Zukunft, auf das neue Jerusalem. Wir sind noch nicht dort, weil es hier immer noch einen „Tempel" gibt, die endgültige Stadt dagegen wird keinen mehr haben (21,22). Und doch überlappen sich hier Gegenwart und Zukunft in manchmal verwirrender Art, wie es in der Offenbarung (und generell im christlichen Denken) oft geschieht. Einige der Segnungen der künftigen Stadt kommen bereits jetzt diesen Menschen zugute – und Johannes betont immer wieder: Ihr, die ihr jetzt in Ephesus, Smyrna, Pergamon oder wo auch immer leidet, seid diese Menschen. Gott wird euch vor den Elementen, vor Hunger und Durst schützen (Jesus gab den Menschen in Joh 6,35 die gleiche Verheißung). Und in einem wunderbaren Rollenwechsel wird das Lamm zu einem Hirten und setzt dabei die königliche Rolle aus Johannes 10 (der „gute Hirte") und sogar die göttliche Rolle aus Psalm 23 (Gott als der Hirte, der sein Volk zu Quellen des lebendigen Wassers führt) voraus.

Und Gott selber wird, in einer letzten Vorwegnahme des neuen Jerusalems (21,4), „alle Tränen von ihren Augen abwischen". In dieser Verheißung liegt eine Intimität, die Bände spricht für die ganze Vision von Gott durch das gesamte Buch hindurch. Ja, Gott ist zu Recht zornig über alle, die seine wundervolle Schöpfung verunstalten und das Leben ihrer Mitmenschen unerträglich und erbärmlich machen. Aber der Grund für seinen Zorn ist, dass er in seinem Herzen so voller Erbarmen ist, dass die charakteristischste Handlung eben diese ist: Er steigt von seinem Thron herab und wischt persönlich jede einzelne Träne von jedem einzelnen Auge weg. Einer der wichtigsten Wege, um aus dem Albtraum der Gegenwart zu erwachen und die Wirklichkeit von Gottes wahrem Tag zu umarmen, ist, dass wir an *diesen* Gott denken, wenn wir das Wort „Gott" hören, und nicht mehr an einen gesichtslosen himmlischen Bürokraten oder einen gewalttätigen überirdischen Tyrannen.

Offenbarung 8,1-5: Das goldene Räuchergefäß

1 Als das Lamm das siebte Siegel öffnete, entstand eine Stille im Him-
mel, die eine halbe Stunde lang andauerte. 2 Ich sah die sieben Engel,
die vor Gott stehen. Ihnen wurden sieben Posaunen gegeben. 3 Ein
anderer Engel kam und stellte sich vor den Altar. Er trug ein goldenes
Räuchergefäß, und ihm wurde eine große Menge Weihrauch gege-
ben. Er opferte es, zusammen mit den Gebeten von Gottes heiligem
Volk, auf dem goldenen Altar, der vor dem Thron stand. 4 Der Rauch
von Weihrauch stieg zusammen mit den Gebeten der Heiligen aus

der Hand des Engels zu Gott auf.
5 Dann nahm der Engel das Räuchergefäß, füllte es mit Feuer vom Altar und warf es auf die Erde. Da geschahen Donnerschläge, lautes Dröhnen, Blitze und Erdbeben.

Bernard Levin war einer der großartigsten Londoner Journalisten der letzten Generation. In seinen letzten Jahren schrieb er überwiegend für die Times. Zeitweise produzierte er drei unterschiedliche wöchentliche Kolumnen. Die waren so variantenreich, lebhaft und manchmal kontrovers, dass für zahlreiche Leser diese drei Wochentage eine ganz eigene Würze bekamen. Viele seiner Kolumnen habe ich ausgeschnitten und aufbewahrt, ebenso viele seiner Bände mit gesammelten Arbeiten.

Eine seiner Liebhabereien war die Musik. Schubert war einer seiner musikalischen Helden. Levin genoss die großen Momente der klassischen Musik, insbesondere die Opern von Mozart und Wagner. Donnernder Applaus, stehende Ovationen, der laute Jubel eines begeisterten Publikums waren ihm nicht fremd. Aber er beschrieb auch eine Situation am Ende eines Konzertes mit Schubert-Liedern, vorgetragen von einer der besten Sängerinnen jener Zeit, als das Publikum ganz still sitzen blieb und anschließend, immer noch still, langsam aufstand und den Saal verließ. Der Zauber der Musik war so stark, dass sich niemand getraute, ihn mit etwas so Gewöhnlichem wie Applaus zu zerstören.

Solche Momente sind kostbar und rar. In unserer lärmüberfluteten Zeit erinnern sie uns daran, dass Stille mehr sein kann: Nicht einfach die Abwesenheit von Lärm, ein unwillkommenes und vorübergehendes Stück Langeweile, sondern eine gehaltvolle, ruhige, tiefe Erfahrung, in der man Aspekte der Wirklichkeit erlebt, die normalerweise durch Geschwätz und Geplapper zugedeckt sind. In diesem Sinn sollten wir hinhören, wenn Johannes über die Stille im Himmel spricht, die eine halbe Stunde lang andauert. Ein Gefühl von Ehrfurcht, Erwartung und Vorfreude. Der sonst immerwährende Lobpreis der vier lebendigen Geschöpfe verstummt. Das Lied der Ältesten, alle Engel und die große, unzählbare Menschenmenge kommen zur Ruhe. Jedermann scheint den Atem anzuhalten. Wir spüren: Auf diesen Moment haben wir schon lange gewartet. Wir beobachten und getrauen uns selber kaum zu atmen.

Wir haben schließlich, so könnte man meinen, lange genug gewartet. Durch das ganze Kapitel 6 hindurch haben wir bestürzt zugeschaut, wie das Lamm die Siegel der Schriftrolle öffnete, die ihm von der Gestalt auf dem Thron gegeben worden war. Die vier Reiter; dann die Seelen unter dem Altar; dann der Schrecken, der die Bewohner der Erde ergreift. Dann gab es eine Pause, in der Gottes treues Volk als „versiegelt" erschien, sodass die großen Gewalten, die über die Erde gehen sollten, wenn das Gericht Gottes über die Welt fegt, ihnen nicht schaden könnte. Und in dieser Pause hatten wir das Privileg, Einblick zu nehmen in eine Vision der himmlischen Wirklichkeit, als Ermutigung für alle, die unter Verfolgung leiden. In dieser Vision sahen wir Gottes Volk nicht mehr als eine kleine bedrängte Gruppe, die von einem bösartigen Mob geschlagen oder „rechtmäßig" von einem bedrückenden Regime gefoltert und getötet wird, sondern als eine riesige Menschenmenge, die Gottes Sieg und ihre eigene Befreiung feiert, mit Gott selbst, der nach ihnen schaut und sie beschützt.

Jetzt aber kommen wir zum siebten Siegel. Wenn wir etwas noch Spektakuläreres erwartet hatten als die großartige Anbetung rund um den Thron, kann diese plötzliche Stille uns enttäuschen. Aber das überraschende Schweigen sagt uns, dass etwas Großes, etwas Gewaltiges, etwas Entscheidendes unmittelbar bevorsteht.

So ist es auch. Aber wieder muss der Weg vorbereitet sein. Als Erstes werden wir in einen erneuten Zyklus von sieben eingeführt. Nach den Siegeln (und als Teil der Erfüllung des siebten Siegels) haben wir sieben Posaunen. Im frühen Judentum wurden Posaunen für verschiedene Zwecke eingesetzt: im Gottesdienst (speziell in bestimmten Festen) und natürlich auch im Krieg. Eine der bekanntesten Gelegenheiten war, als die Israeliten Jericho umkreisten und dann beim Klang ihrer Posaunen die Mauern einstürzten (Josua 6). Allgemein wurden

Posaunen als Alarmsignale eingesetzt (z.B. Joel 2,1; Amos 2,2; 3,6). Das scheint auch hier der Fall zu sein. Die Posaunen kündigen große Plagen an, die weltweite Version der zehn Plagen in Ägypten zu der Zeit, als Gott sein Volk auf die Rettung aus der Sklaverei vorbereitete.

Bevor jedoch die Posaunen erschallen und die Sequenz der sieben Siegel abschließen können, muss zuerst noch etwas anderes geschehen. Etwas, das, wie so oft in der Offenbarung, Erde und Himmel in einer neuen Art verbindet. Ein Engel erscheint mit einem goldenen Räuchergefäß.

Wir haben schon gehört (5,8), dass die Gebete von Gottes Volk wie Weihrauch vor Gott erschienen, sodass der Duft im himmlischen Thronsaal ebenso erfreulich und angenehm ist wie das, was man sieht und hört. Jetzt tritt der Engel nochmals in Erscheinung, und diesmal wird ihm eine große Menge Weihrauch gegeben. Weihrauch und Gebete scheinen nicht identisch zu sein. Die Gebete sind vielleicht wie die Holzkohle, auf der der Weihrauch verbrennt. So oder so kommen die Gebete, nicht zuletzt die Gebete der Märtyrer unter dem Altar selber (6,9-11), vor Gottes Thron.

Vielleicht ist dies eine andere Dimension der „Stille“ im ersten Vers. Nach einigen jüdischen Vorstellungen muss der Lobpreis im Himmel von Zeit zu Zeit pausieren, damit die Gebete der Erde angemessen gehört werden können. Der Hauptpunkt ist aber, dass die sieben Posaunen und das, was sie bringen, mindestens teilweise Gottes Antwort auf die Gebete seines Volkes sind. Die Abfolge der göttlichen Gerichte, die nötig sind, um das Böse zu überwinden und damit Gottes herrliche neue Welt erscheinen kann, ist nicht ein mechanischer Plan, der sich unabhängig von menschlichen Einflüssen entfaltet. Gott ist, wie wir gesehen haben, sehr daran gelegen, durch Menschen in der Welt zu wirken. Gebet, auch das gequälte Gebet derer, die nicht verstehen, was um sie herum vorgeht, ist ein unerlässliches Element dieser geheimnisvollen Zusammenarbeit (Röm. 8,26-27).

Die Gebete von der Erde werden durch das goldene Räuchergefäß dargebracht, und die Antwort erfolgt ebenso: Nachdem der Engel den

Weihrauch dargebracht hat, füllt er das Gefäß mit Feuer vom Altar und wirft es auf die Erde. Bis zu dem Moment, an dem das Böse gerichtet, verurteilt und radikal von der Erde ausgerottet ist, gibt es nur eine Sprache, die die Welt als Ganzes versteht: die Sprache des Gerichts. Wir erleben das „Donnern, Dröhnen, Blitzen und Beben" am Ende eines jeden Abschnittes in diesem Buch, angefangen mit dem ersten Mal vor Gottes Thron (4,5). Hier vernehmen wir sie am Ende der sieben Siegel; in 11,19 nach dem Klang der sieben Posaunen und in 16,18, nachdem die sieben Zornschalen ausgeschüttet worden sind. Wir müssen verstehen, dass der Kontakt zwischen Himmel und Erde – wenn er auch entscheidend ist für Gottes Absichten und zentral in seinem endgültigen Plan (21,1-8) – immer nur mit Ehrfurcht und ergriffenem Staunen möglich und in unserer Zeit immer auch mit Furcht und Zittern verbunden ist. Nur Narren und Arrogante denken, dass sie selber die Höhe des Himmels ausmessen können (1. Mose 11). Gott bleibt souverän, und solange die Erde vom Bösen heimgesucht wird, muss seine Antwort darauf Feuer sein. Jesus selber erklärte, dass er gekommen sei, um „Feuer auf die Erde zu werfen" (Lukas 12,49). Hier setzt der Engel mit der goldenen Räucherschale das sonderbare Werk des Lammes fort.

Offenbarung 8,6-13: Die Plagen beginnen

6 *Danach bereiteten sich die sieben Engel mit den Posaunen darauf*
vor, diese zu blasen. 7 *Der erste Engel blies seine Posaune. Hagel und*
Feuer, vermischt mit Blut, fiel auf die Erde. Ein Drittel der Erde ver-
brannte, ein Drittel der Bäume verbrannte und auch jeder Grashalm.
8 *Dann blies der zweite Engel seine Posaune. Etwas wie ein riesiger*
brennender Berg fiel in das Meer, und ein Drittel des Meeres wurde zu
Blut. 9 *Ein Drittel aller Meerestiere starb und ein Drittel aller Schiffe*
wurde zerstört. 10 *Darauf blies der dritte Engel seine Posaune. Ein rie-*

siger Stern, wie eine Fackel brennend, fiel vom Himmel auf ein Drittel
der Flüsse und Quellen. 11*Der Stern heißt Wermut: Ein Drittel des*
Wassers wurde giftig, und viele Menschen starben, weil das Wasser
bitter geworden war. 12*Der vierte Engel blies seine Posaune. Ein Drit-*
tel der Sonne, des Mondes und der Sterne wurden geschlagen, sodass
der Tag ein Drittel seines Lichtes verlor und die Nacht ebenso. 13*Da*
sah und hörte ich einen einzelnen Adler, der mitten durch den Himmel
flog, und laut rief: „Wehe, wehe, wehe den Bewohnern der Erde!“,
so schrie er, „wegen der anderen Posaunen, die von den letzten drei
Engeln geblasen werden!“

Auf dem Schild vor einer Kirche stand der Spruch: „Viele Menschen wollen Gott dienen, aber nur in beratender Funktion.“ Und dies ist eine der Gelegenheiten, wo einige dem, der auf dem Thron sitzt, mindestens eine starke Empfehlung geben würden: „Tu das nicht! Was soll diese willkürliche Zerstörung?“

Das ist ein guter Einwand, besonders wenn wir uns an die Anbetung der vier lebenden Geschöpfe und der Ältesten erinnern. Sie priesen Gott für seine Güte und Macht, in der er die Welt geschaffen hat (Kapitel 4). Dies ist seine Schöpfung. Er schuf sie, er erschuf sie gut, und er liebt sie. Wie kann er dann der anscheinend sinnlosen Zerstörung eines Drittels der Erde, der Bäume, des Meeres und seiner Bewohner, der Flüsse und sogar von Sonne, Mond und Sternen zustimmen?

Drei vorläufige Antworten können uns den Weg weisen. Zunächst einmal sollten wir auf einen weisen alten Autor hören: „Du hast die Tragweite der Sünde noch nicht in Betracht gezogen.“ Auch nach einem ganzen Jahrhundert voller Krieg, Terror und Hightech-Genozid neigen wir im Westen immer noch dazu, uns einzureden, dass die Welt doch endlich zu einem ganz netten Ort geworden ist. Das Böse ist nicht mehr als ein Wetterleuchten am Horizont, das wir schon noch in den Griff bekommen. Egal, wie stark die anderslautenden Beweise auch sein mögen: Der moderne Mythos, dass die „Aufklärung“ das

Böse ausgerottet hat und dass jetzt nur noch ein paar kleine Aufräumarbeiten nötig sind (vorzugsweise an weit entfernten Orten), bevor Utopia endlich kommen kann, bestimmt die allgemeine Vorstellung derart, dass der Gedanke an einen Gott, der kräftig und zerstörerisch eingreifen muss, um das Problem zu lösen, viel zu dramatisch erscheint. Aber keiner der frühen Christen, und ganz sicher nicht Jesus selber, würden so einer romantischen Verklärung der Ernsthaftigkeit des Bösen zustimmen.

Die zweite Antwort ist, wie immer in der Offenbarung, dass wir die symbolische Sprache nicht mit der Realität verwechseln dürfen. Die stilisierte Art, wie die Auswirkungen der sieben Posaunen beschrieben werden, erinnert uns an etwas, das den Lesern des Johannes im ersten Jahrhundert sicher bewusst gewesen war: Hier ist nicht wirklich die Rede davon, dass ein Drittel von Erde, Meer und so weiter zerstört werden soll. Johannes beschreibt Gottes dramatisches Eingreifen, um die Erde zu reinigen und sie zurückzuschneiden, so wie man einen kranken Baum zurückschneiden würde und so die tödlichen Krebsgeschwüre entfernt, damit der Rest überleben kann. Er sprach über notwendige Eingriffe in menschliche Systeme, die zwar schön, edel und nach hoher Kultur aussehen, aber Millionen Menschen versklaven. Kleine Verbesserungen reichen da nicht aus. Nur eine radikale Operation führt zum Ziel.

Die dritte Antwort ist, dass wir in diesen Plagen, und auch später in denen, die in Kapitel 16 als die „Schalen des Zorns“ ausgegossen werden, eine große Wiederholung der Plagen sehen, mit denen Gott am Ende der 400 Jahre der Sklaverei, die Israel dort durchlitt, die Ägypter schlug. Exodus 7-12 erzählt von zehn Plagen, die sowohl die Menschen als auch das Land treffen, und die die Ägypter vor der Macht des Gottes Israels warnen. Durch das Drama des Passah und den Tod der erstgeborenen Ägypter kann Israel endlich fliehen (und das auch nur, weil das Blut des Passahlammes vergossen wurde). Die Visionen der Plagen, die Johannes jetzt sieht, lassen in den Köpfen seiner Zuhörer die ägyptischen Plagen anklingen und sichern ihnen zu, dass auch das Ergebnis das gleiche sein wird. Wir haben bereits gesehen, dass das Passah eine bedeutende Rolle in der Geschichte spielt, die Johannes erzählt. In der Tat ist das Lamm selbst, was es ist, weil es das wahre Passahlamm ist. So sollte es uns nicht überraschen: Ebenso wie Ägypten sowohl als Warnung wie auch als Mittel der Befreiung mit Plagen geschlagen wurde, so wird die ganze Welt mit ähnlichen Plagen geschlagen, um die Bewohner zu warnen und das Volk Gottes zu befreien.

Die zehn ägyptischen Plagen waren folgende: Zunächst wurden die Gewässer in Blut verwandelt. Dann gab es Frösche, dann Mücken, dann Fliegen; jede von ihnen richtete Schaden und Zerstörung an. (Und jedes Mal verhärtete der Pharao sein Herz und ließ das Volk nicht gehen.) Dann traf eine tödliche Seuche das ägyptische Vieh, danach wurden die Menschen mit Eiterbeulen geplagt, darauf verwüsteten Donner und Hagel die Ernte, dann kam eine Heuschreckenplage; schließlich, um den Schrecken immer mehr aufzubauen, kam für drei Tage eine Finsternis über das ganze Land.

Endlich kam das Gericht der Passah-Nacht, als der Todesengel das ganze Land durchzog, und der Erstgeborene jeder Familie (und jeder Herde) getötet wurde. Die israelitischen Erstgeborenen dagegen wurden verschont, weil das Blut des Passahlammes an die Türpfosten der Häuser gestrichen war. Das war der letzte Schlag, und Pharao trieb die Israeliten aus dem Land – nur um dann seine Meinung zu ändern und sie zu verfolgen, was zum zweiten großen Akt der Rettung führte: Die Israeliten gingen trockenen Fußes durch das Rote Meer, aber die verfolgende ägyptische Armee ertrank (Exodus 14).

Johannes hat all dies im Hinterkopf, und erwartet dies auch von seinen Lesern, wenn er die Plagen hier und auch in den folgenden Kapiteln beschreibt. Er wiederholt sie nicht eine nach der anderen, aber es ist nicht zu übersehen, dass sie deutlich anklingen. So sollte es uns auch nicht überraschen, wenn das gerettete Volk in 15,3 „das Lied des Mose und des Lammes“ singt. Dies ist vielleicht der wichtigste Schlüssel zu einigen der schwierigsten Passagen dieses Buches.

Konkret beginnen die Plagen der ersten vier Posaunen (die einander wie die vier Reiter in schneller Folge folgen) mit zweien, in denen die ägyptischen Plagen nachklingen, die aber offenbar viel weiter reichen. Dies ist eine ernsthafte göttliche Warnung, nicht nur für ein Land, sondern für die ganze Menschheit. Hagel und Feuer verwüsten ein Drittel der Erde und der Vegetation. Ein Drittel des Meeres, nicht nur der Nil, wird zu Blut. Auch das vergiftete Wasser der dritten Plage erinnert uns an Ägypten. Die vierte Plage erinnert an die neunte aus Ägypten. Sie bringt für ein Drittel der Zeit Dunkelheit, wo vorher Licht war. Aber es tauchen auch Bilder aus anderen Quellen auf: Jesus selbst verwendet gelegentlich die Idee eines riesigen Berges, der ins Meer geworfen wird, zum Beispiel in Markus 11,23. Dieses Bild war auch aus anderen jüdischen Schriften jener Zeit vertraut. Auch das Bild eines riesigen Sterns, der vom Himmel fällt, weckt Erinnerungen an die alte Geschichte eines gefallenen Engels, der aus dem **Himmel** geworfen wird (Jesaja 14,12). Jesaja wendete dieses alte Bild frisch auf den König von Babylon an. Johannes, dessen wohl bewusst, sieht im Sturz des großen Sterns in diesem Abschnitt einen ersten Wegweiser auf den Ausgang am Ende seines eigenen Buches.

Im Moment ist aber entscheidend, dass nach den Gebeten des leidenden Gottesvolkes (8,3-5) das Feuer auf die Erde geworfen wurde. Dies startet eine lange Abfolge von katastrophalen Ereignissen, die als Warnungen für die „Erdbewohner" (Vers 13) dienen sollen. Es ist nichts falsch daran, ein Erdbewohner zu sein. Aber der Punkt, den Johannes wieder und wieder deutlich macht, ist, dass es viele gibt, die auf der Erde gelebt haben, als gäbe es keinen Himmel, oder als wäre der Himmel völlig bedeutungslos, falls es ihn doch geben sollte. Sein ganzes Buch handelt über die Wiederherstellung der Herrschaft des Himmels auf der Erde. Wie bei allen radikalen Machtwechseln brauchen diejenigen, die vom Unrecht profitieren, sehr deutliche Warnungen, damit ihnen der Ernst ihrer Lage bewusst wird.

Offenbarung 9,1-12: Angriff der Heuschrecken

*1Darauf blies der fünfte Engel seine Posaune. Ich sah, dass ein Stern
vom Himmel auf die Erde fiel. Ihm wurde der Schlüssel zu dem
Schacht gegeben, der in den Abgrund führt. 2Der Schacht zum Abgrund wurde geöffnet, und aus der Grube stieg Rauch auf wie Rauch
von einem großen Schmelzofen. Der Rauch aus der Grube verdunkel-
te die Sonne und die Luft. 3Aus dem Rauch tauchten Heuschrecken
auf. Ihnen wurde Macht verliehen, wie die Macht der Skorpione auf
der Erde. 4Ihnen wurde nicht erlaubt, das Gras oder die Bäume der
Erde anzutasten, sondern nur die Menschen, die nicht das Siegel Gottes auf der Stirn trugen. 5Sie erhielten den Auftrag, diese Menschen
nicht zu töten, sondern sie fünf Monate lang zu quälen, so wie der
Stich eines Skorpions Menschen quält. 6Menschen werden in diesen
Tagen den Tod suchen und nicht finden. Sie werden sterben wollen,
aber der Tod wird von ihnen fliehen.*

*7Die Heuschrecken sahen aus wie Kriegsrosse. Auf den Köpfen tru-
gen sie etwas wie goldene Kronen. Ihre Gesichter waren wie menschliche Gesichter. 8Ihr Haar war wie Frauenhaar, und ihre Zähne wie
Löwenzähne. 9Sie trugen Brustpanzer, die wie Eisen aussahen. Ihre
Flügel machten ein Geräusch wie der Lärm von vielen Kriegswagen,
die von Pferden gezogen werden. 10Ihre Schwänze waren wie die
Schwänze von Skorpionen mit den Stacheln, und die Schwänze hatten
fünf Monate lag die Macht, Menschen zu quälen. 11Der Engel des
Abgrundes, der auf Hebräisch „Abbadon“ und auf Griechisch „Apollyon“ heißt, ist ihr König.*

*12Das erste „Wehe“ ist gekommen und wieder gegangen. Die
nächsten beiden „Wehe“ werden folgen.*

Draußen ist es schon dunkel, und der Wind frischt auf. Sie stehen auf, um die Vorhänge zu schließen, da wird es plötzlich dunkel. Stromausfall. Auf der Suche nach Kerzen stolpern Sie zum Schrank beim Nebeneingang. Da bemerken Sie einen kalten Luftzug im Gesicht: Die

Tür steht offen! Was geht hier vor? Da hören Sie ganz in der Nähe ein tiefes, grummelndes Knurren. Mit der Kerze in der Hand reißen Sie ein Streichholz an. Der Wind bläst es wieder aus. Aber im Aufflackern des Lichts haben Sie draußen vor der Türe etwas gesehen. Etwas wie einen großen Hund, aber ... Mit dem nächsten Streichholz gelingt es Ihnen, die Kerze anzuzünden. Aber Sie wünschen, Sie hätten nicht gesehen, was vor der Tür steht: Das ist kein Hund. Sie wissen nicht genau, was es ist. Es wird größer und größer, hat gewaltige Zähne, riesige schwarze Flügel, einen spitz zulaufenden Schwanz! Sie wollen die Tür zuwerfen, aber es ist zu spät ...

Das ist der Stoff, aus dem Albträume oder Horrorfilme gestrickt sind. Wir können nur vermuten, dass Johannes einen ähnlichen Effekt beabsichtigte, als er die Vision der Heuschrecken niederschrieb. Diese Super-Heuschrecken werden viel detaillierter beschrieben als jedes andere Wesen in diesem anschaulichen Buch. Wir finden so viele technisch anmutende Details, dass viele Leser unserer Zeit die Kreaturen aus Vers 7-10 mit modernen militärischen Geräten verglichen haben, zum Beispiel mit Kampfhubschraubern. Das ist ein typisches Beispiel dafür, wie man die Symbolsprache des Johannes auf konkrete Übertragungen festnageln und damit beinahe zähmen will. (Obwohl auch ein wehrloser Bauer, auf den ein Kampfhubschrauber zufliegt, das vermutlich anders sehen würde.) Der springende Punkt ist aber der Albtraum: Die schlimmsten Träume werden in einem Augenblick wahr. Der fünfte Engel hat etwas wahrhaft Monströses von der Leine gelassen, das direkt aus der Hölle kommt.

Das überrascht auch nicht. Die fünfte Posaune hat einem anderen gefallenen Stern eine besondere Rolle zugewiesen. Es scheint, dass die ultimative Quelle von Bosheit und Terror normalerweise fest weggesperrt ist. In Johannes' Bild von der gegenwärtigen Schöpfung gibt es einen bodenlosen Ort, wie ein schwarzes Loch in der modernen Astrophysik, den man sich wie einen Ort von Anti-Materie, Anti-Schöpfung, von Zerstörung und Chaos vorstellen muss. (Selbstverständlich meine ich nicht, dass Johannes sich ein wirkliches Loch im

Boden irgendwo auf der Erde vorgestellt hat, obwohl manche Ausleger das so verstanden haben. Wieder einmal müssen wir daran festhalten, Symbole als Symbole zu verstehen.) Jesus sprach darüber, wie alle möglichen Arten von Bosheit – sexuelle Unreinheit, Diebstahl, Mord, Ehebruch, Gier, Bosheit, Betrügereien, Ausschweifungen, Neid, üble Nachrede, Stolz, Dummheit – wie Blasen immer wieder aus den Tiefen des menschlichen Herzens aufsteigen – sehr zur Überraschung und zum Entsetzen seiner möchtegern-reinen Zeitgenossen, die alles daransetzten, „rein" zu bleiben, indem sie ihre Hände wuschen (Markus 7,1-23). Das ist das schwarze Loch in uns allen.

Menschen wurden geschaffen, um ihren weisen, liebevollen Schöpfer widerzuspiegeln. Irgendwie aber füllten sich ihre Herzen mit Rebellion, Schmutz und Bosheit. Und das scheint auch auf kosmischer Ebene so zu sein. Diese Welt, die doch von Gott geschaffen und geliebt ist, wurde zur Heimat für eine derartige Rebellion, eine solche gegen die Schöpfung gerichtete Zerstörungskraft, dass Gott diese Mächte normalerweise zurückdrängt und einschränkt. Damit sie aber endgültig besiegt werden können, müssen sie sich zuerst in ihren wahren Farben zeigen.

Diese Monster sind im gewissen Sinne Heuschrecken und erinnern so an die Heuschrecken in Ägypten und an die schreckliche Heuschreckenarmee im Buch Joel. Hier aber fressen sie Menschen oder genauer gesagt: Sie quälen Menschen und sind so schwer gepanzert und ausgerüstet, dass sie unverwundbar und unüberwindbar sind. Sie handeln nach genauen Anweisungen: Weder sollen sie Pflanzen schädigen (was Heuschrecken ja normalerweise tun würden) noch die Menschen angreifen, die das Siegel Gottes tragen, aber jedermann sonst. Die „Heuschrecken" treten unter der Deckung von dunkler, rauchgeschwängerter Luft auf (ein weiteres Echo aus Exodus, in diesem Fall aus Kapitel 9,8-9, wo Mose Staub in die Luft wirft und sich daraufhin Geschwüre im ganzen Land ausbreiten), die aus dem Loch aufsteigt, in dem Abaddon oder Apollyon regiert. Das hebräische Wort bedeutet „Ort der Zerstörung", das griechische Wort heißt „der Zerstörer“. Beide zeigen deutlich genug die gegen die Schöpfung gerichtete Energie, die hier auftritt. Der Auftrag der Heuschrecken ist aber nicht einfach, alles zu zerstören. Das wäre scheinbar zu nett. Sie sollen die Menschen quälen, bis sie sterben möchten, aber der Tod bleibt ihnen verwehrt (Vers 6).

Wie bei den Plagen in Ägypten müssen wir hier davon ausgehen, dass es ihr Ziel ist, die Bewohner der Erde zur Umkehr zu führen. Dieses Ziel taucht schließlich in den Versen 20 und 21 auf, die ähnlich funktionieren wie die Kommentare im Buch Exodus über Pharao und seinen Hofstaat: Obwohl sie die Plagen sahen, verhärteten sie ihre Herzen, bis am Schluss der Autor des Buches erklärt, dass Gott selber ihre Herzen verhärtet hat, um sie endgültig auf das bevorstehende Gericht vorzubereiten.

Wieder einmal lässt uns das Geheimnis der Ungerechtigkeit und Gottes Umgang damit atemlos und vielleicht sogar bestürzt zurück. Die biblischen Autoren aber und auch Jesus selbst würden uns davor warnen, diese Gedanken zu verdrängen. Wenn wir das tun, begehen wir den gleichen Fehler wie die uneinsichtigen Menschen hier. In unseren Tagen haben wir auch Schreckliches gesehen: Monster (ob jetzt Kampfhubschrauber oder anderes militärisches Gerät), die nur entworfen wurden, um zu töten und zu zerstören, um Terror in die Herzen von Menschen zu säen, damit andere Menschen ihre Reiche ausbauen und ihre Macht sichern können. Wer sagt uns denn, dass diese Maschinen nicht auch – wie die gedopten Insekten aus der Vision des Johannes – schlussendlich aus dem bodenlos tiefen Loch kommen, unter der Herrschaft des Apollyon? Die „fünf Monate“, auf die diese Qualen begrenzt sind, deuten vielleicht an, dass Johannes die normale Lebenserwartung bzw. die aktive Lebensperiode einer Heuschrecke kannte. Der wesentliche Punkt dahinter ist aber, dass ihr Wirken, so schrecklich es auch sein mag, begrenzt ist. Die ganze Vision hindurch ist es für Johannes wichtig, dass seine Leser wissen: Gott und das Lamm bleiben souverän – auch wenn das Böse sich offen zeigen und alle seine bösen Trümpfe ausspielen muss, bevor es endgültig besiegt werden kann.

Offenbarung 9,13-21: Die feurigen Reiter

*13Darauf blies der sechste Engel seine Posaune. Ich hörte eine einzelne
Stimme, die mitten von dem goldenen Altar mit den vier Hörnern
kam, der vor Gott stand. 14Sie richtete sich an den sechsten Engel, der
die Posaune trug:*

*„Lass die vier Engel frei", sagte die Stimme, „die am großen Fluss,
dem Euphrat, gefesselt sind." 15Die vier Engel wurden also freigelassen. Sie waren vorbereitet auf diese Stunde, Tag, Monat und Jahr, um
ein Drittel der menschlichen Rasse zu töten. 16Es waren zweihundert
Millionen Soldaten und Reiter (ich hörte ihre Zahl). 17Ich sah, wie die
Pferde und ihre Reiter aussahen. Sie trugen Brustpanzer aus Feuer, Saphir und Schwefel. Ihre Köpfe waren wie Löwenköpfe. Feuer, Rauch
und Schwefel kamen aus ihren Mäulern. 18Ein Drittel der Menschheit
wurde durch diese drei Plagen getötet: durch das Feuer, den Rauch
und den Schwefel, die aus ihren Mäulern kamen. 19Denn die Kraft
der Pferde liegt in ihren Mäulern und auch in ihren Schwänzen. Diese
sind wie Schlangen mit Köpfen. Damit richten sie Schaden an.*

*20All die anderen Menschen, die nicht an diesen Plagen starben,
kehrten nicht von den Dingen um, die sie taten. Sie hörten nicht auf,
Dämonen anzubeten – Götzen aus Gold, Silber, Bronze, Stein und
Holz, die weder sehen noch hören noch laufen können. 21Sie kehrten
auch nicht um von ihren Mordtaten, von Zauberei, von ihrem Ehebruch oder dem Diebstahl.*

Das Monster, das draußen vor der Tür im Dunklen lauert, ist eine Art von Albtraum. Von ganz anderer Art, aber nicht weniger erschreckend, ist der Gedanke, dass dein Heimatland plötzlich von einem grausamen und gnadenlosen Feind bedroht werden könnte. Schon lässt er seine gewaltigen Armeen an der Grenze aufmarschieren und bereitet sich vor, wehrlose Dörfer und Städte auf seinem Weg zu überrollen.

Dieser politische und militärische Albtraum verfolgt Westeuropa –

und in unserer Zeit die gesamte westliche Welt – schon seit der Zeit vor Christi Geburt. Als ein amerikanischer Präsident einige arabische Staaten des Nahen Ostens und darüber hinaus als „Achse des Bösen" bezeichnete, spielte er mit den Ängsten von vielen Menschen, die diese Länder wahrscheinlich nicht einmal auf einer Landkarte finden würden. Damit beschwor er aber weit ältere Echos herauf. Fast ein halbes Jahrhundert lang starrten Westeuropa und Nordamerika auf den „Eisernen Vorhang", der sich quer durch Europa zog. Hinter dem Zaun stellten sie sich unzählbare Armeen vor, die bereit waren, im Namen des Kommunismus den Westen zu überrollen. Als die Berliner Mauer fiel, war es nicht schwierig, den traditionellen Feind (Russland) durch einen neuen (die muslimischen arabischen Länder) zu ersetzen. Immer stellte man sich vor, dass die „christlichen" Länder des Westens Wächter des **Glaubens** sind gegen den Atheismus auf der einen und die verkehrte Religion auf der anderen Seite. (Die vielen Fehler in dieser Analyse wie auch in den Schlüssen, die man daraus gezogen hat, müssen wir bei anderer Gelegenheit diskutieren.)

Aber auch die Ängste des Kalten Krieges waren Echos von weit älteren Albträumen. Im fünfzehnten und sechzehnten Jahrhundert war Mitteleuropa von der Angst gepackt, dass „die Türken", mit andern Worten die Armeen des Türkischen Reiches, ihren scheinbar unaufhaltsamen Siegeszug fortsetzen könnten. Schließlich stoppten sie kurz vor Österreich. Während sich die Kirchen des Westens mit den Fragen der protestantischen Reformation herumschlugen, behielten die Herrscher Europas den östlichen Horizont immer auch im Auge. Interne religiöse Streitigkeiten waren schlimm, aber ein Angriff aus dem Osten war die weitaus größere Bedrohung.

Und schon in den Tagen des römischen Weltreiches war es nicht viel anders. Man hat sich immer den Euphrat als die alte nordöstliche Grenze Israels vorgestellt (obwohl das Gebiet Israels sich natürlich nie so weit in den Norden ausdehnte; man erinnerte sich aber an das biblische Mandat aus Exodus 23,31, Psalm 72,8 und andere Stellen). Als die römischen Armeen ungefähr sechzig Jahre vor der Geburt Jesu durch den Nahen Osten fegten, wurde der Oberlauf des Euphrat auch für sie zu ihrer Grenze. Dahinter dehnte sich das legendäre Reich der Parther aus, das zu seinen Blütezeiten das Gebiet der modernen Staaten Irak, Iran und Afghanistan bis hin zum Fluss Indus im heutigen Pakistan umfasste.

Wenn nun Johannes in seiner Vision vier Engel beschreibt, die am Ufer des großen Flusses Euphrat gefesselt sind und die jetzt losgelassen werden, um gewaltige Armeen in den Krieg zu führen, dann wusste jedes Kind in Jerusalem und Rom und darüber hinaus, was das bedeutet: Ihre schlimmsten politischen und militärischen Albträume werden wahr. Die Tatsache, dass diese Vision unmittelbar an den schrecklichen Anblick der mächtigen, quälenden Heuschrecken anschließt, erinnert uns wieder einmal daran (wenn das noch nötig ist), dass dies symbolische Visionen sind. Sie malen uns einmal dieses Schreckensbild vor Augen, einmal ein anderes, um uns ein Bild sich immer mehr steigernder Schrecken vor Augen zu malen. All das soll losgelassen werden, damit – und das ist der eigentliche Punkt – Menschen zur Umkehr herausgefordert werden (Vers 20-21).

Jetzt könnte man einwenden: „Das hat ja wohl überhaupt nicht funktioniert! All die Drohungen, all die Qualen, die vielen Toten (im Unterschied zu den Heuschrecken durften die Reiter von der anderen Seite des Euphrat Menschen töten, wie Vers 18 zeigt), und immer noch kehren sie nicht um.“ Das allerdings ist eine Beobachtung, die man im Alten wie im Neuen Testament (z.B. Römer 2,1-11) oft genug findet. Viele Denker des Judentums wie auch der frühen Christenheit dachten so: Gehen wir einmal davon aus, dass die tief verwurzelte und zerstörerische Bosheit nicht nur aus den Herzen einzelner Menschen aufsteigt, sondern noch viel mehr aus den Systemen von Herrschaft und Unterdrückung, die Menschen gemeinsam aufrichten – was sollte Gott dann tun? Wie wir schon gesehen haben, wäre die ganze Schöpfung ein massiver Fehlschlag, wenn er einfach alles ausradieren würde. Wenn er den Menschen aber Raum gibt, um umzukehren, zu Verstand zu kommen und ihn als Quelle des **Lebens** zu verehren und nicht länger **Dämonen** und Götzenbilder, die in Wahrheit Quellen des Todes sind (Vers 20,21), dann besteht immer die Gefahr, dass Menschen diesen Raum der Gnade missbrauchen und die ganze Sache noch viel schlimmer machen. Als Ergebnis davon machen sich die Menschen und Systeme, die in der Rebellion verharren, nur umso mehr reif für das Gericht, das schließlich kommen muss. Mindestens ein Teil dieses Gerichtes besteht darin, dass das Böse seinen eigenen Untergang herbeiführt, wie wir in Kapitel 16,5-6 sehen werden.

Wenn die Heuschrecken und die feurigen Reiter Symbole sind, dann stellt sich die Frage, worauf diese Symbole hindeuten. Welche Realität stellt sich denn Johannes vor, auf die diese schrecklichen Bilder hindeuten? An diesem Punkt gibt es eine große Bandbreite an Spekulationen. Das reicht von Menschen, die in diesen Abschnitten eine Prophetie auf einen wirklichen Krieg im Nahen Osten sehen (wenn wir in den Heuschrecken Kampfhubschrauber sehen, dann können die Reiter in den Versen 17-19 für Panzer oder ähnliche Kampffahrzeuge stehen) bis hin zu denen, die diese ganzen Bilder völlig vergeistigt verstehen. All diese Schmerzen und Drohungen finden nach ihrer Meinung ausschließlich in den Herzen, der Fantasie und im Gewissen von rebellischen und sündigen Menschen statt.

Wenn wir diese Texte richtig einordnen wollen, müssen wir uns vor Augen halten, dass Johannes diese Visionen als einen prophetischen Brief an die Gemeinden schrieb, um sie zu ermutigen, in Verfolgungen standhaft zu bleiben. Bereits in den ersten vier Siegeln hat er sie vor den menschengemachten Katastrophen gewarnt, die auf die Welt zukommen. Mit den sieben Posaunen scheint er jetzt aber ins Auge zu fassen, was wir meistens als „Naturkatastrophen“ bezeichnen: gewaltige Plagen, die wie die Plagen in Ägypten ohne menschliches Zutun über uns hereinbrechen. Mit der fünften und sechsten Plage – und noch einmal: Wir dürfen sie uns nicht als lauter einzelne Ereignisse vorstellen; es handelt sich um verschiedene Dimensionen der gleichen schrecklichen Realität – warnt er seine Zuhörer, dass die kommenden Plagen auf der einen Seite aus gemeinen, zerstörerischen, höllischen

Kräften bestehen und andererseits aus gewaltigen, Furcht einflößenden Armeen, die gegen wehrlose Menschen marschieren. So nimmt die sechste Posaune in gewisser Weise Bezug zum ersten Siegel: Der Reiter auf dem weißen Pferd, der loszieht um zu erobern, wurde zu einer Armee mit zweieinhalbmal so viel Soldaten, wie Deutschland Einwohner hat, oder zwei Drittel der Einwohner der USA. Es kommt mir vor, als würde Johannes immer wieder sagen: „Denk an deine schlimmsten Albträume. Verdoppele sie. Und dann stell dir vor, dass alle auf einmal wahr werden. So wird es sein. Das ist Gottes Art, zuzulassen, dass das Böse sein übles Spiel auf die Spitze treiben kann, bis es schließlich unter seiner eigenen Last zusammenbricht."

Die letzten Verse von Kapitel 9 zeigen uns deutlich, wo Johannes die Ursache der menschlichen Misere sieht. Wie für fast alle Juden seiner Zeit war für Johannes klar, dass Götzendienst die Ursache aller menschlichen Bosheit ist. Du wirst zu dem, was du anbetest: Wenn du das anbetest, was nicht Gott ist, dann wirst du zu jemandem, der nicht länger das Bild Gottes widerspiegelt, auch wenn du ursprünglich so geschaffen wurdest. Verse 20 und 21 stehen deshalb untrennbar nebeneinander. Bete Götzen an – blinde, taube, leblose Dinge –, und du wirst selber blind, taub und leblos werden. Mord, Magie, Ehebruch und Diebstahl sind Formen von Blindheit, Taubheit und Tod. Sie gieren nach einer schnellen Befriedigung, Macht und Vergnügen – und verwirken so Stück für Stück die wahre Menschlichkeit. **Umkehr** ist mehr als schnell „Entschuldigung" zu murmeln wegen ein paar kleiner unmoralischer Ausrutscher. Umkehr ist die radikale, tief gehende, herzzerreißende Abkehr von den Götzen, die Genuss versprechen, aber Tod bringen. Gott sehnt sich nach dieser Art von Umkehr. Es sieht so aus, als ob er alles dafür tut, um seine rebellischen Geschöpfe zur Umkehr zu locken, die doch immer noch sein Bild tragen.

Nach sechs Posaunen ist es aber immer noch nicht so weit. Was passiert bei der siebten? Wieder einmal spannt uns Johannes auf die Folter.

Offenbarung 10,1-11: Eine kleine Schriftrolle

[1]Dann sah ich einen anderen Engel vom Himmel herabsteigen, der in
eine Wolke gekleidet war. Über seinem Kopf stand ein Regenbogen.
Sein Gesicht leuchtete wie die Sonne, und seine Füße sahen aus wie
feurige Säulen. [2]Er hielt eine kleine geöffnete Schriftrolle in seiner
Hand. Sein rechter Fuß stand auf dem Meer, der linke auf dem Fest-
land. [3]Er rief mit lauter Stimme, wie ein brüllender Löwe. Die sieben
Donner antworteten mit ihren eigenen Stimmen auf sein Rufen. [4]Ich
wollte aufschreiben, was die sieben Donner sagten, aber ich hörte eine
Stimme aus dem Himmel: „Versiegle, was die sieben Donner sagten“,
wies mich die Stimme an, „und schreibe es nicht auf.“

[5]Darauf hob der Engel, den ich auf dem Meer und dem Land hatte
stehen sehen, seine rechte Hand zum Himmel [6]und schwor einen Eid
bei dem Einen, der für immer und ewig lebt, der den Himmel und al-
les im Himmel, die Erde und alles auf der Erde, das Meer und alles im
Meer geschaffen hat. Und dies war der Eid: Es sollte keine Zeit mehr
sein, [7]sondern Gottes Geheimnis sollte vollendet werden in den Tagen
der Stimme des siebten Engels, der sich anschickte, seine Posaune zu
blasen. Das war das, was er seinen Dienern, den Propheten, schon
vorher angekündigt hatte.

[8]Die Stimme, die ich vom Himmel gehört hatte, sprach noch einmal
zu mir. Sie sagte: „Geh und nimm die offene Schriftrolle aus der Hand
des Engels, der auf dem Meer und dem Land steht.“ [9]So ging ich zu
dem Engel.

Ich sagte: „Gib mir die Schriftrolle.“

„Nimm sie und iss sie“, antwortete er. „Im Magen wird sie bitter
sein, aber im Mund süß wie Honig.“ [10]So nahm ich die kleine Schrift-
rolle aus der Hand des Engels und aß sie. Sie schmeckte im Mund süß
wie Honig. Als ich sie aber gegessen hatte, lag sie mir bitter im Magen.
[11]Er sagte mir: „Du musst noch einmal prophezeien über viele Völker,
Nationen, Sprachen und Königreiche.“

Einer der berühmtesten Baseballschiedsrichter aller Zeiten, Bill Klem, war bekannt dafür, dass er die Entscheidungen eines Schiedsrichters nicht nur als endgültig betrachtete, sondern gewissermaßen auch als schöpferisch ansah. In einem berühmten Fall wartete er sehr lange mit einer Entscheidung. Schiedsrichter bewerten einen Wurf normalerweise einfach als „gültig“ oder „ungültig“. Ihre Entscheidung beschreibt also einfach die Fakten. Klem war aus anderem Holz geschnitzt. Der Spieler fragte ihn schließlich: „War der Wurf gültig oder ungültig?“ Klem antwortete trocken: „Sonny, bis ich gesprochen habe, ist er gar nicht passiert.“

Klems Glaube an die Macht seines gesprochenen Wortes hat die Baseballspieler seiner Zeit verärgert. Die Idee aber, dass gesprochene Worte eine neue Wirklichkeit schaffen, ist ein alter Gedanke, den wir zum Beispiel bei den alttestamentlichen Propheten wiederfinden. Worte beschreiben nicht einfach nur Visionen oder zukünftige Ereignisse. Propheten sprachen Worte aus, die in gewisser Weise die neue Situation hervorbrachten. Ihre Worte bewirken etwas. Wie Gottes eigenes Reden – und die Propheten glaubten, dass sie Gottes Worte sprachen – brachten sie Dinge in Bewegung. „Durch das Wort des Herrn wurden die Himmel geschaffen, und all ihr Heer durch den Hauch deines Mundes ... er sprach, und es geschah; er befahl, und es stand da“ (Psalm 33,4.9). Wenn Gott seinen Propheten Worte in den Mund legt, passiert dasselbe. Der Prophet beschreibt nicht nur ein zukünftiges Ereignis wie eine Zeitung mit verkehrter Zeitleiste. Indem er die Worte ausspricht, lässt er etwas entstehen. Prophetie lässt Dinge geschehen.

Das setzt Johannes auf den heißen Stuhl. Etwas Neues wird geschehen als Teil von Gottes Plan, *und Johannes' Worte werden es in Bewegung setzen.* Das ist der Grund, weshalb ihm der Engel die kleine Schriftrolle vom Himmel bringt. Obwohl der Ausdruck „kleine Schriftrolle“ nicht derselbe ist wie der für die in Kapitel 5 erwähnte „Schriftrolle“, scheint es sich doch um die gleiche Realität zu handeln. Das Lamm hat die Siegel geöffnet, jetzt kann man die Schriftrolle lesen. Und diese Aufgabe fällt Johannes zu. Dies scheint der Grund zu sein, weshalb er in den himmlischen Thronsaal eingeladen worden ist.

So funktioniert Prophetie: Gottes Worte müssen zuerst Worte des Johannes werden, damit sie Wirklichkeit werden können. Dieser Weg ist ein Teil des in Daniel 7,14.22 und 27 beschriebenen Vorgangs, dass Gottes Volk Anteil hat an seiner Herrschaft über die Welt. Er herrscht durch sein Wort, wie es auch das Lamm im letzten Gericht tun wird (19,15); hier aber wird das Wort dem Propheten gegeben, der es isst, verdaut und dann ausspricht.

Wie jede Gabe Gottes schmeckt die Schriftrolle süß wie Honig (Psalm 19,10; 119,103). Kaum jedoch hat Johannes die Rolle verzehrt, entdeckt er, dass ihre Botschaft bitter ist. Es folgen noch mehr ernste Warnungen. So war es auch bei Hesekiel (2,8; 3,1-3), als er die Schriftrolle mit Gottes Prophetien essen musste.

„Die Schriftrolle essen" ist ein sehr lebendiges Bild. Es umschreibt, wie die Propheten damals wie auch heute Gottes Wort nur aussprechen können, wenn es Teil ihres eigenen Lebens geworden ist. Es mag nahrhaft sein, es mag bitter sein, es mag beides sein. Das ist ein Teil davon, wie Gott durch gehorsame Menschen in dieser Welt handeln möchte. Prophetie – Worte aussprechen, die der Welt Gottes frische Weisungen bringen – ist ein besonderer Teil der größeren menschlichen Berufung, und Johannes nimmt hier diese Verantwortung auf sich. Die dann von Johannes ausgesprochenen Worte Gottes, nicht zuletzt in den Kapiteln 12–20, bringen die schrecklichen Gerichte und die herrliche, siegreiche Gnade hervor, durch die „Gottes Geheimnis vollendet wird".

Das Geschenk der kleinen Schriftrolle und die Berufung, ihre Worte in Prophetie zu wandeln, die Gottes Absichten in die Wirklichkeit bringt, all das findet statt, während wir mit angehaltenem Atem auf den Klang der siebten Posaune warten. „Ja", sagt der Engel, „es wird bald geschehen, und wenn es geschieht, wird ‚Gottes Geheimnis' vollendet" (Vers 7). Es wird keine Zeit mehr sein (Vers 6) – ich verstehe dies nicht so, dass die Zeit aufhört zu existieren und alles in einer zeitlosen „Ewigkeit" endet, die einige unbiblische Philosophen so lieben, sondern dass die Zeit ausläuft für alle, die sich bequem auf Gottes Geduld verlassen. Dieses Mal kommen die Dinge an ihr Ziel. Dies erinnert uns daran, dass die Folge der sieben Posaunen nicht chronologisch zwischen die anderen „Siebenerreihen" – die Sendschreiben, die Siegel, die Schalen – eingereiht ist, sondern dass jeweils eine zentrale Dimension derselben Folge von Ereignissen beschrieben wird. Am Ende von Kapitel 11 erreichen wir so etwas wie den abschließenden Höhepunkt des Buches – abgesehen von der Tatsache, dass wir immer noch die ganze zweite Hälfte des Buches vor uns haben, die uns die gleiche Geschichte erzählt, aber aus einer radikal anderen Perspektive. Dort werden im Detail alle Aspekte der Geschichte erzählt, die noch nicht erzählt werden können, solange diese ersten Berichte ihre Wirkung noch nicht entfaltet haben. Der Engel, der am Anfang des Kapitels in einem hellen Licht die Szene betritt, ist nach all der Düsternis und den Schrecken der vorhergehenden Abschnitte umso willkommener. Er kommt vom Himmel mit Gottes Wort für die Erde. Der Engel ist in eine Wolke gekleidet. Das ist vermutlich ein Zeichen dafür, dass Gott selber in der Botschaft gegenwärtig, aber verborgen ist. Der Regenbogen über seinem Haupt erinnert uns an die Vision vom Thron in Kapitel 4 und an die alten biblischen Echos, die dort schon widerhallten. Das Gesicht leuchtet wie die Sonne – wie das Gesicht des Menschensohns in Kapitel 1. Seine Füße, wie Feuersäulen, erinnern uns an die Feuersäule in der Wüste, das flammende Zeichen der Gegenwart Gottes. Das ist kein gewöhnlicher Engel, und wenn er zu reden beginnt, wissen wir auch, wieso: Seine Stimme ist wie ein brüllender Löwe. Er kommt mit den Worten des Löwen-Lamms, des Messias. Er verkörpert die Souveränität des Schöpfergottes über die ganze Schöpfung: Das Meer und das Land (Vers 2.5) sind die beiden Sphären der Erde, so wie Himmel und Erde die beiden Sphären der ganzen Schöpfung sind. Ebenso sind „männlich" und „weiblich" die beiden Sphären der Tierwelt. Man kann es kaum deutlicher ausdrücken, dass die Botschaft, die er bringt, vom Schöpfer kommt. So schwört er auch in Vers 6 einen Eid bei dem Einen, der Himmel, Erde, Meer und alles darin geschaffen hat. Damit ist auch die Idee erledigt, dass seine Botschaft sich mit den Mächten der Zerstörung verbinden und die gegenwärtige Welt wie Abfall behandeln könnte, den man entsorgen und durch etwas völlig Neues ersetzen muss. Wenn Gottes Geheimnis sich erfüllt, wird die Schöpfung vollendet, nicht zerstört.

Einmal mehr bereiten wir uns vor für die siebte Posaune. Bevor sie aber ertönt, müssen die Gemeinden, an die Johannes schreibt, wissen, wo sie in diesem großen kosmischen Szenario stehen. Sind sie am Ende nur Zuschauer, oder spielen sie eine gewichtige Rolle in dem Stück?

Offenbarung 11,1-14: Zwei Zeugen

[1]Darauf wurde mir ein Messstab wie eine Stange gegeben. Eine Stim-
me sagte mir: „Steh auf und miss Gottes Tempel, den Altar und alle,
die darin anbeten. [2]Den Vorhof des Tempels lass aber aus. Miss ihn
nicht. Der ist für die Nationen da. Die werden die Heilige Stadt für
zweiundvierzig Monate zertreten. [3]Ich werden meine beiden Zeugen
beauftragen, mit Sackkleidern bekleidet während dieser tausendzwei-
hundertundsechzig Tage zu prophezeien. [4]Diese zwei sind die beiden
Ölbäume, die beiden Leuchter, die vor dem Herrn der Erde stehen.
[5]Wenn jemand ihnen schaden will, kommt Feuer aus ihrem Mund und
vertilgt ihre Feinde. Wenn jemand ihnen schaden will, muss er auf die-
se Art getötet werden. [6]Diese beiden haben die Autorität, den Himmel
zu verschließen, sodass es nicht regnet, solange sie prophezeien. Sie
haben Autorität über die Gewässer. Sie können sie zu Blut verwan-
deln und die Erde mit jeder Art von Plage schlagen, wenn sie es für
passend halten. [7]Wenn sie ihren Zeugendienst beendet haben, wird
das Monster aus dem Abgrund gegen sie Krieg führen, sie besiegen
und töten. [8]Ihre Körper werden in den Straßen der großen Stadt lie-
gen, die geistlich ‚Sodom' und ‚Ägypten' heißt, wo ihr Herr gekreuzigt

worden ist. ^9^*Völker, Stämme, Sprachen und Nationen werden sie drei-*
einhalb Tage lang betrachten und sie werden nicht zulassen, dass man
ihre Körper in ein Grab legt. ^10^*Die Bewohner der Erde werden darü-*
ber Freudenfeste feiern und jubeln und einander Geschenke schicken,
weil diese beiden Propheten die Bewohner der Erde gequält hatten.“

^11^*Nach den dreieinhalb Tagen kam der Geist des Lebens von Gott*
in sie und sie standen wieder auf ihren Füßen. Alle, die sie sahen, wur-
den von großer Furcht befallen. ^12^*Darauf hörte ich eine laute Stimme*
aus dem Himmel: „Kommt hier herauf!“ Darauf wurden sie vor den
Augen ihrer Feinde in einer Wolke in den Himmel gehoben. ^13^*In dem*
Augenblick gab es ein gewaltiges Erdbeben und ein Zehntel der Stadt
wurde zerstört und siebentausend Menschen wurden von dem Erd-
beben getötet. Die Überlebenden erschraken zutiefst und ehrten den
Gott des Himmels.

^14^*Das zweite Wehe ist vorbei. Das dritte steht unmittelbar bevor.*

Viele Bücher erscheinen vielen Menschen rätselhaft, aber die Bibel scheint das rätselhafteste von allen zu sein. Viele Teile der Bibel erscheinen vielen rätselhaft, aber die Offenbarung scheint das rätselhafteste Bibelbuch zu sein. Und wenn die Offenbarung rätselhaft erscheint, so scheint die erste Hälfte von Kapitel 11 – unser Abschnitt – der rätselhafteste Teil von allen zu sein. (Es gibt durchaus noch starke Konkurrenten um diesen zweifelhaften Titel, aber Kapitel 11 schlägt sich gut.) Worum geht es hier überhaupt?

In gewisser Weise ist die Handlung klar. Johannes bekommt den Auftrag, den Tempel zu messen. Dann erheben sich zwei „Zeugen“, tun große und außergewöhnliche Dinge, bevor sie getötet werden. Sie liegen unbegraben da, werden zu neuem **Leben** erweckt und dann in den **Himmel** erhoben. Die Stimmung in diesem Abschnitt unterscheidet sich deutlich von dem umgebenden Material. Anstelle von großen Gemälden von schrecklichen Reitern, menschenfressenden Heuschrecken und alldem anderen haben wir hier eine Kurzgeschichte, die sich mit zwei besonderen Gestalten, ihrer Arbeit und ihrem Schicksal befasst.

Aber was *bedeutet* das alles? Und wie passt es zum Rest des Buches? Wie bringt es die Visionen des Johannes weiter?

Es überrascht nicht, dass die Leser der Offenbarung ganz verschiedene Deutungen für diese Geschichte vorschlagen. Ich neige dazu, mich jenen anzuschließen, die diesen Bericht in seinen Grundlinien folgendermaßen verstehen:

Zunächst einmal hat der Auftrag an Johannes, „den Tempel auszumessen" (was prophetische Handlungen in Hesekiel 40 und Sacharja 2 anklingen lässt) nichts mit dem Tempel in Jerusalem zu tun. Er betrifft auch nicht den himmlischen Thronsaal/Tempel aus Kapitel 4 und 5. In der Zeit, als Johannes schrieb – und dieses Verständnis finden wir vom ersten Anfang der christlichen Bewegung an –, verstanden sich die Nachfolger Jesu selbst als den wahren Tempel, als den Ort, wo Gott durch seinen mächtigen **Geist** lebt. Johannes bekommt den Auftrag, diese Gemeinschaft auszumessen, damit sie (wie in Kapitel 7) vor dem äußersten Schaden bewahrt bleibt. In gewisser Weise – das wird hier umschrieben als „der Vorhof" – bleibt sie aber angreifbar und verletzlich. Die heidnischen Nationen werden dreieinhalb Jahre auf ihr herumtrampeln (eine symbolische Zahl, die Hälfte von „sieben", was für Vollständigkeit steht. Hier wird die Zeitspanne auf 42 Monate oder 1260 Tage heruntergebrochen). Hesekiel hatte in seiner Vision den Tempel ausgemessen und so den Ort gekennzeichnet, an dem Gott wohnen wollte. Johannes markiert diesen menschlichen Tempel, diese Gemeinschaft, und bekräftigt so feierlich Gottes Absicht, dieses Volk mit seiner Gegenwart zu ehren und zu segnen.

Was aber ist die Aufgabe und die Rolle dieses Volkes? Durch das ganze Buch der Offenbarung hindurch ist es die Berufung von Gottes Volk, treue Zeugen Jesu zu sein – auch wenn das Leiden oder sogar schmachvollen Tod bedeutet. Die sieben Briefe in den Kapiteln 2 und 3 verheißen denen, die „überwinden", eine besondere Belohnung. Wie wir gesehen haben, werden damit Menschen beschrieben, die Jesus nachfolgen, der selber durch seinen Tod den Sieg errungen hat. Deshalb nehmen auch sie lieber das Martyrium auf sich, als Kompromisse einzugehen. In diesem Abschnitt – und das scheint für viele nur schwer nachvollziehbar zu sein – stehen die „beiden Zeugen" in Vers 3-13 wohl *als ein Symbol für die ganze Kirche in ihrem prophetischen Zeugnis, ihrem Tod in Treue und in ihrer Rechtfertigung durch Gott.* Die Leuchter symbolisieren wie in 1,20 die ganze Kirche. Sie hat den Auftrag prophetisch zu reden, „mit Sackkleidern bekleidet" als Zeichen der Trauer über die Bosheit der Welt und die Übel, die sie hervorbringt.

Wieso aber dann zwei Zeugen? Ich denke, zum Teil hat das damit zu tun, dass Johannes zwei große biblische Geschichten im Hinterkopf hat. Da ist zunächst die Geschichte von Mose, der gegen Pharao, den heidnischen König von Ägypten, auftrat und Gottes Macht durch die Plagen demonstrierte. In den Kapiteln 8 und 9 klang dieses Ereignis bereits an. Andererseits ist da die Geschichte des Elia, der dem gottlosen König Israels, Ahab, gegenübertrat und Gottes Macht demonstrierte, indem er erfolgreich für eine Dürre betete und Feuer vom Himmel fallen ließ. Johannes meint nicht (auch wenn einige Ausleger das so sehen), dass Mose und Elia wörtlich wieder auf die Erde kommen und buchstäblich so auftreten, wie es im Kapitel 11 beschrieben steht. Diese Auslegung versteht nicht, um welche Art von Text es sich hier handelt. Johannes sagt hier, dass das prophetische Zeugnis der Kirche, in der großen Tradition von Mose und Elia, machtvolle Zeichen vollbringen wird und so die Menschen, die den Glauben ablehnen, plagen wird. Der Höhepunkt ihres Dienstes wird aber ihr Märtyrertod in den Händen des „Monsters aus dem Abgrund" sein.

Diesem „Monster" sind wir bis jetzt noch nicht begegnet. Auch haben wir die „große Stadt, die geistlich Sodom und Ägypten heißt, wo ihr Herr gekreuzigt worden ist" noch nicht entdeckt. Johannes wird all das in den jetzt folgenden Kapiteln erklären. Wir werden sehen, dass mit dem „Monster" die Macht des heidnischen Imperiums gemeint ist, die im Moment durch Rom verkörpert wird. Die „Stadt" ist Rom selber, oder in diesem Fall vielleicht auch die ganze öffentliche Welt des Römischen Reiches. Genau das ist der Punkt, den Johannes seinen Lesern deutlich machen will: Gott gibt die Berufung, das prophetische Zeugnis treu auszurichten. Und er stellt sich schützend zu denen, die diese Berufung leben. Das heißt aber nicht, dass einem Leiden und Tod erspart bleiben. Auch Jesus, dem die Kirche nachfolgt und den sie anbetet, hat gelitten und ist gestorben. So wird Leiden und Verfolgung der Kirche das endgültige prophetische Zeichen sein, das die Welt dazu bringen soll, Gott zu verherrlichen.

Wie funktioniert das? Dreieinhalb Tage lang (wieder treffen wir das Symbol von der Hälfte von sieben) wird die Welt den Sieg über die Kirche feiern. Dann wird Gott plötzlich auf unerwartete Weise eingreifen. Die Vision aus Hesekiel 37, wo der Atem Gottes die toten Körper wieder lebendig macht, wird wahr werden. Ebenso wird die Vision aus Daniel 7, wo das Volk Gottes in einer Wolke in den Himmel kommt, erfüllt werden. Die Rechtfertigung der Kirche nach ihrem Martyrium wird das prophetische Zeugnis vollenden.

Wenn die Welt das erkennt, wird sie sich schließlich bekehren. Am Ende von Vers 13 finden wir deutliche Worte. Überall sonst in der Offenbarung und auch in anderen biblischen Büchern meint der Ausdruck, dass Menschen mit Furcht und Zittern kommen und „den Gott des Himmels ehren", nicht nur eine zögerliche oder vorübergehende Anerkennung von Gottes Souveränität. Nein, er beschreibt eine echte und von Buße gekennzeichnete Umkehr zu Gott. Mit anderen Worten: *Das Zeugnis der Kirche im Martyrium wird das vollbringen, was den Plagen nicht gelungen ist.* So werden die Nationen dazu gebracht, ihren Schöpfer anzubeten. So wird das „Königreich der Welt" zum „**Königreich** unseres Herrn und seines **Messias**" – und genau das ist das Thema in Vers 15.

Der verwirrendste Abschnitt in diesem äußerst verwirrenden Buch entpuppt sich so als eine der wichtigsten und zentralsten Aussagen, die Johannes seinen Gemeinden mitteilen möchte. Das Lamm hat die Siegel der Schriftrolle geöffnet. Daraufhin sind alle möglichen schrecklichen Dinge passiert. Die Posaunen sind ertönt; verschiedenste schreckliche Ereignisse sind geschehen. Jetzt aber wird die Schriftrolle

Johannes gegeben. Der prophezeit durch eine symbolische Handlung (er misst den Tempel aus) und eine Gleichnisgeschichte (die beiden Zeugen). Das ist der Weg, wie das Königreich Gottes, von dem in den Kapiteln 4 und 5 bereits die Rede war, auf der Erde Realität wird, so wie es im Himmel bereits der Fall ist.

Wir dürfen den gewaltigen Einfluss der Symbolsprache in Vers 13 nicht missverstehen. Als Gott Sodom und Gomorrha richtete, hätte er sie verschont, wenn er dort nur zehn Gerechte gefunden hätte (1. Mose 18,32). Hier dagegen fällt nur ein Zehntel der bösen Stadt, neun Zehntel werden verschont. Als Gott Israel durch Elia richtete, blieben nur siebentausend übrig, die ihre Knie nicht vor dem heidnischen Baal gebeugt hatten. Hier dagegen werden nur siebentausend getötet. Die große Mehrheit wird gerettet. Plötzlich taucht aus dem Feuer und Rauch der früheren Kapitel eine Vision auf: Die Vision vom Schöpfergott, der über die Rebellion und das Verderben der Welt trauert, aber entschlossen ist, sie zu retten und wiederherzustellen. Dies setzt er in Bewegung durch den treuen Tod des Lammes und jetzt auch durch den treuen Tod der prophetischen Nachfolger des Lammes. Der Weg öffnet sich für die strahlende Feier am Ende des Kapitels, das die erste Hälfte dieses so sorgfältig strukturierten Buches abschließt.

Offenbarung 11,15-19: Das Siegeslied

15 Der siebte Engel blies seine Posaune, und man hörte laute Stimmen
vom Himmel: „Jetzt gehört das Königreich der Welt unserem Herrn
und Messias, und er wird für immer und ewig regieren!“ 16 Die vier-
undzwanzig Ältesten, die vor Gott auf ihren Thronen saßen, fielen auf
ihr Angesicht und beteten Gott an. 17 Sie sagten:

„Allmächtiger Gott und Herr, wir danken dir,
der du bist und der du warst

weil du deine Macht, deine große Macht ergriffen hast
und die Herrschaft angetreten hast.
18 *Die Nationen tobten;*
dein Zorn kam herab,
und mit ihm die Zeit, die Toten zu richten
und deine Diener, die Propheten zu belohnen
wie auch die Heiligen, die großen und die kleinen –
alle, die deinen Namen fürchten.
Es ist Zeit, die Zerstörer der Erde zu zerstören."

19 *Gottes Tempel im Himmel wurde geöffnet, und seine Bundeslade wurde im Tempel sichtbar. Blitze, Donnerhall, lautes Dröhnen, Erdbeben und großer Hagel geschah.*

Über dem Hochaltar der Westminster Abbey, einer der berühmtesten Kirchen in der Welt, steht Vers 15 in der alten King James Übersetzung, wo es heißt: „Die Königreiche dieser Welt sind zu Königreichen unseres Herrn und seines Christus geworden." Das ist ein eindrucksvoller Text an einem eindrucksvollen Ort. Er blickt nicht nur auf den Altar und seine großartige Umgebung herab, sondern auch auf den Mosaikfußboden davor, auf dem seit über tausend Jahren Könige und Königinnen gekrönt werden. Der Text soll diese Monarchen und ihre Untertanen feierlich daran erinnern, dass ihre Kronen im besten Fall zeitlich und auf jeden Fall nur geliehen sind. Die Herrschaft, das Königtum, gehört dem einen wahren Gott und seinem Messias.

Der griechische Text, den die Übersetzer der King James Version verwendet haben, war allerdings falsch. Wie praktisch alle anderen griechischen Handschriften des Neuen Testamentes zeigen, sollte das Wort „Königreich" in der Einzahl stehen, nicht im Plural.[3] Die Übersetzer wussten natürlich, dass das Wort „Königreich" in unserem Text

[3] A.d.Ü.: Auch die Lutherbibel übersetzt hier in der Mehrzahl.

nur einmal vorkommt. Sie ergänzten das zweite „Königreiche", damit es auf Englisch einen sinnvollen Satz ergibt.

Ich weise darauf nicht hin nur wegen meines leichten Ärgers darüber, dass an einem so herausragenden und symbolträchtigen Ort in der Westminster Abbey eine falsche Übersetzung prangt. Vielmehr ist es ganz entscheidend, dass „Königreich" in der Einzahl steht. Johannes gibt uns eine kosmische, eine weltumspannende Vision. Das „Königreich", das Gott durch seinen Messias aufgerichtet hat, ist nicht eine zusammengewürfelte Ansammlung von Königreichen, die sich über diese und jene Nation erstrecken. Es geht um seinen umfassenden Herrschaftsanspruch, der „das Königreich der Welt" als eine einzige Einheit sieht und so das Eigentum zurückfordert, das ihm rechtmäßig zusteht.

Eigentlich würden wir erwarten, dass sich erst gegen Ende des Buches die Ereignisse derart zuspitzen. Und tatsächlich erinnern uns einige Teile aus Kapitel 19 an unseren Abschnitt. Das erinnert uns aber wieder einmal daran, dass wir es in der Offenbarung nicht mit einer Reihenfolge von Ereignissen zu tun haben: Zuerst die Siegel, dann die Posaunen, dann all die Geschichten aus Kapitel 12–14, die in den Zornesschalen gipfeln, und so weiter. Hier wird die eine große Wirklichkeit aus verschiedenen Blickwinkeln beschrieben: Mitten im fürchterlichen Getümmel und Gewimmel der Weltgeschichte sammelt Gott durch Jesus ein Volk. Sie folgen dem Lamm und bezeugen das Königreich Gottes durch ihr eigenes Leiden, das die Welt schlussendlich zu **Umkehr** und **Glauben** führen wird, sodass Gott am Ende König über alles sein wird.

Zweifelsohne gibt es tausend verschiedene Wege, diese Geschichte zu erzählen. Johannes wählt drei oder vier davon aus. Vor uns haben wir den Höhepunkt von einer davon. Weil Johannes immer auf mehreren Ebenen gleichzeitig schreibt, dient er auch als Höhepunkt für die ganze erste Hälfte des Buches. Vers 19, der den Abschnitt abschließt, öffnet gleichzeitig den Weg für die ganz andere Szene in den Kapiteln 12 und 13. Hier beginnt die Geschichte wieder von vorn.

Aus einer neuen Perspektive sehen wir das gleiche Drama sich entfalten und dem gleichen Ende entgegengehen.

Die Offenbarung dreht sich wie ihr biblisches Vorbild (das Buch Daniel) rund um das Königreich Gottes. Dies ist in meiner Erfahrung eines der am meisten missverstandenen Themen der ganzen Bibel. Viel zu viele Christen haben unter „dem Königreich" lediglich „Gottes Königreich im **Himmel**" verstanden. Damit meinen sie, dass Gott für einen Ort verantwortlich ist, der sich „Himmel" nennt – im Gegensatz zu dem chaotischen Ort namens „Erde", von dem Gott uns retten will. Das wichtigste Ziel im Leben sei, das „Königreich der Himmel zu betreten" im Sinne von „nach dem Tod in den Himmel kommen". Die Offenbarung widerspricht dieser Sichtweise mit starken und dramatischen Bildern. Das ist vielleicht der Grund, weshalb sie für viele Christen und für weite Teile der Kirche buchstäblich ein verschlossenes Buch geblieben ist. Gottes Königreich wurde *nicht* nur für den „Himmel" entworfen. Gott ist der Schöpfer der ganzen Welt, und er hat die Absicht, die ganze Welt als sein Eigentum zurückzufordern und sie zu dem Ort zu machen, den er schon immer im Sinn hatte, bevor die Rebellion der Menschen sie so entstellt hat. Genau das ist die **Botschaft** der vier **Evangelien**, auch wenn sie über viele Generationen falsch verstanden wurde. Dieses Missverständnis geht zum Teil darauf zurück, dass Matthäus vom „Königreich der Himmel" spricht. Die anderen Evangelien reden meist über das „Königreich Gottes". Viele Leser interpretierten diesen Ausdruck so, dass Matthäus und folglich auch Jesus immer wieder darüber sprachen, „in den Himmel zu kommen".

Doch hier ist die Botschaft klar, und die logische Schlussfolgerung ist ausdrücklich politisch. Die Erbauer des Altars in der Westminster Abbey mögen zwar die falsche Übersetzung gewählt haben, sie hatten aber die richtige Idee. Es geht nicht um eine private Spiritualität in unseren Tagen, auch nicht um den Ausstieg aus dieser Welt und die Flucht in ein **Heil** in der Zukunft. Der lebendige Gott konfrontiert die Mächte der Welt mit der Nachricht, dass er jetzt die Regierungsgeschäfte übernommen hat. „Sein Messias", das Lamm, hat festgelegt, in welcher Art er seine Herrschaft ausübt. Die Botschaft lautet: „Leidende Liebe überwindet alles." Sie ist ebenso kraftvoll wie auch unwillkommen. Leider muss man anmerken, dass sie oft genug auch in der Kirche ebenso unwillkommen war wie in der übrigen Welt. Die Geschichte untermauert diesen Punkt natürlich. Das größte Wachstum der Kirche geschah in den ersten drei Jahrhunderten. Das Römische Reich tat sein Bestes, die Bewegung durch Verfolgung und Tod auszurotten. Einer der großen frühen Lehrer der Kirche drückte es so aus: „Das Blut der Märtyrer ist der Same der Kirche." Das hat sich immer und immer wieder als richtig erwiesen.

Darin erfüllt sich die Prophetie des Psalms, den viele frühe Christen als große zentrale Prophetie auf Jesus hin lasen. Psalm 2 spricht davon, dass die Nationen gegen Gott toben, und dass Gott handelt, indem er auf dem heiligen Berg Zion seinen König einsetzt. Dann verheißt er, dass er seinem König, seinem „Sohn", die Nationen der Erde als Erbe geben wird. Israels Erbe wird nicht länger aus dem Land bestehen, das Gott Abraham verheißen hat, einem schmalen Gebietsstreifen im Nahen Osten, sondern aus der ganzen Welt und allen Reichen. Der Messias, Gottes Sohn-König, wird die Nationen überwinden, wenn sie gegen ihn toben. Das Beste, was sie tun können, so drückt es der Psalm aus, ist, um Frieden zu bitten.

In der Vision des Johannes in diesem Kapitel *ist es bereits geschehen.* Man beachte den Unterschied zwischen Vers 17 und Kapitel 1,4. Dort sprach Johannes von Gott als von „dem, der war und der ist und der kommen wird". Hier wird Gott einfach beschrieben als „der du bist und der du warst", *weil die Zukunft bereits in der Gegenwart angekommen ist.* Das „der kommen wird" ist bereits eingetroffen. Das Zeugnis der Märtyrer im Leiden hat der Welt bereits zuverlässig vor Augen geführt, dass Gott Gott ist und Jesus der König. Die Welt hat darauf bereits reagiert und den Gott des Himmels angebetet.

Jetzt bleibt noch, „die Zerstörer der Erde zu zerstören". Das ist die letzte Bedeutung von Gottes Gericht. So oft sehen wir das Gericht negativ und zerstörerisch. Gott will uns all das verbieten, was eigentlich Spaß machen würde – dies ist eine der größten Lügen, die es überhaupt gibt. Gottes Gericht ist das Gericht des Schöpfers über alle, die seine Schöpfung zerstören. Seine Absichten sind tief in den Kapiteln 4 und 5 verwurzelt. Er will seine wunderbare Schöpfung retten vor den Kräften, die sich gegen die Materie, gegen die Schöpfung, gegen das **Leben** richten. Es ist Zeit, dass der Tod stirbt.

Das Lied der Ältesten produziert einen weiteren Moment wie in 4,5 und 8,5 mit Blitzen, Donnern und dem ganzen Rest. Das sind Momente der Veränderung. In diesen Augenblicken zittert die Erde selbst vor der Macht der himmlischen Offenbarung. Zusätzlich ist dies die einzige Stelle des ganzen Buches, wo Johannes sagt, dass Gottes **Tempel** im Himmel geöffnet wird. Sein Thronsaal wird mit Triumphgesang sichtbar, und die **Bund**eslade erscheint darin. In jüdischen Kreisen gab es viele Spekulationen darüber, ob im neuen Tempel die Bundeslade – mit den Gesetzestafeln und anderen Symbolen des Alten Bundes darin – wiederhergestellt würde. Hier wird sie sichtbar. Das bedeutet wohl, dass Gott am Ende zu seinen Bundesverheißungen steht. Was er versprochen hat, hat er jetzt erfüllt. Er hat die Macht ergriffen und die Herrschaft angetreten.

Offenbarung 12,1-6: Die Frau und der Drachen

[1]Darauf erschien ein großes Zeichen am Himmel: eine Frau, beklei-
det mit der Sonne. Der Mond war unter ihren Füßen, und sie trug
eine Krone aus zwölf Sternen um ihren Kopf. [2]Sie war kurz vor der
Geburt, und sie schrie laut vor Schmerz in ihren Wehen. [3]Ein wei-
teres Zeichen erschien am Himmel: ein großer feurig roter Drachen
mit sieben Köpfen und zehn Hörnern. Auf den Köpfen trug er sieben
Kronen. [4]Sein Schwanz fegte ein Drittel der Sterne vom Himmel und
warf sie auf die Erde. Der Drache stellte sich der Frau gegenüber,

die in Wehen lag. Er wollte ihr Kind verschlingen, sobald es auf die Welt kommt. [5]*Sie brachte einen Sohn zur Welt, der die Nationen mit eisernem Zepter regieren sollte. Und das Kind wurde weggenommen zu Gott und zu seinem Thron.* [6]*In der Zwischenzeit war die Frau in die Wüste geflohen, wo Gott einen Ort für sie vorbereitet hatte. Hier wurde sie für 1260 Tage versorgt.*

Ich war einmal auf der Beerdigung eines berühmten Kricketspielers. Er war für mich und viele andere ein Held aus Kindheitstagen. Die Kirche war brechend voll. Für die anderen Kricketspieler, die mit ihm oder gegen ihn gespielt hatten, war ein besonderer Platz reserviert. Ich stand nahe bei der Tür, als diese anderen Kricketspieler eintrafen, und es war ein sehr frustrierender Moment. Wir erinnerten uns lebhaft daran, wie sie in ihrer aktiven Zeit ausgesehen hatten – in ihren Zwanziger- oder Dreißigerjahren. Jetzt waren sie über sechzig, siebzig, einige sogar über achtzig, und wir erkannten sie nicht mehr. Als wir nachher darüber sprachen, hätten wir uns Namensschilder gewünscht, damit alle wissen, wer da vor ihnen steht. Wir hätten sie vielleicht sogar um Autogramme gebeten.

Mit dem Problem der Identifikation haben wir es in der Offenbarung in jedem Kapitel aufs Neue zu tun. Charaktere treten auf und verschwinden wieder auf diesen Seiten. Wir wissen, dass sie bei Johannes höchstwahrscheinlich biblische Gestalten oder Themen repräsentieren. In Kapitel 11 stehen sie sogar für die Gesamtheit von Gottes Volk. Aber wir wünschten uns, dass Johannes seinen Gestalten kleine Namensschilder angeheftet hätte.

Im aktuellen Kapitel hat Johannes einen Hinweis fallen lassen – zur Sicherheit, damit wir nicht völlig danebenraten. Das Kind, das die Frau zur Welt bringt, ist der Sohn, der „die Nationen mit eisernem Zepter regieren sollte“ (Vers 5). Das ist ein offensichtlicher Verweis zu Psalm 2,9. Wie wir schon im letzten Kapitel gesehen haben, bezieht Johannes (wie viele Christen seiner Zeit) diesen Psalm ausdrücklich auf Jesus. Er ist der **Messias**, durch den Gott alle Nationen zurechtbringen wird (auch wenn wir in Kapitel 5 bereits gesehen haben, dass Jesus dieses Ziel völlig anders erreichen wird, als es sich die gewalttätigen jüdischen Nationalisten seiner Zeit vorgestellt hatten).

Dieser kleine, aber entscheidende Hinweis ließ einige Ausleger zu dem Schluss kommen, dass die Frau in dieser Geschichte Maria, die Mutter Jesu, sein muss. Das ist aber zu kurz gegriffen. Diese Art von Symbolsprache funktioniert anders, und Johannes sagt auch ausdrücklich, dass es sich um ein „Zeichen" handelt, nicht um eine leibliche Mutter. Viel wahrscheinlicher ist, dass hinter der Frau zwei Figuren stehen. Zunächst ist da Israel selbst. In der Schrift wird das Volk mehrfach „Tochter Israel" genannt, die Braut JHWHs. Hier wird uns nicht das treulose Israel vor Augen gestellt, das so oft von den Propheten zurechtgewiesen wird, sondern das wahre, treue Israel, die Nation, die immer wieder darum rang, in den Wegen Gottes zu gehen und seiner Berufung zu folgen. Von diesem treuen Israel, und zugegebenermaßen zuletzt aus der „jungfräulichen Tochter Israels", Maria, wurde der Messias geboren. Aber diese Frau, die jetzt das Zentrum der Bühne von Gottes Absichten für diese Welt einnimmt, ist das „**priester**liche Königreich, die heilige Nation" aus Exodus 19,6. Sie repräsentiert die ganze Geschichte von Gottes Volk, das erwählt ist, seinen Plan für die Nationen, ja für die ganze Schöpfung auszuführen. Deshalb sind Sonne, Mond und Sterne ihr Kleid, ihr Schemel und ihre Krone.

Das ist auch der Grund, weshalb die Mächte, die sich gegen den Schöpfergott stellen, so entschlossen gegen die Frau und das Kind kämpfen. Endlich, mit einem Schlag seines majestätischen Schwanzes, erscheint der Böse auf der Bühne. Wir merken schnell, dass er hinter all dem Unheil steckt, das in den früheren Kapiteln beschrieben wurde. Das dunkle Geheimnis ist gelüftet; das wahre Problem ist identifiziert; der Vorhang hat sich gehoben über dem „Drama im Drama", über der zentralen Handlung, die die zentrale Szene des ganzen Buches bildet. Die Frau und ihr Kind tragen in sich die Bestimmung Gottes für die ganze Welt. Der Drache tut sein Bestes, um diese Absichten auszulöschen, bevor sie sich zu verwirklichen beginnen. Das Evangelium vom Löwen-Lamm wurde enthüllt, und jetzt enthüllt sich auch das letzte Geheimnis des Bösen.

Das zweite Bild hinter der Frau in diesem Abschnitt kann sehr wohl Eva sein, die ursprüngliche Mutter allen menschlichen Lebens. Ihr, Eva, wurde schließlich gesagt, dass ihr Nachkomme den Kopf der Schlange zertreten würde (Genesis 3,15). Diese beiden Identitäten verschmelzen. Wenn die Frau „Israel“ ist, dann ist sie dies als die Person, in der sich Gottes Absichten für die Menschheit verwirklichen sollen. Und diese Absichten schließen ganz zentral und notwendig die Zerstörung der ultimativen Mächte des Bösen mit ein. Der Zerstörer muss zerstört werden.

Der Drache selber wird in den folgenden Abschnitten klarer vorgestellt, wenn das Geheimnis der sieben Köpfe und zehn Hörner (eine Bildsprache, die im Judentum mindestens seit der Zeit Daniels sehr populär war) deutlicher gemacht wird. Wir sehen aber bereits jetzt, dass diese Figur über große Macht verfügt. Schließlich ist er selbst „im Himmel“ (Vers 3). Wie im Alten Testament ist der „Widersacher, der Satan“ (um ihn handelt es sich, wie wir in Vers 9 sehen), Teil des himmlischen Hofstaates, der gegen die Pläne des Schöpfers für diese Welt rebelliert. Dies ist natürlich ein weiteres großes Geheimnis. Die Auswirkungen dieser Rebellion dagegen sind offenkundig: Nachdem das Volk Gottes in den Jahren vor der Geburt des Messias von allen Seiten angegriffen wurde, folgt nun der versuchte Mordanschlag durch den Möchtegern-„König-der-Juden“, Herodes (Matthäus 2). Der Versuch des Drachen, das Kind bei der Geburt zu verschlingen, wurde vereitelt. Und auch seine weiteren Versuche wurden vereitelt. Das Kind wurde zu Gott und seinem Thron weggenommen (Vers 5) – eine bemerkenswerte Zusammenfassung der ganzen Geschichte des Lebens Jesu. Mit anderen Worten: Jesus selber erringt den Sieg durch seinen Tod, **Auferstehung** und **Himmelfahrt**. Deshalb kann nichts, was der Drache unternimmt, ihn noch verletzen.

In der Zwischenzeit bleibt es für die Frau – das treue Gottesvolk –

gefährlich. Das kann sich kaum auf Maria beziehen. Und zu dieser Zeit ebenso wenig auf das ethnische Volk Israel. Weil Jesus der Messias Israels ist, wird Israel um ihn herum neu definiert. Johannes versteht das in seinem ganzen Buch so. Also ist die Frau, die in die Wüste flieht, damit Gott sich für eine begrenzte Zeit (1260 Tage sind 3 ½ Jahre) um sie kümmern kann, die Kirche selber. Und wieder erzählt Johannes die Geschichte so, dass die Leser nicht nur Zuschauer, sonder Beteiligte sind. Sie sind Teil der „Frau“, Teil der Familie, um die Gott sich kümmert, auch wenn, wie wir sehen werden, der Drache jetzt sie verfolgt (Vers 13). Das Bild, dass die Frau in die Wüste flieht, ist wahrscheinlich ein erneuter Hinweis auf die Exodus-Geschichte, in der das Volk Israel vor dem Tyrannen Pharao in die Wildnis flieht, auch wenn dort neue Herausforderungen auf es warten.

Alles ist vorbereitet. Die Frau wird uns auf die eine oder andere Art bis zum Ende des Buches begleiten, auch wenn eine andere Frau, eine furchtbare Karikatur der ersten Frau, im Laufe der Geschichte viel Aufmerksamkeit auf sich ziehen wird. Ebenso wird der Drache uns auf dem Weg begleiten. Johannes schreibt die ganzen Kapitel 12–20 für die Kirche, damit sie verstehen kann, wie der Drache vorgeht und wie seine Macht gebrochen werden kann. Die Kirche muss wissen, dass die Kämpfe und Leiden der Gegenwart nicht bedeuten, dass Gott schläft und seine Aufgaben vernachlässigt. Sie sind ein Zeichen, dass ein großes kosmisches Drama vorbereitet wird, in dem sie eine entscheidende, wenn auch schreckliche Rolle spielen werden.

Offenbarung 12,7-18: Der Drache ist wütend

7Im Himmel brach ein Krieg los: Michael und seine Engel kämpften
gegen den Drachen, und der Drache und seine Engel schlugen zurück.
8Sie konnten aber nicht gewinnen, und es gab für sie im Himmel kei-
nen Platz mehr. 9So wurde der große Drache auf die Erde geworfen –

die alte Schlange, die auch Teufel und Satan heißt, der die ganze Welt
verführt. Seine Engel wurden mit ihm zusammen herausgeworfen.
[10]Darauf hörte ich, wie eine laute Stimme im Himmel rief: „Endlich
sind Rettung und Macht angekommen: das Königreich unseres Gottes
und die Autorität seines Messias! Der Ankläger unserer Familie, der
sie Tag und Nacht vor Gott verklagt hatte, wurde heruntergeworfen.
[11]Durch das Blut des Lammes und das Wort ihres Zeugnisses haben
sie ihn überwunden, weil sie ihr Leben bis zum Tod nicht geliebt ha-
ben. [12]So jubelt, ihr Himmel und alle, die dort leben! Aber wehe der
Erde und dem Meer, denn der Teufel kam mit großer Wut und er
weiß, dass er nur noch wenig Zeit hat.“
[13]Als der Drache sah, dass er auf die Erde geworfen war, nahm er
die Verfolgung der Frau auf, die das Kind geboren hatte. [14]Der Frau
aber wurden ein Paar Flügel von einem großen Adler gegeben, sodass
sie vor der Schlange in die Wüste fliehen konnte. Dort wurde sie eine
Zeit und zwei Zeiten und eine halbe Zeit versorgt. [15]Die Schlange
ihrerseits spie aus ihrem Maul einen Wasserstrahl wie einen Fluss, um
sie mit der Gewalt des Wassers wegzuspülen. [16]Die Erde aber half der
Frau und verschluckte den Wasserstrom, der aus dem Maul des Dra-
chen gekommen war. [17]Darauf wurde der Drache zornig auf die Frau
und er zog los, um Krieg gegen die übrigen Kinder der Frau zu führen,
die Gottes Gebote und das Zeugnis von Jesus hielten. [18]Und er stand
auf dem Sand am Meer.

Es war eine fröhliche Diskussion nach dem Spiel im Umkleideraum. Wer erzielte das entscheidende Tor? Im Torraum hatte es ein großes Gedränge gegeben. Der Ball sprang hin und her. Zwei der Stürmer traten den Ball zur gleichen Zeit. Beide spürten den Ball, und in der nächsten Sekunde zappelte er im Netz und das Spiel war gewonnen. Aber wer war jetzt der Torschütze?

Der Trainer hörte sich die Diskussion eine Zeit lang an. Dann kam er mit einer anderen Sichtweise: „In Wahrheit habe ich das Tor erzielt“, behauptete er. Alle umringten ihn: „Wie meinst du das?“

„Denkt mal darüber nach", antwortete er. „Ich habe euch beide heute in die Mannschaftsaufstellung genommen. Ich habe den anderen beigebracht, wie sie denn Ball vor das gegnerische Tor bringen können, und ich habe euch gelehrt, wie ihr den gegnerischen Verteidigern ausweichen und im richtigen Moment am richtigen Ort sein könnt. Ohne das alles hätte es kein Tor gegeben. Ich erzielte das Tor."

Schlussendlich wurde das Tor beiden Stürmern zugeschrieben, aber der Trainer hat seinen Punkt auch klargemacht, das war allen bewusst. Auf die Frage, wer den entscheidenden Sieg errungen hat, gibt es mehr Antworten, als es zunächst erscheinen mag.

Das ist das Verblüffende in diesem Abschnitt: Ein entscheidender Sieg wurde errungen, aber zwei sehr unterschiedliche Gruppen von Personen sind darin involviert. Im Himmel gibt es Krieg – der Gedanke allein lässt einen erschauern. Michael, der große Erzengel aus Daniel 10, sammelt all seine Engel, um gegen den Drachen und seine Engel zu kämpfen. Wenn das irgendeinen Sinn haben soll, dann den, dass all die moralischen und politischen Kämpfe, die wir kennen, die Kämpfe zwischen Gut und Böse, zwischen Gerechtigkeit und Ungerechtigkeit, die es in unserem Leben gibt, so etwas wie ein Echo dieses ursprünglichen Kampfes sind, der in der geistlichen Sphäre stattgefunden hat. Michael hat gesiegt, der Drache hat verloren. Diese Niederlage hat zur Folge, dass er zur Erde geworfen wird, ein für alle Mal aus dem Himmel ausgestoßen.

Aber Moment mal: In dem Siegeslied, das diesen großen Ereignissen folgt, wird der Sieg nicht Michael zugeschrieben, sondern Gottes Volk auf Erden. „Durch das Blut des Lammes und das Wort ihres Zeugnisses haben sie ihn überwunden", sagt die laute Stimme vom Himmel, „weil sie ihr Leben bis zum Tod nicht geliebt haben." Wer also hat den Drachen besiegt? War es Michael oder waren es die Märtyrer?

Nun, gewissermaßen trifft beides zu. Die himmlische Realität der siegreichen Schlacht hat untrennbar mit dem irdischen Tod der Märtyrer zu tun. Als Nachfolger des Lammes glauben sie daran, dass sie durch sein Blut bereits gerettet sind. Und ihnen ist auch bewusst, dass sie der Selbsthingabe des Lammes folgen müssen. Und diese Hingabe gewinnt die Schlacht.

Schließlich ist der Drache „der Ankläger“. Die frühe Kirche hat schnell gelernt, die übernatürliche „Anklage“ hinter all den „Anklagen“ zu sehen, die gegen sie erhoben wurden. Das schließt beides ein: die informellen Anklagen, die ihre kritischen Nachbarn einander zuraunten, wenn sie sahen, dass diese Leute den üblichen heidnischen Festen und besonders dem Kaiserkult fernblieben, und auch die offizielleren, die von den Autoritäten vorgebracht wurden und die zu offiziellen Strafen, oft zum Tod, führten. Alle möglichen Lügen und Verleumdungen wurden über die frühe Kirche verbreitet. Die Christen lernten, sie als das zu sehen, was sie in Wahrheit waren: Anklagen vom „Vater der Lügen“ (Johannes 8,44).

Und wieder weist Johannes seinen Hörern auf der Landkarte des großen kosmischen Dramas einen Platz zu. Sie müssen den großen Sieg, der schon errungen wurde, kennen und feiern: „Der Ankläger“ hat im Himmel keinen Platz mehr, weil der Tod Jesu (der in Lukas 10,18 bezeugt, dass er den Satan wie einen Blitz vom Himmel hat fallen sehen) die Anklagen annulliert hat, die der oberste Verfolger gern geltend machen würde. Der aber wird sein Bestes geben, um in der Zeit, die ihm noch bleibt, die Frau anzugreifen, die sich in die Wüste geflüchtet hat, auch wenn Gott ihr wie in Exodus 19,4 Adlerflügel gegeben hat, sodass sie davonfliegen konnte.

Was jetzt folgt, könnte fast einem Comic entnommen sein: Der Drache spuckt einen Wasserstrahl aus wie einen Fluss, um die Frau wegzuschwemmen; die Erde öffnet sich und verschluckt das Wasser; die Frau entkommt; der wütende Drache lenkt seine Aufmerksamkeit auf einen anderen Ort – auf die „Kinder“ der Frau, die näher beschrieben werden als die, „die Gottes Gebote und das Zeugnis von Jesus hielten.“ Johannes sagt also zu seinen Lesern: Du bist auch Teil dieses Dramas. Sei nicht überrascht, wenn der Drache dich mit seinen falschen, aber machtvollen Anklagen fangen will, die er wie einen

Wasserschwall auf dich wirft. Vertraue darauf, dass der Schöpfergott sich um dich kümmern wird. (Faszinierend ist hier, dass die Erde der Frau zuhilfe kommt. Es wird gezeigt, dass die Schöpfung selbst auf der Seite von Gott und seinem Volk steht, und nicht mit dem Drachen gegen sie zusammenarbeitet.)

Rechnet also damit, dass noch mehr kommt: mehr Verfolgung, mehr Angriffe, mehr falsche Anklagen. „Wehe der Erde und dem Meer, denn der Teufel kam mit großer Wut und er weiß, dass er nur noch wenig Zeit hat" (Vers 12). Die entscheidende Schlacht ist gewonnen, und der Teufel weiß das. Seine Natur als „Ankläger" treibt ihn dazu, immer hektischer anzugreifen und – sei es zu Recht oder zu Unrecht – anzuklagen, herunterzuziehen, zu verleumden, die Wahrheit dessen zu verleugnen, was der Schöpfergott und sein Sohn, das Lamm, vollbracht haben und jetzt gerade vollbringen. In diese Schlacht sind Christen verwickelt, ob sie es wissen oder nicht.

Das Bild, das Johannes in diesem Kapitel skizziert, um seine Leser zu warnen und zu ermutigen, ist nur die Eröffnungsszene. Es kommt noch mehr. Am Schluss steht der Drache auf dem Sand am Meer. Und das Meer, das wussten alle Juden in der Antike, ist der dunkle Ort, aus dem die Monster kommen.

Offenbarung 13,1-10: Ein erstes Monster

*1Darauf sah ich, wie ein Monster aus dem Meer aufstieg. Es hatte
zehn Hörner und sieben Köpfe. Jedes der zehn Hörner trug eine Krone, und auf den Köpfen standen blasphemische Namen. 2Das Monster
sah aus wie ein Leopard mit den Füßen eines Bären und dem Maul
eines Löwen. Der Drache gab diesem Monster seine Macht und seinen Thron und große Autorität. 3Es sah so aus, als ob einer der Köpfe
abgeschlachtet und getötet worden wäre, aber seine tödliche Wunde
war geheilt worden. Die ganze Erde war voll Ehrfurcht und Staunen*

über das Monster 4und sie beteten den Drachen an, weil er dem Mons-
ter seine Autorität gegeben hatte. Auch das Monster verehrten sie.
„Wer ist wie das Monster?“, sagten sie. „Wer kann gegen es kämp-
fen?“ 5Das Monster bekam einen Mund, der große, gotteslästerliche
Dinge redete, und es bekam Autorität für zweiundvierzig Monate. 6Es
öffnete seinen Mund und führte gotteslästerliche Reden und verfluch-
te Gottes Namen und seinen Wohnort – das ist: die, die im Himmel
wohnen. 7Ihm wurde das Recht verliehen, gegen Gottes heiliges Volk
zu kämpfen und es zu besiegen, und ihm wurde Autorität gegeben
über jeden Stamm und Volk und Sprache und Nation. 8Jedermann
auf Erden betete es an – jeder, das heißt: alle, deren Name nicht seit
Grundlegung der Welt im Buch des Lebens stehen, das dem Lamm
gehört, welches geschlachtet worden war.

9Wenn jemand Ohren hat, der soll hinhören!

10Wenn jemand gefangen genommen werden muss, so wird er ge-
fangen genommen. Wenn jemand durchs Schwert sterben muss, so
wird er durchs Schwert sterben. Dies ist ein Aufruf an Gottes heiliges
Volk, geduldig und voll Glauben zu sein.

Er war kein Einzeltäter. Am Ende einer langen Untersuchung eines seltsamen Mordfalles kam man zu dieser Erkenntnis. Ein junger Mann, der nach kurzer Flucht gefangen genommen wurde, hatte einen ausländischen Diplomaten erstochen. Vor Gericht wirkte er verwirrt, abgelenkt, unsicher. Er gab keine Einzelheiten preis. Aber je länger der Staatsanwalt ihn verhörte, umso mehr kamen alle zum gleichen Schluss: Da hat nicht einfach ein Verrückter aus einer Laune heraus ein Verbrechen verübt. Hinter der Tat steckte mehr. Da waren finstere Kräfte am Werk. Die Frage war nur, welche Kräfte das waren. Welches Land hatte den jungen Mann angestellt oder bestochen? Wie könnte man das herausfinden?

Im geistlichen Kampf ist es wie in der Realpolitik oder in der Unterwelt: Die wahren Drahtzieher bleiben gern verborgen. Sie lassen andere für sich handeln. Sie bedienen sich auf mehreren Ebenen verschiedener Mittelsmänner und geben ihnen etwas von ihrer Macht. Wenn nötig, unterstützen sie sie. Vielleicht ist uns heute mehr als unseren Vorfahren bewusst, wie solche „dunklen Mächte“ zu Werke gehen.

Natürlich ist es einfach, Verschwörungstheorien zu erfinden und hinter jeder zufälligen Begebenheit verborgene Einflüsse zu wittern. Aber umgekehrt ist es genauso einfach – und gefährlich –, wenn wir Ereignisse als puren Zufall abtun, hinter denen in der Tat Mächte, Kräfte und Energien stecken, die ihre eigenen Absichten verfolgen.

Wir sind gewohnt, über „Mächte“ oder „Kräfte“ zu reden („wirtschaftliche Kräfte“, „kultureller Druck“ usw.). Das alte Judentum benutzte eine bildhaftere, lebendigere Sprache. Unser Abschnitt bezieht sich sehr stark auf einen alttestamentlichen Text, der im ersten Jahrhundert sehr populär war, nämlich Daniel 7. Viele glaubten damals, dass dieses Kapitel, zusammen mit den Kapiteln 2 und 9 des Danielbuches, das Ende der heidnischen Reiche und den Aufstieg des Volkes Israel (oder mindestens der Gerechten innerhalb des Volkes) vorhersagt. Die Kapitel wurden deshalb intensiv gelesen in der Hoffnung, einen Schlüssel zu dem zu finden, was im Moment gerade geschah. Immer neue Interpretationen tauchten auf (am bekanntesten sind vielleicht die im apokryphen 4. Buch Esra festgehaltenen Versionen, die nach dem Fall Jerusalems gegen Ende des ersten Jahrhunderts geschrieben wurden). Für Jesus war dieses Kapitel ein Schlüssel zum Verständnis seiner eigenen Rolle in Gottes Plan.

In Daniel 7 entsteigen dem Meer vier Monster. Sie sind (wie in dieser Art Literatur üblich) der Stoff, aus dem Albträume gemacht sind. Das erste ist ein geflügelter Löwe. Das zweite ein Bär mit drei Rippen im Maul. Als drittes erscheint ein Leopard mit vier Flügeln und vier Köpfen. Dann tritt das vierte Tier auf, größer und schrecklicher, mit eisernen Zähnen und bronzenen Klauen. Es hat zehn Hörner, und ein weiteres kleines Horn wächst daneben auf.

Es ist ziemlich klar, was die Bilder bedeuten. Diese Monster stellen vier Königreiche dar. Besonders das vierte wird zu einer großen grausamen Weltmacht aufsteigen. Die Hörner stehen für unterschiedliche Könige. Der letzte der Reihe wird gegen Gottes Volk Krieg führen und Gott selbst lästern. Dann kommt der große Umsturz: Der „Alte an Tagen" nimmt seinen Platz auf dem Richterstuhl ein und verurteilt das letzte große Monster. Er zerstört seine Macht und gibt sie stattdessen „dem, der wie ein Menschensohn aussieht". Der wird vor den „Alten an Tagen" gestellt, und ihm wird die ewige, alles umfassende Herrschaft übertragen.

Ohne Zweifel hat Johannes diesen Abschnitt aus dem Propheten Daniel vor Augen. Und es gibt auch keinen Zweifel, wie er und viele seiner Zeitgenossen diese Stellen verstanden. Sie interessierten sich nicht für irgendwelche Monster aus Science-Fiction-Abenteuern, die dem Mittelmeer entsteigen, um das Heilige Land anzugreifen. Was sie allerdings interessierte, waren die irdischen Realitäten, die durch diese Monster repräsentiert werden. Im ersten Jahrhundert fiel die Identifikation nicht schwer. Das eine Tier bei Johannes fasst die vier Tiere von Daniel in sich zusammen, teils Leopard, teils Bär, teils Löwe, mit zehn Hörnern und sieben Köpfen. Das Monster ist Rom.

Oder genauer gesagt steht das Monster, wie wir noch sehen werden, für die finstere Macht des heidnischen Imperiums, das die Erde umspannt und alles zerschmettert, das sich ihm in den Weg stellt. Dabei spottet es über andere Götter, die ihm entgegenstehen, und beansprucht alle Anbetung für sich – und natürlich für den Drachen, der ihm die Macht gegeben hat. Dies erklärt vielleicht auch, wieso in Kapitel 2,13 Pergamon mit den Worten „wo der **Satan** thront" beschrieben wird: Es war ein Zentrum des Kaiserkultes und der imperialen Herrschaft, und Johannes sieht hinter dem Pomp und Purpur die dunklen geistlichen Kräfte von satanischer Macht, die es dem Römischen Reich ermöglichten, sich so große Teile der Welt zu unterwerfen. Im ersten Jahrhundert war Rom der einzige offensichtliche Kandidat für das „Monster". Leider aber ist das Phänomen von herzloser und entmenschlichender heidnischer Herrschaft nicht mit dem Untergang Roms verschwunden. Deshalb ist das, was Johannes für seine Zeitgenossen schrieb, für die heutigen Leser mindestens ebenso drängend und aktuell, auch wenn sich diese Mächte heute anders verkleiden.

Vers 3 richtet unsere Aufmerksamkeit auf ein besonderes Merkmal der römischen Herrschaft in der zweiten Hälfte des ersten Jahrhunderts. Gut einhundert Jahre zuvor hatte sich die alte römische Republik unter Augustus zu einem Kaiserreich gewandelt. Dies nach der Ermordung seines Adoptivvaters Julius Cäsar (44 v. Chr.) und den darauf folgenden Bürgerkriegen. Man hätte annehmen können, dass das wankende, selbstherrliche und kopflastige Kaiserreich nach der Regierung und dem Tod von Nero unter seinem eigenen Gewicht zusammengebrochen wäre. Das Jahr nach Neros Tod (69 n. Chr.) sah zunächst aus wie eine tödliche Wunde für das ganze monströse System: Vier Möchtegernherrscher marschierten kurz hintereinander auf Rom und wurden dann – mit Ausnahme des letzten – von der nächsten Armee umgebracht, die ankam. Galba, Otho und Vitellius kamen und gingen wieder; Vespasian kam und blieb. Innerhalb weniger Monate vollendete sein Sohn und Erbe Titus den militärischen Auftrag, der Vespasian beschäftigt hatte, bevor seine Truppen ihn ermutigten, den Thron zu ergreifen. Titus' Legionen zerstörten Jerusalem und brannten den Tempel bis auf die Grundmauern nieder. Vielen Beobachtern muss das wie das Ende der Welt vorgekommen sein.

In der Zwischenzeit machten Gerüchte die Runde, Nero sei am Ende gar nicht gestorben – oder dass er zwar gestorben sei, jetzt aber wieder lebe. Verschiedene „Möchtegern-Nero-ist-wieder-da's" tauchten auf. Auch wenn sie sich nicht lange halten konnten, blieb das Gerücht lebendig. Er war, ist nicht mehr, aber wird wiederkommen – so sagten sie (17,8). Vielleicht spielt Johannes darauf an, wenn er sagt, dass ein Kopf des Monsters getötet worden ist, dass die tödliche Wunde aber wieder geheilt ist (Vers 3). Das zentrale und wichtige Merkmal aber, das alle Leser sofort erkennen mussten, ist, dass das Monster Verehrung will und dass es die Verehrung mit den dunklen heidnischen Götzen teilt, die hinter ihm stehen. Ein Blick auf die römischen Münzen dieser Zeit erzählt eine eigene Geschichte: Ein Herrscher nach dem anderen steht auf, lässt sich als „Sohn Gottes“ bezeichnen und kleidet sich in die Tracht, die zu dieser oder jener heidnischen Gottheit gehört.

Sobald der Herrscher zu einem Gott geworden ist, bleibt kein Platz mehr für andere Götter. Man toleriert die Verehrung von kleinen lokalen Gottheiten, solange alle den neuen Gott, Rom und den Kaiser, anbeten. Wenn aber jemand diese Verehrung verweigert, dann ist er auf Kollisionskurs mit dem System. Und für Christen war es unmöglich, Rom und den Kaiser als Gott zu verehren – für Daniel und seine Freunde sah es in dem Buch, auf das sich Johannes so intensiv bezieht, auch so aus, als ob alle Welt das Monster verehrt. Nur wenige Getreue (hier werden sie beschrieben als die, deren Namen im Lebensbuch des Lammes stehen) leisten Widerstand.

Der letzte Vers dieses Abschnittes zeigt, wie nüchtern und realistisch Johannes die ganze Szenerie betrachtet: Einige werden gefangen genommen. Andere werden durchs Schwert hingerichtet. So wird es kommen. Die angemessene Reaktion ist nicht, zu schreien und um sich zu schlagen, sondern an der Geduld und am Glauben festzuhalten. Kapitel 11 meint, was es sagt. Durch das treue Zeugnis bis in den Tod hinein gewinnt das Lamm den Sieg, sodass Gottes Königreich die Herrschaft des Monsters ersetzt und der Drache seine letzten verbleibenden Machtstellungen verliert. Wie das genau geschehen soll, werden wir noch sehen. Aber hier skizziert Johannes das größere, finsterere Bild, innerhalb dessen man die kleinen örtlichen Kämpfe der Gemeinde sehen muss, damit man den Sinn hinter den Kämpfen und hinter der Notwendigkeit, kompromisslos am Zeugnis festzuhalten, sehen kann. Nur wenn wir uns an den Drachen und das Monster erinnern, merken wir, wie todernst christlicher Glaube, Geduld und Heiligkeit wirklich sind.

Offenbarung 13,11-18: Ein zweites Monster

11 Darauf sah ich ein weiteres Monster aus der Erde aufsteigen. Es hat-
te zwei Hörner wie die eines Lammes, und es redete wie ein Drache.
12 Es handelt in der Gegenwart des ersten Monsters und mit seiner
vollen Autorität, und es bringt die Erde und die, die auf ihr leben,
dazu, das erste Monster anzubeten, dessen tödliche Wunde geheilt
worden war. 13 Es wirkt große Zeichen und lässt sogar vor den Augen
der Menschen Feuer vom Himmel herabregnen. 14 Das Tier verführt
die Menschen auf der Erde durch die Zeichen, die es vor dem Mons-
ter vollführt. Es bringt die Erdenbewohner dazu, von dem Monster,
das von seiner Schwertwunde genesen war, ein Bild zu machen. 15 Ihm
wurde erlaubt, dem Bild des Monsters Atem einzuhauchen, sodass
das Bild des Monsters reden konnte. Es konnte jeden töten, der das
Bild des Monsters nicht anbeten wollte. 16 Es bringt jeden, klein und
groß, reich und arm, frei und Sklave, dazu, ein Zeichen von ihm auf
die rechte Hand und auf die Stirn anzunehmen. 17 Niemand kann mehr
kaufen oder verkaufen, der nicht das Zeichen vom Namen des Mons-
ters oder die Zahl seines Namens trägt.

18 Das verlangt nach Weisheit. Wer Verstand hat, soll die Zahl des
Monsters berechnen, denn es ist die Zahl eines Menschen. Seine Zahl
ist sechshundertsechsundsechzig.

Ich saß im Raum und war umgeben von vielen Regalen mit alten Büchern. Das fühlte sich gut an. In einer Pause des Seminars (wir waren in einem Hotel in einer großen amerikanischen Stadt) stand ich auf, um in den Regalen nach Schätzen zu stöbern. Ein herber Schock erwartete mich. Das waren keine Büchergestelle, sondern nur eine Imitation. Die vermeintlichen Bücher waren nur wenige Zentimeter tief. Und noch schlimmer: Es waren wirklich Bücher – oder genauer gesagt: Teile von Büchern. Hunderte wunderbar ledergebundener Bücher waren nach den ersten Zentimetern hinter dem Buchrücken abgeschnitten und an eine Wand geklebt worden, damit der Raum wie eine echte Bibliothek aussah. Es wäre einfacher gewesen, mit den gleichen Büchern eine echte Bibliothek zu gestalten. Von dem Moment an fand ich den Raum gruselig, und ich war froh, dass ich am Ende des Tages gehen konnte. Das war keine echte Sache, sondern eine Parodie.

Eine Parodie entsteht, wenn jemand etwas imitiert, sodass es echt wirkt, obwohl es nicht echt ist. Manchmal tut man das bewusst, um einen lustigen Effekt zu erzielen. Man macht aus Shakespeares *Hamlet* einen kurzen lustigen Sketch, oder man spielt eine Symphonie von Beethoven auf dem Kazoo und der Mundharmonika. Manchmal will man mit Imitaten auch Menschen täuschen. Und wenn man genügend Leute täuscht, dann wird die Parodie zur neuen Realität. Und genau das geschah im antiken Nahen Osten in den Tagen des Johannes.

Die Wahrheit kannten Johannes und seine Leser nicht zuletzt durch die Vision im Thronsaal (Kapitel 4 und 5): Der eine, der auf dem Thron sitzt, ist der allmächtige souveräne Herr der ganzen Schöpfung. Das Lamm, sein Sohn, hat durch seinen Tod die Welt überwunden und Menschen aus der Sklaverei der Sünde befreit, um sie als **Priester** und Könige in Gottes neuer Schöpfung einzusetzen. Und der **Geist** Gottes arbeitet in und durch diese Menschen, um Gottes Werk zu vollenden. Die Parodie gewann in der westlichen Türkei des ersten Jahrhunderts immer mehr an Einfluss: Das römische Imperium, welches seine letzte Macht vom Drachen bezog, etablierte sich als Weltherrscher. Das war das erste Monster. Das zweite, das ihm glich, aber untergeordnet war, waren vermutlich die örtlichen Eliten. Stadt um Stadt, Provinz um Provinz taten sie ihr Bestes, das Monster auf örtlicher Ebene zu kopieren und darüber hinaus alle zur Anbetung des Monsters zu zwingen. Das geschah überall und war den Lesern des Johannes nur allzu vertraut. Die Städte wetteiferten miteinander um die Erlaubnis, noch einen neuen Tempel für Rom, für den Kaiser oder ein Mitglied seiner Familie bauen zu dürfen. Diese örtlichen Machthaber sind das zweite Monster, das „von der Erde aufsteigt" – das heißt: Sie stehen am Ort auf, kommen nicht über das Meer. Sie vervollständigen die unheilige

Dreieinigkeit: der Drache, das erste Monster und das zweite Monster, die grausige Parodie auf Gott, Jesus und den **Heiligen Geist**.

Ein Teil der Parodie der Wahrheit ist, dass die örtlichen Eliten („Hörner wie die Hörner eines Lammes", sagt Johannes: Sie versuchen, wie etwas auszusehen, was sie nicht sind) sogar mit der Tatsache prahlen, dass das Monster beinahe getötet worden ist, jetzt aber wieder lebendig dasteht. Rom hat sich von einem scheinbar tödlichen Schlag erholt. Die Christen dagegen verkündeten Jesus, das wahre Lamm. Sein wirklicher Tod und seine wirkliche **Auferstehung** waren der Grund für ihre Treue zu ihm. Deshalb glaubten sie, dass er den Drachen besiegt hat. Aber die Parodie hatte Macht. Es gab eine Reihe von Tricks, die man damals anwandte, sodass die Statuen von verschiedenen Göttern sich bewegen, atmen, weinen und sogar reden konnten. Aufgeklärte heidnische Autoren jener Zeit beschrieben viele solche Vorrichtungen, um sich über die Betrügerei lustig zu machen. Aber viele Leute fielen darauf herein. Mehr und mehr Menschen beteten – durch die Arbeit der örtlichen „Monster" – das erste Monster an. Und auf diese Weise verehrten sie den Drachen selbst.

Mehr als das: Es wurde schnell zu einer Trennlinie in der Gesellschaft, ob man das Monster anbetete oder nicht. Schon bald nach dieser Zeit führten einige örtliche Behörden die Bestimmung ein, dass man nur dann auf dem Markt zugelassen wurde, wenn man die erforderlichen **Opfer** dargebracht hatte. Es gab verschiedene sichtbare Zeichen, um Menschen, die „kaufen und verkaufen" durften von denen, die „nicht kaufen und verkaufen" durften, zu unterscheiden. Schon sehr früh stellte sich den ersten Christen die krasse Wahl: Entweder blieben sie dem Lamm treu und riskierten, ihren Lebensunterhalt zu verlieren, weil sie nicht mehr Handel treiben konnten. Oder sie kapitulierten vor dem Monster, opferten dem Kaiser auf Geheiß der örtlichen Behörden, und alles wäre in Ordnung. Dann allerdings verlören sie damit ihre Integrität als Nachfolger des Lammes.

Wir können das Dilemma, in dem die Christen jener Zeit steckten, gut nachvollziehen. Und wir denken gern, dass wir jederzeit die Wahrheit wählen und die Parodie zurückweisen würden. Aber ist das so sicher? Wenn wir uns fragen, wo sich uns heute ähnliche Schlüsselfragen stellen und uns herausfordern, dann könnte die Entscheidung nicht so eindeutig sein, wie wir gern denken. Und es ist gut möglich, dass es viele Christen im ersten Jahrhundert ähnlich empfunden haben. Ist es ein falscher Kompromiss, wenn ich die Münzen des Caesar verwende, auch wenn der Ausdruck „Sohn Gottes" darauf geprägt ist? Ist es ein Kompromiss, wenn ich meinen Stand während der großen Feste des Imperiums aufstelle, sodass die Leute auf dem Weg zum Tempel bei mir einkaufen können, auch wenn ich selber nie zum Tempel gehen würde? Spielt es eine Rolle, wenn ich eine Scheibe Rindfleisch vom Markt mitbringe, auch wenn ich weiß, dass das Fleisch im Tempel um die Ecke dem Kaiser geopfert worden ist? Für uns heute: Ist es in Ordnung, wenn ich die Zeitung kaufe, die sich öffentlich lustig macht über den christlichen **Glauben** und außer dem christlichen jeglichen nur vorstellbaren Lebensstil fördert, auch wenn ich nur den Sportteil lese? Spielt es eine Rolle, wenn ich für eine Firma arbeite, in der ein anderer Arbeitszweig hemmungslos Flüsse und Seen verschmutzt und die Tierwelt ausrottet? Muss ich mir darüber Gedanken machen, wenn meine Bank ihr Geld in südamerikanische Firmen investiert, die in Gegenden arbeiten, wo die Arbeiter praktisch keine Rechte haben, und so de facto die örtliche Bevölkerung versklaven?

Das sind nicht die einzigen, vielleicht nicht einmal die wichtigsten Fragen, die sich uns heute stellen. Es ist aber wichtig, dass wir uns bewusst sind, dass auch wir heute immer wieder Entscheidungen treffen müssen, die nicht so eindeutig und klar sind. Wir müssen um die Fähigkeiten bitten, Parodie und Wirklichkeit zu unterscheiden und auch entsprechend handeln zu können.

Der letzte Vers des Kapitels ist einer der bekanntesten aus dem ganzen Buch. Und er bietet die größte Parodie von allen. Es ist mehr oder weniger sicher, dass die Zahl 666 in einer der vielen Berechnungsweisen, die wir kennen, den Namen NERO CAESAR bedeutet, wenn man ihn in hebräischen Buchstaben schreibt. (Wie bei vielen Völkern und in vielen Sprachen so werden auch im Hebräischen Buchstaben als Zahlen verwendet: A = 1, B = 2 und so weiter). Das Monster, das war, nicht ist und wiederkommen wird, ist ziemlich sicher Nero.

Die Zahl 666 ist aber nicht nur ein Kryptogramm. Sie ist auch eine Parodie. Die vollkommene Zahl wäre für Johannes und seine Zeit wohl 777. Einige haben ausgerechnet, dass sich der Name JESUS in manchen Systemen als 888 berechnen lässt. Das wäre eine Über-Vollkommenheit. Für Johannes aber gibt es nur wenig Zweifel. Nero und das System, das er repräsentierte und verkörperte, war nur eine Parodie der Wirklichkeit. Dreimal eins weniger als die wirkliche Sache. Jesus war die Wirklichkeit, Nero nur eine gefährliche gotteslästerliche Kopie. Das können wir heute leicht erkennen, aber wir tun auch gut daran, unsere Gewissen und unsere Gesellschaften zu erforschen, in welchem Ausmaß auch wir von uns von Imitationen täuschen ließen, die sich als Wirklichkeit ausgaben.

Offenbarung 14,1-5: Die Elitesoldaten des Lammes

[1]Ich schaute auf und sah das Lamm auf dem Berg Zion stehen. Bei
ihm standen hundertvierundvierzigtausend, die seinen Namen und
den Namen des Vaters auf die Stirn geschrieben trugen. [2]Vom Him-
mel her hörte ich eine Stimme, wie Rauschen vieler Wasser und wie
der Schall von lautem Donner, und es klang wie Harfenspiel. [3]Und
sie sangen ein neues Lied vor dem Thron und vor den vier Gestalten
und den Ältesten. Niemand außer den hundertvierundvierzigtausend,
die von der Erde erlöst worden sind, können das Lied lernen. [4]Sie
haben sich nicht mit Frauen verunreinigt, sie sind keusch. Sie folgen
dem Lamm, wohin es auch geht. Sie wurden als Erstlingsfrüchte der
Menschheit für Gott und das Lamm erlöst, [5]und in ihrem Mund war
keine Lüge, sie sind untadelig.

Auf einem Hügel in der Ferne konnte ich die klare Silhouette einer kleinen Prozession vor dem orientalischen Abendhimmel erkennen. In meiner Heimat bringen Menschen mit Stöcken und Hunden Schafe von einer Weide zur nächsten. Im Nahen Osten geht bis heute der Hirte voran, und die Schafe folgen ihm. Sie kennen die Stimme des Hirten und sie vertrauen ihm, dass er sie zur Weide, zum Wasser und an einen sicheren Ort leitet. Er benötigt keine Stöcke oder Hunde.

Im zehnten Kapitel des Johannesevangeliums hat Jesus selbst dieses Bild verwendet. Der Ruf an die Menschen, ihm nachzufolgen, ist einer der häufigsten Befehle, die Jesus gab. Man könnte fast sagen, dass der Ausdruck „Jesus nachfolgen" die grundlegende Beschreibung für jemanden ist, der zu Jesus gehört und an ihn glaubt (Matthäus 4,19; 8,22; 9,9 etc.). Besonders im Johannesevangelium finden wir aber einige bemerkenswerte Abschnitte zu diesem Thema. „Wer mir dienen will, der muss mir nachfolgen", sagte er (Johannes 12,26). Petrus beharrt darauf, dass er Jesus überallhin folgen wird, wenn es sein muss auch ins Gefängnis oder sogar in den Tod (Johannes 13, 37; Lukas 22,33), aber Jesus warnt ihn ernsthaft vor, dass er in Wahrheit sogar leugnen wird, ihn überhaupt zu kennen.

In diesem Licht müssen wir den unglaublich starken Abschnitt in Johannes 21 verstehen, wo Petrus Jesus nach dessen Auferstehung dreimal antwortet, dass er ihn liebt, und Jesus ihn ultimativ auffordert: „Folge mir nach!" (21,19). Aber auch dann hat Petrus noch Fragen: „Was ist mit diesem Mann?", fragt er Jesus im Blick auf den geliebten Jünger. Jesu Antwort ist einer der bekanntesten Einzeiler in den Evangelien, der ein Echo findet in den Herzen und Gedanken aller, die mit ihrer Berufung ringen und sich fragen, wieso sich Dinge so entwickeln, wie sie es tun. Er antwortet: „Wenn es mein Wille ist, dass er bleibt, bis ich komme, was geht es dich an? *Folge du mir nach!*" Stelle keine dummen Fragen, folge einfach. Mach dir keine Sorgen um andere, sondern folge mir nach. Sieh nicht zurück (Lukas 9,62), folge mir nach.

All das klingt in dem mit, wie die Elitesoldaten des Lammes beschrieben werden: „Sie folgen dem Lamm, wo immer es hingeht"

(Vers 4). Mehr muss man eigentlich nicht über sie sagen. Durch seinen Opfertod hat das Lamm den Sieg über den Drachen und seine Handlanger errungen. Jetzt ruft er seine Leute, diesen Sieg praktisch in die Tat umzusetzen, indem sie ihm auf dem gleichen Weg folgen. Jesus hat das schon während seines öffentlichen Dienstes betont: Wenn jemand Jesus nachfolgen will, soll er sich selbst verleugnen, sein Kreuz auf sich nehmen und ihm nachfolgen. Der Weg zum Sieg ist der Weg des Kreuzes. Das war damals schon fremdartig und herausfordernd, und bis heute hat sich das nicht geändert.

Wer sind jetzt also diese „Elitesoldaten", wie ich sie genannt habe? Wieso treten sie an diesem Punkt der Geschichte so plötzlich in Erscheinung? Die Antwort ist: Johannes nimmt einmal mehr Psalm 2 auf. Die Nationen toben, die Völker entwickeln törichte Pläne, aber Gott setzt als Antwort darauf seinen König ein, seinen Sohn, „auf meinem heiligen Berg Zion". Deshalb erwähnt Johannes in Vers 1, dass das Lamm auf dem Berg Zion steht. Wir haben schon gesehen, wie der Drache rast gegen die Frau und ihre Nachkommen, die jüngeren Geschwister des Kindes, das in den **Himmel** entrückt worden war (12,5). Wir haben die beiden Monster gesehen: das große kaiserliche Monster, das aus dem Meer aufgestiegen war, und das lokale, untergeordnete Monster, das aus der unmittelbaren Umgebung aufgestiegen war. Sie sind diejenigen, die in Psalm 2 wüten und toben, drohen und lästern. Jetzt aber offenbart Gott seinen König, und sein erwählter König ist nicht allein. Seine Kerntruppe, seine Elitesoldaten umgeben ihn. Und es gibt keinen Zweifel an ihrem Sieg.

Weil sie „Elitesoldaten" sind, beschreibt Johannes sie als „zölibatär" oder „keusch". Das ist strikt im Rahmen der Symbolsprache zu verstehen. Für das Alte Israel gab es klare Regeln, wenn es um Kriege ging: Wenn ein Krieg gerecht war, war er auch heilig. Deshalb mussten die Kämpfer sich speziellen Reinheitsregeln unterziehen. Das schloss auch (zeitlich begrenzte) sexuelle Enthaltsamkeit ein (siehe Deuteronomium 23,9-10; 1. Samuel 21,5). Wie immer müssen wir auch hier unterscheiden zwischen der Symbolsprache und der Wirklichkeit, die damit beschrieben wird. In der Symbolsprache besteht die Truppe aus 144.000 Personen (wir sind ihnen schon in Kapitel 7 begegnet), die ein neues Lied singen. Sie haben sich sexueller Beziehungen enthalten. In anderen Worten: Sie sind die idealen Repräsentanten für Gottes Volk, das jederzeit kampfbereit ist. Die Wirklichkeit, auf die dieses Bild deutet, ist ein gewaltiges Heer, das kein Mensch zählen kann. Sie singen wahrscheinlich Lieder, die alle Christen kennen. Einige von ihnen sind wohl verheiratet, andere Singles – *alle aber sind jederzeit bereit für den wirklichen Kampf*: den Kampf gegen die Monster und ihre Forderungen. Dieser Kampf kann für jeden von ihnen jederzeit Leiden oder sogar Tod bedeuten.

Diese „Elitesoldaten" ermutigen die kleinen Gruppen von Christen, die der monströsen Macht Roms und ihrer örtlichen Unterstützer gegenüberstehen und sich kraftlos und hilflos fühlen. So ist es aber keineswegs, sagt Johannes: Das Lamm sitzt auf dem Thron, so wie Gott es verheißen hat, und seine Elite umgibt es. Sie sind bereit für den Kampf, in dem sie mit dem Lamm selber den Sieg davontragen werden. Sie werden Eroberer sein. Sie werden nicht das Zeichen des Monsters auf der Stirn tragen, sondern den Namen (nicht nur das Zeichen) Gottes und des Lammes. Das wird sie mitten in einer heidnischen Umgebung kennzeichnen, wenn erst bekannt wird, dass sie diesem Namen treu sind und nicht dem des Kaisers. Es wird sie aber auch vor Gott auszeichnen als die, von denen der Messias sagen wird: „Die gehören zu mir" (Matthäus 10,32).

Die große Schar, die das Lamm umgibt, ist nicht die Summe aller Gläubigen. Es ist erst der Anfang, die großartige Anzahlung einer noch viel größeren Ernte. Darauf deutet das Bild der „Erstlingsfrüchte" in Vers 4. Wenn die alten Juden die Ernte einbrachten, opferten sie Gott die erste Garbe Weizen (oder welches Getreide auch immer) und verbanden damit die Erwartung und das Gebet, dass noch mehr kommen möge. Ebenso sind diese 144.000 eine Ermutigung für die Gemeinden. Es sind schon so viele! Das Lamm wird den Sieg erringen! Wir können geduldig weiterkämpfen.

Das setzten sie in die Tat um, indem sie ihm nachfolgen und ganz besonders, indem sie ihr Leben heiligen. In Johannes' Augen ist das ganze System des Drachen vor allem durch Lüge gekennzeichnet: Er erschafft eine unechte Welt, ein Lügensystem von oben bis unten. Für die Elite dagegen gilt: „In ihrem Mund war keine Lüge." Wie das Lamm selber (Jesaja 53,9) sind sie in dieser Beziehung – wie in jeder anderen Beziehung auch – makellos. Das bleibt die Herausforderung für alle, die sagen, dass sie Jesus nachfolgen. Manchmal sind Wahrheit und Lüge nur schwer zu unterscheiden. Aber wir stehen hier an einem Scheidepunkt. Gottes Sieg hat mit der realen Welt zu tun, mit der ganzen Schöpfung. Je näher wir bei Gott und dem Lamm sind, umso klarer und wahrer sehen und benennen wir die Dinge. Der **Satan** gibt sich alle Mühe, um diese Zusammenhänge aus dem Bewusstsein von Menschen zu verdrängen. Wo das fehlschlägt, überredet er sie, Lügen zu glauben und weiterzusagen. „Es kommt nicht so drauf an. Das ist ja nur eine Kleinigkeit. Gott würde sich sicher nicht daran stören. Das sind doch nur dumme, engstirnige Regeln. Weißt du nicht, dass Gott will, dass wir uns freuen?" und so weiter. Dem Lamm nachfolgen heißt: Die Lüge verwerfen. Für immer und ewig.

Offenbarung 14,6-13: Ein Ruf nach Ausdauer

6Darauf sah ich einen weiteren Engel, der mitten durch den Himmel flog. Er trug ein ewiges Evangelium, das er allen verkündete, die auf Erden leben: jeder Nation, jedem Stamm, jeder Sprache und jedem Volk. 7Er redete mit lauter Stimme: „Fürchtet Gott! Gebt ihm die Ehre! Die Zeit für das Gericht ist gekommen! Betet den einen an, der den Himmel und die Erde, das Meer und die Wasserquellen geschaffen hat!" 8Ihm folgte ein anderer Engel, der sagte: „Babylon, die Große, ist gefallen! Sie ist gefallen! Sie machte alle Nationen betrunken mit dem Wein des Zornes, der von ihrer Hurerei kommt."

[9]Ihnen folgte ein dritter Engel, der ebenfalls laut rief: „Jeder, der
das Monster und sein Bild anbetet und sein Zeichen auf seiner Stirn
oder seiner Hand annimmt, [10]wird den Wein von Gottes Zorn trinken
müssen, der unverdünnt in seinen Zornesbecher eingeschenkt wird.
Man wird ihn quälen mit Feuer und Schwefel vor den heiligen Engeln
und dem Lamm. [11]Der Rauch von ihrem Leiden wird immer und ewig
aufsteigen. Jeder, der das Monster und sein Bild anbetet und sein Zei-
chen auf seiner Stirn oder seiner Hand annimmt, wird Tag und Nacht
keine Ruhe haben."

[12]Hier ist Geduld gefordert von Gottes heiligem Volk, das Gottes
Gebote hält und am Glauben an Jesus festhält.

[13]Darauf ertönte eine laute Stimme vom Himmel: „Schreibe auf:
Gottes Segen ist auf den Toten, die in dem Herrn sterben von jetzt an."

„Ja", sagt der Geist, „so können sie von ihren Werken ausruhen, weil ihre Taten ihnen nachfolgen."

Neulich erhielt ich eine lange E-Mail von jemandem, der unbedingt wissen wollte, ob die **Hölle** wirklich ewig dauern würde. Seine Mail war gespickt mit Zitaten aus der ganzen Bibel. Er führte Argumente an für diese und jene Deutung. Der Briefschreiber hatte dieselbe Frage bereits an verschiedene andere Kirchenführer gerichtet, und nie hatte er eine zufriedenstellende Antwort erhalten. Was denn meine Meinung wäre?

Mein erster (und wichtigster) Gedanke dazu (das war auch meine Antwort an ihn) war die Beobachtung, wie sehr er von dieser Frage besessen schien. Die meisten Christen aus ganz verschiedenen Traditionen, die ich kenne, sind keine Allversöhner – sie glauben also nicht, dass am Ende jeder Mensch, der je gelebt hat, die Glückseligkeit in Gottes neuer Welt erleben wird. Für die meisten gehört aber die Frage nach der „Hölle" (oder wie wir es auch nennen wollen) nicht zu den wichtigsten Fragen ihres täglichen geistlichen Lebens.

Vielleicht sollten sie diese Frage ernster nehmen. Vielleicht ist das ein Zeichen, dass die meisten von uns in einem Punkt, den die Bibel doch so klar lehrt, „butterweich" geworden sind. Vielleicht sollten wir die Predigtgewohnheiten früherer Generationen wieder aufnehmen und die Menschen zur Buße rufen, damit sie nicht am Ende in der Hölle schmoren müssen.

Vielleicht sollten wir aber auch erkennen, dass Johannes in solchen Abschnitten, wie wir es so oft in diesem Buch schon gesehen haben, mit Symbolen arbeitet. Für uns ist es dann wichtig, dass wir die Kraft der Bilder kennen, aber auch nach der Wirklichkeit fragen, auf die sie hinweisen.

Um die Kraft der Bilder zu verstehen, müssen wir uns an Babylon erinnern. Babylon war die Hauptstadt eines großen Reiches, das 597 v. Chr. die übrig gebliebenen Stämme von Israel verschlang. Seit dieser Zeit war diese Stadt in der jüdischen Erinnerung das Sinnbild für Boshaftigkeit, Götzendienst, Sittenlosigkeit und schiere Grausamkeit. Leser der Offenbarung wissen, dass „Babylon" in den Kapiteln 16, 17 und 18 als Symbol verwendet wird. Dort ist zweifelsohne „Rom" gemeint. Johannes meint dort „Rom-gesehen-als-Babylon", und er betrachtet Babylon vor allem durch die Brille zweier der größten prophetischen Bücher des Alten Testamentes. (Wir könnten hier auch noch den Turm von Babel in Genesis 11 anfügen, aber das würde uns zu weit vom Hauptgedanken wegführen.)

Jesaja ist der Erste. Der großartige zentrale Abschnitt des Buches, Kapitel 40–55, richtet sich an die Israeliten im babylonischen Exil, die fast schon die Hoffnung aufgegeben haben. Babylon, in das sie ins Exil geführt wurden, scheint so groß und allmächtig zu sein. Es sieht so aus, als ob Babylons Götter gewonnen haben, und **JHWH**, Israels Gott, scheint auch nur ein Gott unter anderen zu sein – noch dazu einer, der verloren hat. Der Prophet besingt in einer poetischen Sprache, die in kaum je erreichter Schönheit gleichermaßen Kraft und Zartheit verbindet, die Größe und **Bund**estreue JHWHs. Er ist der Schöpfer von **Himmel** und Erde. Er gibt sich den mickrigen Scheingöttern Babylons nicht geschlagen. Er wird sein Volk retten, den Bund wieder aufrichten und die ganze Schöpfung erneuern.

All dies wird er tun durch die Arbeit seines „Knechtes". Im großen Strom der Prophetie tauchen vier einzelne Lieder auf. Diese Lieder betonen zuerst die Mission des Knechtes, Israel zu retten und der Welt Gerechtigkeit zu bringen. Dann folgt seine schwere und scheinbar fruchtlose Arbeit, die den Nationen JHWH offenbaren wird. Darauf seine Bereitschaft, JHWHs Stimme zu hören und ihr zu gehorchen; schließlich sein Tod in Schande, wo er die Sünde seines Volkes trägt, was zu seiner Wiederherstellung und Rehabilitation führt (42,1-9; 49,1-7; 52,13–53,12).

Um diese Lieder herum finden wir Prophetien, die den Untergang Babylons verkünden. Sie hat ihren Gefangenen den „Zornesbecher" bis zur Neige trinken lassen, jetzt aber wird Gott ihn von ihnen nehmen und ihn stattdessen Babylon geben (51,17-23). Die Unterdrücker werden zum Opfer des perfiden Systems, das sie selber ausgeklüngelt haben. Das Böse bringt seine eigene Belohnung.

In diesem Zusammenhang, als Einführung in das vierte Lied über den „Knecht", kündigt der Prophet die Ankunft eines Boten an, der **„gute Nachricht"** (52,7) bringt – so wie Johannes hier von dem Engel erzählt, der „ein ewiges **Evangelium**" trägt. Was ist diese „gute Nachricht"?

Für viele Christen heute ist die „gute Nachricht" oder das „Evangelium" eine Botschaft über sie selber: Gott liebt sie, Gott vergibt ihnen, Gott verheißt ihnen einen wunderhübschen Platz im „Himmel". Ohne diese persönliche Bedeutung abzuwerten, müssen wir doch festhalten, dass die biblische Bedeutung der „guten Nachricht" weit mehr umfasst. Paulus fasst die „gute Nachricht" zusammen, indem er von den rettenden Ereignissen von Jesu Tod und Auferstehung gemäß der Schrift (1. Korinther 15,3-8) spricht, oder von seiner Abstammung von David her, seiner öffentlichen Anerkennung als **„Sohn Gottes"** durch seine Auferstehung und seiner alles umfassenden Herrschaft (Röm. 1,3-5). Jesaja proklamiert drei Elemente, die weitreichende Konsequenzen haben. Und Johannes hatte dies alles vor Augen, als er die Offenbarung schrieb.

Da ist zuerst das Bekenntnis: „Dein Gott regiert!“ Im Exil in Babylon kann diese Botschaft nur eine Bedeutung haben: JHWH, dein Gott, hat Babylon besiegt. Ihr seid jetzt frei, nach Hause zu gehen. Jerusalem wird wieder aufgebaut (52,7.9).

Das Zweite ist: „Dein Gott kommt zurück!“ Offenbar hatte Gott den Tempel in Jerusalem verlassen, als die Babylonier angriffen. Jetzt würde er zurückkehren, öffentlich und für alle sichtbar (52,8; 40,5).

Als Drittes sagt er: „Gott rettet sein Volk machtvoll und öffentlich!“ (52,10). Alle Nationen sollen sehen, dass Israels Gott sein Volk aus seiner Bedrängnis gerettet hat.

Babylon fiel schließlich, die Verschleppten kehrten zurück ... aber niemand sagte je, dass JHWH endlich zurückgekehrt ist. Die frühen Christen aber glaubten – und sie glaubten, dass Jesus es glaubte – dass JHWH zurückgekehrt war, in und als Jesus selber. Sie glaubten, dass seine Herrlichkeit völlig und endgültig enthüllt worden war, als Jesus am Kreuz starb als das unschuldige Lamm (Jesaja 53,7). All das ist entscheidend als komplexer Hintergrund aus der Heiligen Schrift für Offenbarung 14.

Der andere Prophet ist Jeremia. Jeremia verbrachte wohl den größten Teil seines Lebens in Angst und Schrecken vor der Invasion der Babylonier und dem Leiden unter den Folgen, dem Schmerz des Exils. Er hat Fürchterliches mit ansehen müssen und erlebte, wie grausam Menschen sein können. Am Ende seines Buches verkündet er feierlich Gottes Gericht über die niederträchtigen Nationen, die so Schreckliches angestellt haben. Er verkündet Gerichtsworte gegen Ägypten, die Philister, Moab, die Ammoniter und Damaskus. In Kapitel 50 kommt er endlich zu Babylon. Zwei lange Kapitel ununterbrochener Verurteilungen zeigen, wo der Nachdruck des Buches liegt. Wahrscheinlich können nur Menschen, die eine Generation lang unter einem grausamen und unmenschlichen Regime leben mussten, verstehen, wieso diese Kapitel geschrieben werden mussten. Vielleicht ahnen aber auch alle, die viel über Gottes Gerechtigkeit nachdenken und wissen, dass ein guter Gott nicht blind sein kann gegenüber Ungerechtigkeit und Unterdrückung, etwas von der Antwort.

Auch wir können jetzt anfangen zu verstehen, weshalb Offenbarung 14 sagt, was es sagt. Dies ist das „Evangelium", die „gute Nachricht" für alle, die unter „babylonischer" monströser Herrschaft leben. Als Erstes: Der Gott, der Schöpfer, bringt endlich alles wieder in Ordnung (Vers 7). Zweitens: Babylon ist gefallen – nach all ihren Versuchen, die Nationen mit ihrem unmoralischen Wein betrunken zu machen (Vers 8. Dieses Bild werden wir etwas später noch genauer anschauen). Und drittens: Gottes Urteil wird gerecht, gründlich und umfassend sein (Verse 9-11).

Das alles ist „gute Nachricht" für alle, die in einer Welt voller Schrecken, Qualen und Elend gelebt haben. Gott wird alles wieder in Ordnung bringen! Auch der Psalmist hat dies eine gute Nachricht genannt (Psalm 96,10-13; 98,7-9).

Weder Johannes noch wir oder sonst ein Mensch darf andere Menschen in die Kategorien von Vers 9-11 einteilen. Wir können diese Dinge – die in sich selbst symbolisch sind, weitere Bibelstellen anklingen lassen und nicht wörtlich zu verstehen sind – nur mit großem Respekt hören und uns dabei bewusst sein, dass die starke Verführung des Bösen tatsächlich Menschen mit Haut und Haar verschlingen kann. Es liegt Johannes sehr am Herzen, dass keiner der Nachfolger Jesu in diesen Strudel des Zorns hineingezogen wird. Ihre Aufgabe ist es, geduldig, gehorsam und treu zu sein im Wissen, dass der Tod selbst besiegt ist und nicht mehr eine Quelle des Fluches, sondern des Segens ist. Ihr Einsatz in der Gegenwart ist, wie Paulus in 1. Korinther 15,58 sagt, nicht vergeblich (Vers 13).

Offenbarung 14,14-20: Die Ernte einbringen

14 Dann sah ich auf und sah eine weiße Wolke. Auf der Wolke saß
jemand wie ein Menschensohn. Er trug eine goldene Krone und hielt
eine scharfe Sichel in der Hand. 15 Ein weiterer Engel kam aus dem
Tempel und rief dem, der auf der Wolke saß, mit lauter Stimme zu:
„Es ist Erntezeit! Nimm deine Sichel und ernte: Die Ernte auf der
Erde ist reif!“ 16 Da setzte der, der auf der Wolke saß, seine Sichel ein
und brachte die Ernte der Erde ein.

17 Ein weiterer Engel erschient aus dem Tempel im Himmel. Er trug
ein scharfes Winzermesser. 18 Noch ein Engel kam vom Altar. Er hat-
te Autorität über das Feuer, und er rief mit lauter Stimme dem, der
das scharfe Winzermesser trug, zu: „Geh mit deinem scharfen Win-
zermesser an die Arbeit“, sagte er, „und sammle die Trauben vom
Weinberg der Erde. Die Trauben sind reif zur Ernte!“ 19 So machte
sich der Engel mit seinem Winzermesser an die Arbeit und sammelte
die Früchte aus dem Weinberg der Erde. Die Früchte warf er in die
Weinpresse von Gottes Zorn. 20 Die Weinpresse wurde außerhalb der
Stadt getreten. Blut schoss aus der Weinpresse hervor, so hoch wie das
Zaumzeug eines Pferdes, und es floss ungefähr 300 Kilometer weit.

Letzten Sommer sahen wir Mähdreschern zu, die auf den Feldern hin und her fuhren. Langsam veränderte sich die Landschaft von golden zu braun. Das reiche Korn wich dem Ackerboden, der auf die nächste Aussaat wartete. Eines Abends dachte ich, dass ich lange gearbeitet hätte. Als ich aber spät abends meine Studierstube verließ, wurde ich beschämt: Immer noch sah ich die Lichter der Mähdrescher in den Feldern, die ihre dringende Aufgabe erledigten. Wir gewöhnten uns an die Lastwagen, die durch die engen Landstraßen fuhren. Über allem lag ein Gefühl der Befriedigung: Der Einsatz hatte sich gelohnt, der Kreislauf der Arbeit näherte sich dem Ende. Den Schlusspunkt setzte das Erntefest, das immer noch ein wichtiger Moment im dörflichen Leben ist.

Letztens klagte jemand im Radio darüber, dass die Menschen heutzutage die Ernte nicht mehr so feiern, wie es früher üblich war. Der Erste Weltkrieg habe so viele Landarbeiter das Leben gekostet, dass mit ihnen viele jahrhundertealte ländliche Traditionen ausgestorben seien. Die Menschen hätten heute nicht mehr den gleichen unmittelbaren Zugang zur Erntefreude, wie es früher normal war. Für eine Leserschaft im ersten Jahrhundert, die etwas von Ernte und Weinlese liest, galt das aber mit Sicherheit nicht. Dafür arbeitet man doch! Das ist die Zeit der Freude, wenn sich die langen Monate, in denen man gesät, gepflegt, bewässert und beschnitten hat, letztendlich auszahlen. Jetzt ist es Zeit zu feiern. Auch wenn viele Leser des Johannes in Städten gewohnt haben: In jener Zeit und Kultur war niemand weit weg vom Land und seinen Gewohnheiten.

Unter diesen Voraussetzungen gibt es keinen Zweifel daran, dass die Beschreibung von Ernte und Weinlese hier einen Anlass zu großer, uneingeschränkter Freude meint. Man müsste schon sehr gute Gründe dafür haben, etwas anderes anzunehmen.

Dieser Abschnitt wird allerdings oft anders gelesen: als eine Geschichte vom großen und schrecklichen Gericht. Der **Menschensohn**, Jesus selbst, lässt Gottes Zorn mit seiner Sichel freien Lauf (Vers 14-16), und ein Engel vom **Himmel** sammelt die „Trauben des Zorns“ ein. Darunter versteht man die boshaften Nationen, die unter Gottes ewigem Zorn leiden sollen. Die Bildersprache von der Ernte aber und alles, was in diesen Bildern mitschwingt, spricht deutlich gegen dieses Verständnis. Im vorhergehenden Kapitel wurde Gottes Volk davor gewarnt, das Monster anzubeten. Im nächsten Kapitel treffen wir die gleichen Leute nach dem gewonnenen Sieg, wie sie am gläsernen Meer ein neues Lied anstimmen. Wie kommen sie von einem Ort zum anderen? Es sieht so aus, als ob sie selber die Ernte sind, die Weinlese Gottes. Dies sind Bilder von **Rettung**, nicht von Verdammnis.

Doch ist es Rettung durch Leiden hindurch. Wie immer in der Offenbarung ermutigt Johannes seine Leser, der Aussicht auf Verfolgung mit **Glauben** und Geduld zu begegnen. Einer „wie ein Menschensohn" (eine offensichtliche Anspielung auf Daniel 7) wird vom Engel ermutigt, seine „Sichel zu nehmen und zu ernten" (eine offensichtliche Anspielung auf Joel 3). Wir sollten das so verstehen, dass das treue Volk bereit ist, gerettet zu werden. Es ist „reif zur Ernte", wie Jesus sagt (Johannes 4,35). Wenn es zu Verfolgung und Martyrium kommt, dann sollen wir das nicht einfach als Zufall oder als willkürliche Angriffe durch brutale Regime verstehen, sondern Jesus darin sehen, der die menschliche Bosheit benutzt, um seine Ernte einzubringen.

Das fällt vor allem beim Bild des Weinbergs ins Auge. Reben, Trauben und der Wein, den sie produzieren, werden in der Schrift immer wieder als Bild für Israel, Gottes Volk, verwendet. Probleme gibt es nur dann, wenn die Weinstöcke verwildern (Jesaja 5). Wieso aber spricht Johannes dann darüber, dass die Trauben in die Kelter von Gottes *Zorn* geworfen werden (Vers 19)?

Das führt uns zurück zu einer weiteren prophetischen Schriftstelle, zu Jesaja 63. Dort lesen wir von einer königlichen Gestalt, die eine Verschmelzung vom **Messias** in den Kapiteln 9 und 11 und vom Knecht Gottes in den Kapiteln 42 und 43 zu sein scheint. Sie tritt die Trauben ganz allein, und ihre Kleider werden vom Saft befleckt. In diesem Fall ist sie zur Rache entschlossen. Sie zertritt und zerstört die Völker, die Gottes Erde zerstört und sein Volk versklavt haben. Für sich allein betrachtet könnte diese Anspielung uns dazu führen, auch unser Bild vom Sammeln der Trauben in die Weinpresse als Zeichen des kommenden Gerichtes zu sehen.

Wenn aber Johannes weiter hinten im Buch (19,13-16) nochmals auf Jesaja 63 Bezug nimmt, sind die Kleider des Messias von seinem eigenen Blut befleckt. Wieder und wieder wird uns gesagt, dass das Lamm durch sein Blut und seinen Opfertod gesiegt hat. Seine Nachfolger sollen in gleicher Weise überwinden. Das führt uns zu dem starken Paradox, das uns schon begegnet ist: dem „Zorn des Lammes". Irgendwie sind die Wege, wie Gott Rettung wirkt, und die Wege, wie er seinen Zorn ausübt, eng miteinander verwoben. Sie treffen sich im Kreuz, und sie treffen sich auch im Martyrium der Jünger Jesu. In der

Kelter wird der Zorn Gottes über Babylon und alle, die das Monster anbeten, vorbereitet. Der Wein selbst aber ist das Lebensblut der Märtyrer, die geerntet werden.

Die Kelter wurde „außerhalb der Stadt" getreten (Vers 20). Das macht noch klarer, was Johannes im Sinn hatte. Wäre dies ein Bild für Gottes Gericht über das unbußfertige Babylon oder eine andere Stadt, dann würde man erwarten, dass die Kelter mitten in der Stadt steht, oder dass vielleicht sogar die ganze Stadt zu einer einzigen Kelter wird, die der Racheengel oder der Messias selbst tritt. Die Formulierung „außerhalb der Stadt", die uns aus Hebräer 13,11-14 bekannt ist, war schon zu einer festen Umschreibung geworden für den Ort, wo Jesus gekreuzigt wurde. Und es ist wohl kein Zufall, dass auch der erste Märtyrer Stephanus „aus der Stadt" geschleppt wurde, um ihn zu steinigen (Apostelgeschichte 7,58).

Was sollen wir denn mit dem furchtbaren Bild von Blut machen, das aus der Weinpresse strömte „so hoch wie das Zaumzeug eines Pferdes" und 300 Kilometer weit floss? Natürlich gibt es Beschreibungen von vielen Schlachten und Massakern in der Geschichte, wo Ströme von Blut flossen und Vögel und Tiere ertränkten und so weiter. Wir müssen uns aber wieder einmal daran erinnern, dass wir eine symbolische, nicht eine wörtliche Prophetie lesen. Der Gedanke, dass etwas von einer Stadt wegfließt und seine Tiefe gemessen wird, hat einen fernen Anklang an das Wasser des Lebens, das im Buch Hesekiel von der Stadt fließt. Vielleicht macht die visionäre Energie von Johannes hier Überstunden: Er sieht in dem ansteigenden Blutstrom eine ähnliche Funktion. Ob durch ihn mehr Gnade oder mehr Gericht kommt, lässt sich nicht so einfach unterscheiden.

Der ganze Abschnitt wurde geschrieben, um eine starke **Botschaft** zu transportieren, die wir heute genauso dringend brauchen wie frühere Generationen. Gottes Zeit kommt. Gott wird sein Volk sicher nach Hause bringen. Gott wird sogar die Bosheit und Rebellion der Welt nehmen und sie zu seiner Ehre und zur Rettung seiner Leute verwenden. Martyrium wird in sich selbst ein Teil von Gottes Absichten sein, seine weise und heilsame Ordnung für die ganze Welt einzurichten. Das schließt auch sein unnachgiebiges Gericht über unnachgiebige Sünder mit ein. Wie beim **Exodus** aus Ägypten dienen die Plagen dazu, Gottes Erlösungstat umso mehr zu betonen. Das führt uns bereits in das nächste Kapitel.

Offenbarung 15,1-8: Vorbereitungen auf die letzten Plagen

1 Darauf sah ich ein anderes Zeichen – einen großartigen, erstaun-
lichen Anblick im Himmel: sieben Engel, welche die letzten sieben
Plagen brachten. Mit ihnen ist Gottes Zorn vollendet.
2 Und ich sah etwas, das wie ein gläsernes Meer aussah, welches mit Feuer vermischt
war. Dort an dem gläsernen Meer standen die Menschen, die den Sieg
über das Monster, sein Bild und über die Zahl seines Namens errun-
gen haben. Sie hielten Gottes Harfen
3 und sangen das Lied von Mose,
dem Knecht Gottes, und das Lied des Lammes. Das Lied ging so:

> *Groß und wunderbar sind alle deine Werke,*
> *Herr, Gott, Allmächtiger.*
> *Gerecht und wahr sind deine Wege,*
> *du König der Nationen.*
> *4 Wer sollte dich nicht fürchten, Herr,*
> *und deinen Namen verherrlichen?*
> *Denn du allein bist heilig.*
> *Denn alle Nationen werden kommen*
> *und vor dir anbeten;*
> *weil deine gerechten Urteile offenbart worden sind.*

5 Danach schaute ich auf und sah, wie der Tempel der „Stiftshütte des
Zeugnisses“ im Himmel geöffnet wurde.
6 Die sieben Engel, welche
die sieben Plagen trugen, kamen aus dem Tempel. Sie waren in sau-

bere leuchtende Leinengewänder gekleidet und trugen goldene Gurte um die Brust. [7]*Eines der vier lebendigen Wesen gab den Engeln sieben goldene Schalen, gefüllt mit dem Zorn Gottes, der immer und ewig lebt.* [8]*Der Tempel füllte sich mit Rauch von der Herrlichkeit Gottes und seiner Kraft. Niemand konnte den Tempel betreten, bis die sieben Plagen der sieben Engel vollendet wären.*

Was zieht Menschen hin zum christlichen Glauben? Was bringt sie dazu, den Gott anzubeten, den die Christen „Vater" nennen? Wenn man in einer Kirchengemeinde eine Umfrage machen würde, dann kämen wohl sehr unterschiedliche Antworten zusammen. Einige fühlen sich von der Freundlichkeit und Güte eines Pastors angezogen, der sich – ob als Laie oder als ordinierter Seelsorger – in einer Krise um sie gekümmert hat. Andere sind zu einem Treffen gegangen, wo sie ihre Zweifel und Fragen offen aussprechen konnten. Dort ist man ihnen anständig und respektvoll begegnet. Die Antworten auf die Fragen waren sicher auch interessant, aber den Ausschlag haben die Freundlichkeit und der Respekt gegeben. Andere standen vielleicht an einer entscheidenden Weggabelung in ihrem Leben und wussten nicht, wo sie sonst Rat suchen sollten. In der Kirche fanden sie dann mehr als erwartet.

Dieses kurze kraftvolle Lied nennt einen ganz anderen Grund, weshalb nicht nur einzelne, sondern ganze Nationen den wahren und lebendigen Gott anbeten werden: „Deine gerechten Urteile sind offenbar worden." Die Offenbarung spricht nicht oft darüber, dass alle Nationen zur Anbetung kommen, obwohl die alten jüdischen Traditionen dazu wohlbekannt waren. Die ersten Christen hatten den Gedanken aufgenommen, um zu erklären, weshalb so viele Nichtjuden zum Volk des Messias gehören. Deshalb ist es umso lohnender darüber nachzudenken, was es bedeutet. Was sind diese „gerechten Urteile" Gottes? Wie sind sie „offenbart" worden? Und wie bringt das die Nationen dazu, ihn anzubeten?

Wenn die Bibel darüber redet, dass Gott „urteilt" oder dass er seine

„Urteile“ anwendet, dann löst das sowohl Freude als auch Furcht aus. Wir haben schon die bekannten Abschnitte aus dem Ende der Psalmen 96 und 98 zitiert, wo die ganze Schöpfung, Tiere und Pflanzen und auch die Menschen vor Freude singen, weil JHWH kommt, um „die Erde zu richten“. Wieso? Weshalb ist das eine gute Nachricht?

Stellen Sie sich einmal ein ländliches Dorf irgendwo in Judäa vor. Es liegt weit weg von der Stadt. Händler kommen nur selten vorbei, Regierungsbeamte noch seltener. Im besten Falle kommt alle paar Monate mal ein Bezirksrichter in die benachbarte Kleinstadt. Aber Vorfälle, die einen Richter brauchen, gibt es trotzdem genug. Ein Handwerker wird von seinem Kunden betrogen. Der will seinen Fehler nicht zugeben. Eine Witwe wird bestohlen. Weil ihr niemand beisteht, ist sie wehrlos. Eine Familie wird aus ihrem Haus geworfen, weil der Vermieter von einem anderen Mieter mehr Miete bekommen kann. Ein Betrüger, der seine große Chance wittert, wirft seinem Kollegen vor, ihn betrogen zu haben. Obwohl nichts bewiesen ist, glauben die Arbeitskollegen dem Ankläger. Und so weiter. Keiner kann etwas unternehmen, bis der Richter kommt.

Wenn er dann kommt, sind die Erwartungen riesig. Monate von angestauten Erwartungen kochen über. Der Richter wird die Ordnung aufrechterhalten müssen. Ankläger und Verteidiger müssen gleichermaßen beruhigt werden. Er wird jeden Fall angemessen und fair anhören müssen. Ein besonderes Augenmerk muss denen gelten, die keinen Fürsprecher haben. Standhaft muss er alle Bestechungsversuche zurückweisen. Und schließlich wird er entscheiden. Die Urteile werden umgesetzt. Das Chaos wird abgewendet, Ordnung wiederhergestellt. Betrüger werden zurechtgewiesen. Diebe werden bestraft und müssen die Beute zurückgeben. Der habgierige Vermieter muss nachgeben, und der Falschankläger wird gerechte Strafe empfangen. Das ganze Dorf wird vor Erleichterung seufzen. Gerechtigkeit hat gesiegt. Die Welt kommt wieder ins Gleichgewicht. Eine erleichterte Gemeinschaft wird dem Richter aus ganzem kollektiven Herzen danken.

Und jetzt vergrößern Sie die Anliegen des Dorfes auf die globale

Ebene. Das böse Imperium und seine lokalen Gefolgsleute sind immer mächtiger geworden. Es nimmt Geld, Leben und Lebensfreude, wo und wie es ihm gefällt. Die Autoritäten anzurufen ist sinnlos, weil eben diese Autoritäten das Falsche tun. So geht der Schrei hinauf zu Gott, so wie der Schrei zum Gott Israels aufstieg, als die Ägypter ihr Leben immer unerträglicher machten. Und Gott trat für Israel ein: Er befreite sie, heilte sie und richtete Gerechtigkeit auf. Endlich wurden die Dinge ins Lot gebracht.

Wir würden natürlich erwarten, dass Israel selbst Gott für seine Rettungsoperation dankt, für das großartige Gerichtshandeln, das sein Volk befreit hat. Die Geschichte des Exodus, die wieder einmal den Horizont des Johannes bestimmt, geht noch darüber hinaus. Israel schaut nicht nur zurück auf das, was Gott getan hat, und dankt ihm dafür. Die Nation schaut nach vorn und sagt zu sich: „Es gibt wirklich einen Richter für Israel. Da ist ein Gott, der die Dinge ins Lot bringt, der die Welt richtet“ (siehe Psalm 58,12). Und wenn sie das sagen, werden sie kommen, um ihn anzubeten.

Für Johannes wie für alle frühen Christen gab es ein großes Gerichtsurteil, das alles andere überragte. Diese Tat brachte schon jetzt Menschen aus vielen Nationen dazu, den Gott Israels anzubeten. Gott hatte Jesus vom Tod erweckt, nachdem er als falscher Messias verurteilt worden war. Gott hat das Urteil des menschlichen Gerichtshofes umgekehrt. Er hat das Unvorstellbare unternommen und so gezeigt, dass Jesus eben doch der Messias ist! Darüber hinaus ist die Auferstehung der Beweis, dass das Kreuz selbst ein großes, spektakuläres Gerichtshandeln ist, in dem Sünde und der Tod selbst verurteilt und erledigt werden.

Indem der Gott Israels so am Messias Jesus gehandelt hat, hat er gezeigt, dass die Nachfolger Jesu sein wahres Volk sind. Dies geschieht nicht zuletzt durch ihr treues Zeugnis von Jesus, sogar wenn das ihr eigenes Leben gefährdet. Das ist weiteres „Gericht“, das aus dem „Gericht“ fließt, das im Lamm offenbart worden ist.

Die Märtyrer, die „den Sieg über das Monster, sein Bild und über die Zahl seines Namens errungen haben“, entdecken deshalb, dass sie durch den Tod hindurchgegangen sind, so wie die Israeliten durch das Rote Meer gezogen sind. Wie Mose und Miriam in 2. Mose 15 singen sie ein neues Loblied über das aktuelle Gerichtshandeln Gottes. (Das Lied in diesem Abschnitt erinnert auch an 5. Mose 32, aber das Augenmerk richtet sich auf einen anderen Teil der Exodusgeschichte.) Die Plagen in Ägypten sind zu ihrem Höhepunkt gekommen, der Pharao und sein Volk haben die Israeliten ziehen lassen. Sie sind durch das Rote Meer gezogen, haben das Lied gesungen und sind am Sinai angekommen. Dort gibt Gott Mose mitten in Feuer und Rauch der göttlichen Offenbarung Anweisungen: nicht nur über das Gesetz selber, sondern auch für die Stiftshütte, den Ort des „Zeugnisses“ oder der Begegnung, wo Gott selber seinem Volk begegnen würde. Diese Stiftshütte war der Vorläufer des Tempels in Jerusalem.

In einer überraschenden visionären Wendung sieht Johannes, dass der himmlische Thronsaal, der gleichzeitig das Herz des himmlischen Tempels ist, in sich eine „Stiftshütte des Zeugnisses“ hat. Diese „Stiftshütte“ wird nicht geöffnet, um Mose oder sonst jemanden einzulassen. Stattdessen kommen die Engel hervor, die die letzten sieben Plagen bringen – nicht für Ägypten, sondern für Babylon und für die Welt, die sich von Babylon hat verführen lassen.

Wie bei der Stiftshütte im 2. Buch Mose, wie in der Vision von Jesaja 6 und wie bei der Tempeleinweihung durch Salomo (1. Könige 8) ist die Gegenwart Gottes so in Rauch gehüllt, dass normales Kommen und Gehen völlig unmöglich ist. Dies ist ein feierlicher Augenblick. Das neue Lied ist überschwänglich und geht zu Herzen. Die Befreiung wird sichtbar. Jetzt gehen wir auf die entscheidende Machtprobe zu. Vor zwei Kapiteln haben wir den Drachen und die beiden Monster hinter uns gelassen. Sie haben viele auf ihren zerstörerischen Wegen mitgerissen. Jetzt sollen die Zerstörer zerstört werden. Das ist das Ziel der letzten sieben Plagen und der verheerenden Urteile, die sich an sie anschließen.

Offenbarung 16,1-9: Die vier ersten Plagen

1 Darauf hörte ich eine laute Stimme aus dem Tempel, die den sieben
Engeln zurief: „Geht und gießt die sieben Schalen mit dem Zorn Got-
tes aus über die Erde!“ 2 Der erste ging los und goss seine Schale auf
das Land. Da wurden die Menschen, die das Zeichen das Tieres ange-
nommen und sein Bild angebetet hatten, von bösen und schmerzhaf-
ten Geschwüren befallen. 3 Der zweite goss seine Schale auf das Meer.
Da verwandelte es sich in Blut wie von einem Leichnam, und jedes
Lebewesen im Meer starb. 4 Der dritte leerte seine Schale in die Flüsse
und Wasserquellen, und sie verwandelten sich in Blut. 5 Darauf hörte
ich, wie der Engel des Wassers sagte:

> *„Du bist der eine, der ist und der war,*
> *du bist heilig, und du bist gerecht!*
> *Du hast das gerechte Urteil gesprochen:*
> *6 Sie haben das Blut der Heiligen und Propheten vergossen,*
> *Jetzt gabst du ihnen Blut zu trinken.*
> *Sie verdienen es.“*

7 Und ich hörte den Altar antworten:

> *„Ja, Herr, Gott, du Allmächtiger,*
> *deine Gerichte sind wahr und gerecht.“*

8 Darauf leerte der vierte Engel seine Schale in die Sonne. Sie bekam so
viel Kraft, dass sie Menschen mit ihrem Feuer verbrannte. 9 Menschen
verbrannten in ihrer brennenden Glut, und sie verfluchten den Namen
Gottes, der die Autorität über diese Plagen hatte. Sie kehrten nicht um
und ehrten ihn nicht.

Eines Tages radelte ich eine Straße entlang und traf dabei meinen ehemaligen Studienleiter. Ich hatte vor einigen Jahren bei ihm Neues Testament studiert. Jetzt steckte ich mitten in den Vorarbeiten für meine Doktorarbeit.

„Wie läuft es bei dir?", fragte er mich.

Zu dem Zeitpunkt steckte ich bis zur Halskrause in Römer 1,18–3,20. Bibelleser wissen vielleicht, dass dieser Abschnitt vor allem von Gottes Zorn über die menschliche Bosheit – also eigentlich über uns alle – handelt.

Ich bekannte: „Im Moment habe ich eine schwere Zeit mit dem Zorn."

„Geht uns das nicht allen so?", antwortete er heiter und radelte davon.

Ich meine zu wissen, was er sagen wollte. Wir alle würden weit lieber in einer Welt ohne Zorn leben. Wir würden uns weit lieber einen Gott ohne Zorn vorstellen. Und tatsächlich macht ein großer Teil der westlichen Christenheit genau das – und muss auch mit den Folgen dieser Idee leben. H. Richard Niebuhr, einer der bekanntesten amerikanischen Theologen des 20. Jahrhunderts (und Bruder des noch bekannteren Reinhold Niebuhr), fasste einmal die **Botschaft** von vielen ultraliberalen Christen so zusammen: „Ein Gott ohne Zorn brachte Menschen ohne Sünde in ein **Königreich** ohne Gericht durch den Dienst eines **Christus** ohne ein Kreuz." Das ist ziemlich überführend. Vielleicht würde uns ein solches „**Evangelium**" besser gefallen, aber wir haben ein anderes bekommen.

Und es passt auch nicht in unsere Welt. Das ist das Problem. In jeder Familie, jeder Schule, jedem Unternehmen, jedem Land – in jeder Organisation, welcher Art auch immer – wird es tiefe Probleme geben. Menschlicher Stolz, Gier, Angst oder Misstrauen werden die Kontrolle übernehmen. Solange es nicht erkannt, benannt und behandelt ist, wird es immer nur schlimmer werden. Wenn man es unentdeckt gewähren lässt, wird es am Ende sogar als der neue Lebensstil angepriesen. Die Geschichte des 20. Jahrhunderts erzählt in großen Teilen genau diese Story. Neue Weltanschauungen – Kommunismus, Faschismus und Apartheid waren die drei, die am deutlichsten in Erscheinung traten – erhoben ihr hässliches Haupt und fügten Menschen und Gesellschaften unbeschreiblichen Schaden zu, bis sie schließlich unter ihrem eigenen Gewicht zusammenbrachen, nicht zuletzt unter dem Gewicht der Lügen, die nötig waren, um das System aufrechtzuerhalten. H. Richard Niebuhr durchschaute diese Vorgänge. Deshalb warnte er so ernst vor einer zornlosen, sündlosen, kreuzlosen Botschaft. Sie lullt uns genau dann ein, wenn wir unbedingt wach sein müssen.

Der Zorn des Schöpfergottes zeigt sich grundsätzlich auf zwei verschiedene Arten. Einerseits lässt er zu, dass die menschliche Bosheit sich austobt, bis sie ihre eigene Zerstörung als Frucht erntet. Andererseits schreitet er auch viel direkter ein, um das Böse zu stoppen, wenn es aus dem Ruder läuft. Wenn wir die Dinge realistisch sehen würden, würden wir Gott für beide Wege danken, auch wenn sie hart erscheinen. Sie müssen hart sein. Wenn sie weniger hart wären, würde das Böse nur Pause machen, kurz die Stirn runzeln, und dann weitermachen wie bisher. In den ersten vier Plagen sehen wir eine Mischung aus beiden Arten von „Zorn".

Einmal mehr müssen wir uns daran erinnern, dass dies eine tiefe und kraftvolle Symbolsprache ist. Das ist offensichtlich, wenn wir von Engeln lesen, die „die Schalen mit dem Zorn Gottes" auf die eine oder andere Weise ausgießen. Wenn wir über die symbolischen Konsequenzen lesen, vergessen wir das gern wieder. Der Punkt, um den es bei den ersten vier Plagen geht, ist ziemlich einfach. Gott wird den natürlichen Elementen selbst (Erde, Meer, Flüsse und Sonne) erlauben, Gericht über die Menschen auszuüben, die ihre Stellung als Träger von Gottes Ebenbild in der Schöpfung so schändlich missbraucht haben. Ihr Auftrag war, sich um Gottes Welt zu kümmern und auf die Mitmenschen achtzuhaben. Jetzt ruft Gott selbst die natürlichen Elemente gegen sie auf und lässt sie das Urteil für ihre Bosheit vollstrecken.

Diese Gerichte sind umfassend. Zuvor, bei den Siegeln und den Posaunen, wurde nur ein Teil der Welt beschädigt oder zerstört (wir müssen uns wieder in Erinnerung rufen, dass all das Symbolsprache ist!), um ein Warnsignal an alle zu schicken, die umkehren müssen. Hier fehlt dieser Hinweis. Dieses Mal stirbt alles im Meer. Alle Flüsse werden zu Blut (Johannes bezieht sich wieder auf die Plagen in Ägypten). Hier ist kein Raum mehr zur **Umkehr**. Diese Plagen sind der Anfang eines langen Prozesses, der in Kapitel 20 enden wird. In diesem Prozess entfernt Gott alles Böse aus seiner wundervollen Welt. Zuerst (in diesem Kapitel) entfernt er alle, die an Zerstörung und Niedergang mitgewirkt haben. In Kapitel 17 und 18 vernichtet er das große imperiale System, das die massiven Unrechtsstrukturen aufgerichtet hat. Schließlich, in Kapitel 19 und 20, vernichtet er die dunklen Mächte, die hinter diesen Systemen liegen. Am Schluss werden Tod und Hades selbst weggetan (wie in 1. Korinther 15,26-28).

Dieser lange, kraftvolle Gedankengang zeigt uns so klar wie irgend möglich, dass wir es weder mit einem launischen oder griesgrämigen Wesen noch mit einem achtlosen oder gleichgültigen Weltherrscher zu tun haben. Wir haben es mit dem Gott zu tun, der die Welt geschaffen hat. Seine grenzenlose Liebe erkennen wir am besten im **Opfer** seines eigenen Sohnes, des Lammes, mit dem er seinen Thron teilt. Wenn dieser Gott (um nur auf die jüngste Geschichte zurückzuschauen) die Bosheit der faschistischen oder kommunistischen Systeme nicht hasst, die so große Teile Europas verwüstet haben, dann ist er kein guter und liebevoller Gott. Wenn er die Apartheid nicht hasst, die die halbe Menschheit systematisch entmenschlicht hat, dann ist er kein guter Gott. Und wenn er nicht endlich etwas gegen diese und ähnliche Systeme unternimmt, dann ist er kein liebevoller Gott.

Weil seine Liebe so ist, wie sie ist, greift er nicht dauernd ein, bevor die festgesetzte Zeit da ist. Wenn er es täte, hätten zu viele Menschen, die vielleicht noch umkehren könnten, keine Chance mehr zur Umkehr. Er wird das Böse gewähren lassen und lässt so zu, dass es den eigenen Untergang vorbereitet. Und zu dem Zeitpunkt, wenn allein er Gericht halten kann, wird er allem, was in der Welt falsch läuft, ein Ende setzen. Das muss er tun, weil er der Vater des **Messias** Jesus ist. Das ist die Bedeutung davon, dass die Engel die Schalen des Zorns auf Erde, Meere, Flüsse und die Sonne ausgießen.

Offenbarung 16,10-21: Die drei letzten Plagen

[10]Darauf goss der fünfte Engel seine Schale über dem Thron des Monsters aus. Sein Königreich wurde in Finsternis gestürzt, und die Leute bissen sich vor Schmerzen auf die Zungen. [11]Sie verfluchten den Gott des Himmels wegen ihrer Qualen und der schrecklichen Geschwüre, aber sie kehrten nicht um von ihren Taten.

[12]Darauf goss der sechste Engel seine Schale aus auf den großen Strom Euphrat. Sein Wasser vertrocknete, um den Weg freizumachen für die Könige vom Sonnenaufgang. [13]Darauf sah ich, wie drei unreine Geister aus dem Mund des Drachens, des Tieres und des falschen Propheten kamen. Sie waren wie Frösche. [14]Dies sind die Geister von Dämonen, die Zeichen vollbringen und ausziehen, um die Könige der ganzen Erde zum Krieg am großen Tag des allmächtigen Gottes zu sammeln. [15](Siehe, ich komme wie ein Dieb! Gottes Segen ist auf dem, der wach bleibt, und auf denen, die auf ihre Kleider achthaben, sodass sie nicht nackt herumlaufen und ihre Scham entblößt wird.) [16]Und sie versammelten die Könige an einem Ort, der auf Hebräisch „Berg Megiddo“ heißt.

[17]Darauf goss der siebente Engel seine Schale in die Luft. Eine laute Stimme ertönte aus dem Tempel und vom Thron: „Es ist getan!“ [18]Und da erhoben sich Blitze und Gepolter und Donnerschläge und ein großes Erdbeben. Noch nie hatte es ein so großes Erdbeben gegeben, seit die Menschen auf die Erde gekommen waren. [19]Die große Stadt wurde in drei Teile zerrissen, und die Städte der Nationen brachen zusammen. Dann wurde in der Gegenwart Gottes an Babylon, die große, gedacht, damit er ihr den Becher mit dem Wein seines Zorns zu trinken geben konnte. [20]Jede Insel floh, und die Berge verschwanden. [21]Gewaltige zentnerschwere Hagelbrocken fielen vom Himmel auf die Menschen. Sie verfluchten Gott wegen der Plage des Hagels, denn es war eine furchtbare Plage.

Das Mittagessen war reichlich gewesen. Das Meeting war langweilig, der Raum warm, und die Redner sprachen eintönig immer weiter. Der Vorsitzende bemerkte, wie einer seiner Kollegen allmählich vom Schlaf übermannt worden war. Mit grausamer Präzision passte er den Moment ab, in dem der Kopf des armen Mannes auf seinen gefalteten Armen auf dem Tisch zur Ruhe kam. Er unterbrach den Redner mit den Worten: „Vielleicht möchte Dr. Johnson seine Meinung zu diesem Thema äußern?"

Wir alle schauten zu unserem Kollegen, der jetzt selig schlummerte. Sein Nachbar gab ihm einen Rippenstoß. Aus den Träumen gerissen hatte er keine Ahnung, dass man ihm eine Frage gestellt hatte. Und natürlich wusste er erst recht nicht, worum es überhaupt ging. Wir anderen verbargen unser Grinsen, hielten die Augen offen und versuchten, uns zu konzentrieren.

So eine Art von Schock verabreicht Johannes seinen Lesern in Vers 15. Plötzlich, mitten in der Beschreibung der schrecklichen letzten drei Plagen, wendet er sich an sie und sagt: „He, ihr da in der letzten Reihe, bleibt wach! Jesus ist unterwegs, und ihr wollt ja sicher nicht halb nackt erwischt werden!"

Das kommt so überraschend, dass einige moderne Ausleger der Offenbarung Vers 15 für einen versehentlichen Einschub eines Abschreibers halten. Aber das wäre ein seltsames Versehen. Warum dieser Satz und warum an dieser Stelle? Johannes ist sich meiner Meinung nach der Gefahr sehr bewusst, dass einige Leser an diesem Punkt, wo die Plagen grausamer werden, einzunicken beginnen. Das ist nicht körperlich gemeint, aber geistlich. Wie schnell kommen einem Gedanken wie: „Oh, diesen Leuten geht es aber dreckig. Sie sind halt die Bösen und haben es nicht anders verdient. Wir aber sind die Guten und können uns entspannen. Wir können uns zurücklehnen und den Film genießen." Johannes hält dem entgegen: „Nein, das geht nicht! Ich rede über die große Gefahr, dass verführerische Geister auf die Welt losgelassen werden. Viele von euch würden eine Verführung nicht einmal dann erkennen, wenn sie euch direkt in die Augen starrt. Ihr müsst wach bleiben. Andernfalls kommt Jesus und trifft euch mit dem Kopf auf den Armen an ...

Das wäre ein verhängnisvoller Fehler. Die letzten drei Plagen, die die Reihe der sieben Schalen beenden, sind wirklich fürchterlich. Und sie sind unter anderem deshalb so schrecklich, weil man merkt, wie einfach es ist, sich auf die Systeme zu verlassen, die hier unter das Gerichtsurteil gestellt werden. Wie bei den Siegeln und den Posaunen scheinen die ersten vier Schalen zusammenzugehören, und die drei letzten bilden eine neue Einheit. Anders als bei den Siegeln und Posaunen gibt es hier aber keine Pause, keine Lücke zwischen dem sechsten und dem siebten Gericht, weil es jetzt keine Zeit und Gelegenheit mehr zur **Buße** gibt.

Wir dürfen jetzt nicht wieder den Fehler machen zu denken, dass diese Kapitel Dinge beschreiben, die *vor* den Ereignissen von Kapitel 17–20 stattfinden müssen. Für die drei Serien von sieben Ereignissen wie auch für die endgültige Szene mit dem Gericht über Babylon, die dem Monster und dem Drachen gilt: Das sind verschiedene Blickwinkel auf die gleiche Wirklichkeit. In Vers 17 verkündet die Stimme aus dem **Tempel**: „Es ist getan!" Es ist geschehen. Es ist vollendet. Alle, die hier unter das Gericht fallen, hatten jede erdenkliche Gelegenheit, **Buße** zu tun und umzukehren. Sie haben aber abgelehnt. Sie gehen lieber mit den Monstern zusammen unter, statt mit dem Lamm zusammen zu leiden und gerechtfertigt zu werden. Oder mit den Worten von Kapitel 17–22: Sie sind lieber den Weg der Hure mitgegangen, statt den Weg der Braut zu wählen.

Die fünfte Plage ist dann ein direkter Angriff gegen den Thron des Monsters. Er richtet sich nicht gegen eine bestimmte geografische Region, sondern zielt direkt ins Herz des monströsen Imperiums, sodass es schließlich unter seinem eigenen Gewicht zusammenbricht. So geschah es ja auch beim Fall des osteuropäischen Kommunismus im Jahr 1989. Die „Finsternis" erinnert uns einmal mehr an die Plagen Ägyptens. Wieder wird uns so vor Augen geführt, dass die Plagen zur Vernichtung der Unterdrücker dienen, um die Unterdrückten zu befreien.

Die sechste Plage weckt wieder die tief sitzende Furcht in Westeuropa vor dem großen Feind im Osten. In diesem Fall sind es die Parther. Der Euphrat stellte die Grenze dar. Wie der Rhein in Europa bildete der Fluss eine natürliche Barriere, die relativ einfach zu verteidigen war. Als der sechste Engel seine Schale ausgoss, trocknete der Fluss aus und gab so den Weg frei für eine völlig andere Art von „**Exodus**": Diesmal durchquert nicht das Volk Israel trockenen Fußes das Rote Meer, sondern Könige aus dem Osten können ihre angriffsbereiten Heere durch den Fluss leiten.

Weshalb aber würden sich die Herrscher im Westen in einen derart törichten Konflikt hineinziehen lassen? Die Antwort liegt darin, dass der Drache, das Monster aus dem Meer und das Monster vom Land – das jetzt, wie wir entdecken, als „falscher Prophet" (Vers 13) bezeichnet wird – die Könige der Erde verführen werden und sie in diese große, verheerende Schlacht locken. Wieder hören wir ein Echo der Plagen aus Ägypten: Die „unreinen Geister" aus den Mündern der unheiligen Dreieinigkeit sehen aus wie Frösche. Mit ihren fadenscheinigen Geschichten und ihren einleuchtenden Argumenten hüpfen sie hierhin und dorthin und überreden die Großen und Mächtigen, an diesem hoffnungslosen Unterfangen teilzunehmen.

Es überrascht nicht, dass Johannes seine Leser aufruft, wachsam zu bleiben. Dies ist sehr, sehr gefährlicher Boden. Jeder, der schon einmal miterlebt hat, wie sich die Stimmung für einen Krieg aufgebaut hat, weiß, wovon Johannes hier spricht und wovor er warnt: Plötzlich drängen alle Zeitungen und Fernsehstationen in eine Richtung, und auch das froschähnlich herumhüpfende Ding, das sich „öffentliche Meinung" nennt, schließt sich der vorherrschenden Stimmung an.

Was hat es denn mit dem „Berg Megiddo" (das griechische Wort ist „Harmagedon, manchmal auch ohne „H" geschrieben) auf sich? Wörtlich bezeichnet das Wort einen Ort, der im Norden von Palästina etwas im Landesinneren auf der Höhe des Berges Karmel liegt. Dort fanden in der Geschichte einige große Schlachten statt. Obwohl es eigentlich keinen „Berg Megiddo" gibt, ist die Gegend als Schlachtfeld wohlbekannt. Die Stadt Megiddo lag nahe an den Bergen, wo sich (in der prophetischen Symbolsprache) ein solcher Konflikt erheben kann. Für Johannes wäre es aber sehr ungewöhnlich, plötzlich einen bestimmten Ort beim Namen zu nennen. Wir sollten auch nicht davon ausgehen, dass er das hier so meint. Sein Punkt ist einfach, dass alle Mächte des Bösen an einem Ort zusammengebracht werden, damit man sich hier mit ihnen auseinandersetzen kann. Deshalb dürfen die drei Frösche die Mächtigen verführen. Wir sollten nicht länger versuchen, den Berg Megiddo auf einer Landkarte einzutragen – ebenso wenig, wie wir versuchen sollten, all die Ereignisse, die Johannes beschreibt, in eine genaue chronologische Reihenfolge zu bringen.

Dann folgt noch die siebte Schale. Sie wird in die „Luft“ ausgeleert – in den Raum zwischen Himmel und Erde, in die Sphäre von Geistern, Mächten, Ideen und Einflüssen. Wie in 8,5 und 11,19, wo auch eine Reihe von Gerichten zum Abschluss kommt, resultieren Donner, Blitze und Erdbeben aus dem Zusammenprall von Himmel und Erde. (Nicht vergessen, wieder einmal spricht Johannes in Symbolen!) So wie in Sacharja 12 Jerusalem durch ein Erdbeben in Stücke gerissen wurde, so wird hier die „große Stadt“ (Rom?) in drei Teile zerrissen, und die anderen Städte stürzen ein wie einst Jericho beim Schall der Posaunen. Inseln fliehen, Berge verschwinden.

Die Hörer des Johannes hatten keine Schwierigkeiten, diesen Punkt ohne weitere Erklärungen zu verstehen. Hier bricht nicht die physische Erde zusammen. Dies ist aber die einzige Art, wie man den kompletten Zusammenbruch des ganzen sozialen und politischen Systems *auf* der Erde beschreiben kann. In der menschlichen Gesellschaft werden derart schreckliche Dinge geschehen, dass das einzig angemessene Bild gewaltige Hagelstürme und große Erdbeben sind. Gott wird es zulassen, dass die Lüge im Herzen der heidnischen Gesellschaft ans Licht kommt – wie ein Riss in der Erdkruste sichtbar wird. Die tektonischen Platten der verschiedenen götzendienerischen menschlichen Systeme werden ein letztes Mal aufeinandertreffen, und nichts wird mehr beim Alten bleiben.

Mitten in all den Wirren wird sich Gott an Babylon erinnern (Vers 19b). Mit anderen Worten: Kapitel 17 und 18 gehören genau hierher. Ein Teil vom endgültigen Gericht der letzten Zornesschale ist das Gericht über die Stadt, die zur Hure der Welt geworden ist. Erst, wenn ihre gespenstische Parodie entlarvt und zerstört ist, können wir begreifen, was es heißt, zu dem Volk zu gehören, das Johannes die Braut nennt.

Offenbarung 17,1-8: Babylon, die Große

[1]Darauf trat einer der sieben Engel mit den sieben Schalen zu mir und
sagte: „Komm, ich will dir das Gericht über die große Hure zeigen,
die an vielen Wassern sitzt. [2]Sie ist die Hure, mit der die Könige auf
Erden Unzucht getrieben haben. Mit dem Wein ihrer Unzucht hat sie
alle Erdenbewohner betrunken gemacht."

[3]Darauf nahm er mich im Geist in die Wüste. Dort sah ich eine
Frau, die auf einem scharlachroten Monster saß. Es war über und über
mit gotteslästerlichen Namen bedeckt, und es hatte sieben Köpfe und
zehn Hörner. [4]Die Frau selbst war in purpurfarbene und scharlachrote
Gewänder gekleidet. Sie war über und über mit Gold, Edelsteinen und
Perlen geschmückt. In der Hand hielt sie einen goldenen Becher, ge-
füllt mit Scheußlichkeiten und dem Schmutz ihrer Unmoral. [5]Auf ihrer
Stirn stand ein Name: „Geheimnis! Babylon die Große, die Mutter al-
ler Huren und aller Scheußlichkeiten auf der Erde." [6]Ich sah, dass die
Frau betrunken war vom Blut von Gottes heiligem Volk und vom Blut
der Zeugen Jesu. Als ich die Frau sah, war ich sehr erstaunt.

[7]Aber der Engel sagte zu mir: „Warum bist du so erstaunt? Ich wer-
de dir das Geheimnis dieser Frau erklären, und auch das Geheimnis
des Monsters, das sie trägt, das sieben Köpfen und zehn Hörner hat.
[8]Das Monster, das du gesehen hast, war schon einmal da, jetzt ist es
nicht mehr da, bald aber wird es wieder aus dem Abgrund heraufstei-

gen, um dann endgültig ins Verderben zu gehen. Alle Bewohner der Erde – alle, das sind diejenigen, deren Namen nicht seit Grundlegung der Welt im Buch des Lebens geschrieben sind – werden darüber staunen, wenn sie das Tier wiederkommen sehen, das war und nicht ist und das kommen wird."

Sie werden in Lastwagen und in Autos mit dunkel getönten Scheiben ins Land gebracht, oder sie kommen übers Meer. Sie wurden entführt oder mit falschen Versprechen gelockt. Sie kommen in den Ländern des Westens an und kennen niemanden außer ihren Kidnappern. Sie besitzen nichts außen dem Wenigen, was ihnen zugestanden wird. Sie werden verprügelt, bedroht und vergewaltigt. So werden sie dann auf die Straßen geschickt. Sie sind die neuen Sklaven: Verängstigt, schockiert und fürchterlich misshandelt. Das, was sie an körperlichem Missbrauch erfahren haben, ist nur ein schwaches Echo des seelischen und emotionalen Missbrauchs. Sie sind die neuen Prostituierten, die heutige Generation von Huren.

Natürlich gab es auch in der antiken Welt viele von ihnen: Mädchen und Jungen, die keine andere Möglichkeit hatten, sich den Lebensunterhalt zu verdienen. Sie waren Sklaven, wörtlich oder im übertragenen Sinne. Das Rotlichtmilieu ist wie ein Hummertopf: Man kommt einfach rein, aber nur schwer wieder heraus. Alles, was man tun kann, ist, auf den Tod zu warten.

Es gab aber damals schon wie auch heute noch eine ganz andere Art von Huren. Die sieht Johannes in seiner Vision. (Ich sage das alles, weil es für uns westliche Moralisten einfach ist, Worte wie „Hure", „Nutte" und so weiter zu gebrauchen und vom Fernsehsessel aus auf dieses Gesindel herabzuschauen, und so die sozialen Realitäten zu ignorieren oder sogar heimlich zu unterstützen, die die meisten dieser Leute so tief in Verzweiflung und Erniedrigung gestoßen haben.) Es gab und gibt aber hin und wieder junge Frauen und Männer, die sich ohne Not selber verkaufen. Sie haben entdeckt, dass sie auf diese Weise schnell viel Geld verdienen und trotzdem einen hohen sozialen

Status behalten können, mit schönen Kleidern, glitzerndem Schmuck und kostbaren Perlen. In der ganzen Geschichte gab es immer wieder einige, die auf diese Art ein (in den Augen der Welt) sehr angenehmes Leben geführt haben. Sie hatten eine diskrete Klientel unter den Reichen und Berühmten und richteten so ein Arrangement aus Geschäft und Lust ein, das zur gegenseitigen Befriedigung diente …

… aber auch zur gegenseitigen Zerstörung führte. Alles, was Johannes jetzt in einer Metapher ausdrückt – wir werden noch sehen, dass „die Hure Babylon" eine Metapher ist – baut auf seiner jüdisch und christlich geprägten Überzeugung auf, dass Gottes Schöpfungsordnung gut ist: Männer und Frauen sind entweder zum Ledigsein oder zur ehelichen Treue berufen. Das ist einer der zentralen Leitgedanken innerhalb von Gottes Absichten für die ganze Welt. Deshalb ist die Hochzeit des Lamms mit seiner Braut in der Gartenstadt auch das großartige Schlussbild des Buches. Die Vereinigung von Adam und Eva im ursprünglichen Garten klingt so nochmals an – und wird weit übertroffen. Die reiche Hure, die sich aus eigener Entscheidung elegant ausstaffiert, kann eine große Show bieten und (nicht zuletzt) einen wunderbaren goldenen Becher in der Hand halten, wie wenn sie uns zu einem wunderbaren Bankett einladen würde. Das Auge des **Glaubens** – nicht das des Zynismus – sieht aber, dass der Becher voller Urin, Gülle und Blut ist. Bitte entschuldigen Sie die hässlichen Worte, aber eigentlich hätte ich noch viel hässlichere wählen müssen. Der Ausdruck „Scheußlichkeiten und der Schmutz ihrer Unmoral" (Vers 4) vermittelt nicht die volle Wucht dessen, was Johannes hier sagen will. Er macht klar, dass das Äußere der Hure wunderschön ist. Die innere Wirklichkeit aber ist ekelhafter Dreck, der einem den Magen umdreht.

Weshalb verwendet Johannes denn das Bild einer Hure, um Babylon in all seiner Schrecklichkeit zu zeigen? Als Erstes: Das ganze Buch handelt über den Schöpfer und seine Schöpfung, die ihre volle Schönheit dann erreicht, wenn sich Lamm und Braut, Mann und Frau in liebevoller Treue vereinigen. In Babylon sieht er die tiefste und finsterste Parodie. Es ist so nah dran an der Wirklichkeit (wie die Zahl des Monsters 666 an der Zahl der Vollkommenheit 777 oder der Zahl des Lammes 888) und doch so weit weg. Die besten und erfolgreichsten Lügen sind der Wahrheit so ähnlich, dass es nur eine kleine Unaufmerksamkeit braucht, und schon ist man ihnen erlegen.

Zum Zweiten ist das Bild von Israel als JHWHs Braut eines der schönsten Bilder des Alten Testamentes für die Beziehung von Gott zu seinem Volk. Entsprechend ist das Bild der Ehe des Hosea eines der traurigsten Bilder. So wie Hoseas Frau wird auch Israel zur Hure und rennt hinter Götzen her. Da liegt wohl die Wurzel dieser spezifischen Vision des Johannes. Der springende Punkt bei Babylon ist, dass es Götzen verehrt: Die Pseudo-Gottheiten verheißen schnelle Lösungen, versprechen die Welt, nehmen dir alles, was du zu geben hast und lassen dich mit leeren Händen zurück. Babylon ist am Ende sogar selbst zu einer solchen Pseudo-Gottheit geworden.

Drittens zog die römische Welt, die Johannes kannte, wie jedes große Reich, über das je berichtet wurde, riesigen Gewinn aus sexuellen Verirrungen. Hurerei war nicht nur eine einfache Metapher für Roms Götzendienst und soziale wie auch ökonomische Unterdrückung, sie ist eine Metonymie[4] – perverser Sex war ein weiteres Symptom des Problems: wenn man Geld und Macht hat – wieso nicht? Johannes betrachtet wie Paulus und Jesus selbst in Markus 7 und 10 dieses Verhalten wie auch die Zerstörung von Gottes Ideal der Ehe zwischen Mann und Frau als verräterisches Zeichen für die Zerstörung des menschlichen Herzens. Diese entspringt aus der Anbetung von Götzen und kann deshalb nur durch eine herzensverändernde Operation geheilt werden, die zur Anbetung des wahren Gottes führt.

Viertens und letztens verwendet Johannes die Hurerei als passende Metapher für Babylons Unterdrückung, weil etwas vergleichbar Unheimliches wie bei der Prostitution geschieht, wenn das reiche Impe-

---

[4] Anm. d. Übers: Eine Metonymie („Namensvertauschung“) ist eine Stilfigur, bei der z. B. „Berlin“ gesagt wird, wenn man eigentlich die deutsche Bundesregierung meint. Zwischen beiden Teilen besteht eine engere Verbindung als bei der Metapher.

rium andere auf sein Lager lockt. „Hier findest du größeren Luxus, als du dir je erträumt hast!“, säuselt es. „Du kannst dir alle deine Träume erfüllen! Und du musst nicht hart dafür arbeiten. Es ist nicht nötig, dein Land weise, gerecht und menschlich zu organisieren, um das zu erreichen. Du musst nur zu mir kommen, und ich teile mit dir. Oh, ja, natürlich kostet es etwas, aber das macht dir doch nichts aus?“ Und die Herrscher der Welt, Führer, Bankmanager, führende Literaten, Chefbeamte, Vorsitzende vieler Komitees, Industriebarone und Kleinanleger stehen begeistert Schlange. Sie ahnen nicht, dass der Weg ins Dunkle führt. Wenn der Wahnsinn auffliegt, ist es zu spät. Wer den goldenen Becher aus Babylons Hand nimmt, muss ihn auch austrinken.

Das alte wie auch das moderne Babylon schöpft seine Kraft von dem Monster, auf dem es sitzt. Wir erkennen hier wieder das Monster aus Kapitel 13. Dort wird beschrieben (3,7-8), wie es aus dem Meer aufsteigt. Dieses Monster versetzt die Menschen immer noch in Erstaunen, weil es nach dem scheinbaren Untergang wieder so lebendig dasteht. Johannes sieht, dass das Monster (das unmenschliche, götzendienerische Imperium) das System, das er im Moment in Rom sieht, am Leben hält und es unterstützt. Roms goldener Becher von militärischer und wirtschaftlicher Macht birgt in sich so viel Leid, Elend und Jammer. Das Monster ist in der Lage, die ganze Welt mit seinen Betrügereien zu täuschen. Im Moment ist es sehr zufrieden damit, dass die Welt der Hure nachrennt. Das dient seinen Zielen bestens. Das Einzige, was dem im Weg steht, ist dieses jämmerliche Völklein, das sich weigert, das Monster zu verehren. Stattdessen bestehen sie darauf, diesen neuen, verrückten Gott anzubeten, der unter dem Namen „Jesus“ bekannt ist. Deshalb ist die Hure Babylon betrunken vom Blut des Volkes Gottes. Stehe für den Glauben an Jesus ein, dann weiß die Hure, was sie zu tun hat. Das wussten die Leser des Johannes nur zu gut. Einige unter ihnen würden das noch deutlicher erfahren.

Dieses erschreckende, vielschichtige Bild der äußerlich so verlockenden und innerlich so verschlagenen Stadt sollte diejenigen unter uns, die in der glitzernden westlichen Kultur zu Hause sind, ernstlich zum Nachdenken bringen. Ebenso auch alle, die diese Glitzerwelt von außen betrachten. Wo in diesem Bild sind wir?

Offenbarung 17,9-18: Das Monster und die Hure

9 Dies ist der Moment für einen weisen und scharfsichtigen Verstand.
Die sieben Köpfe des Tieres sind sieben Hügel; auf diesen sitzt die
Frau. Sie stehen auch für sieben Könige. 10 Fünf von ihnen sind schon
gestürzt. Einer ist jetzt da, und der letzte ist noch nicht gekommen.
Wenn er dann kommt, wird seine Herrschaft – so ist es ihm bestimmt –
nur von kurzer Dauer sein. 11 Das Monster, das schon einmal da war
und jetzt nicht mehr ist, ist der achte König. Gleichzeitig ist er einer
der sieben, und er geht dem Untergang entgegen. 12 Die zehn Hörner,
die du gesehen hast, sind zehn Könige, die ihre Herrschaft noch nicht
empfangen haben. Sie werden aber für eine einzige Stunde königliche
Autorität erhalten an der Seite des Monsters. 13 Sie sind alle eines Sin-
nes: Sie geben dem Monster ihre Kraft und Autorität. 14 Sie werden
Krieg führen gegen das Lamm, das Lamm wird sie aber besiegen, weil
es Herr über alle Herren und König über alle Könige ist. Seine Mit-
streiter werden „Berufene" und „Auserwählte" genannt.

15 Er fuhr fort: „Die Wasser, die du sahst, an denen die Hure saß, die
stehen für Völker und Menschenscharen, für Nationen und Sprach-
gruppen. 16 Die zehn Hörner, die du gesehen hast, werden zusammen
mit dem Monster die Hure hassen. In ihrem Hass auf sie werden sie
sie verwüsten und nackt dastehen lassen. Sie werden ihr Fleisch fres-
sen und sie dann mit Feuer verbrennen. 17 Gott selbst hat in ihr Herz
gegeben, seinen Willen auszuführen, mit einem einzigen Ziel: Sie wol-
len ihr Königtum dem Monster geben, bis Gottes Worte vollendet
worden sind. 18 Die Frau, die du gesehen hast, ist die große Stadt, die
über alle Könige der Erde die Oberherrschaft ausübt."

Ich erinnere mich gut, wie aufgeregt ich als Kind war, als ich lernte, Karten zu lesen. Jemand hatte mir ein Buch gegeben, „Kartenlesen leichtgemacht“, das all die Zeichen und Symbole erklärte. Besonders faszinierten mich die Höhenlinien. Aufgewachsen in einer Gegend, wo ich viele Hügel besteigen konnte, stellte ich mir liebend gern die weich geschwungenen Hügel vor, wo die Höhenlinien weiter auseinander lagen. Aber auch die steilen Seiten oder fast senkrechten Wände der Berge faszinierten mich: Auf der Karte lagen die Linien so eng beieinander, dass kaum Platz dazwischen blieb. Wälder, Kirchen und Postämter hatten ihre eigenen kleinen Symbole. Heute kann man natürlich online gehen und zwischen der klassischen Kartenansicht und Luftbildern hin- und herschalten. Das macht es einfacher und macht genauso Spaß. Nach wie vor aber brauchen wir Symbolzeichen. Und wir müssen lernen, sie zu lesen.

Wenn jemand einen Hügel besteigt, wird er natürlich nicht erwarten, dass auf dem Hügel Höhenlinien zu sehen sind. Es ist jedem klar, dass das einfach Symbole des Kartenzeichners sind, die uns etwas über die Wirklichkeit sagen, und nicht die Wirklichkeit selber, und niemand wird das Symbol für die Wirklichkeit halten. Wenn es aber darum geht, apokalyptische Texte wie unseren Text zu entschlüsseln, dann machen viele Menschen genau diesen Fehler. Johannes hat uns bereits ein symbolisches Bild des Monsters und der Hure gegeben. Jetzt erklärt er uns – was für ihn ungewöhnlich ist – Schritt für Schritt, was das alles bedeutet. Wird das funktionieren? Werden wir die Höhenlinien richtig deuten können, wenn wir zu ihnen kommen?

Wahrscheinlich nicht – auch wenn es viele schon versucht haben. Der erste Hinweis von Johannes ist sehr direkt: „Die sieben Köpfe des Tieres sind sieben Hügel; auf diesen sitzt die Frau.“ Kein Problem: In Rom gibt es tatsächlich sieben Hügel (ich war schon dort). Diese Tatsache war in der Antike jedem bekannt, der etwas über Rom wusste. Die sieben Könige dagegen, von denen fünf schon gekommen und wieder gegangen sind, einer jetzt da ist, ein weiterer kommen sollte, aber nur für kurze Zeit, abgelöst vom achten, der aber einer der fünf ersten ist – wer ist damit gemeint?

Wir können einmal versuchen, sie zu identifizieren, auch wenn das dazu führen würde, das ganze Buch viel früher zu datieren, als es die meisten Menschen annehmen. Wenn wir die Liste der römischen Kaiser mit Augustus beginnen lassen, dann können wir Tiberius, Gaius, Claudius und Nero ergänzen. Das führt uns zum Tod Neros 68 n. Chr. Halten wir uns vor Augen, dass viele Menschen im Römischen Reich damals glaubten, dass Nero entweder gar nicht wirklich gestorben war oder aber, dass er auferstehen und seine Armeen gegen Rom führen würde, vielleicht aus dem Partherreich, um seinen Thron zurückzufordern. Auf Nero folgt Galba, der bis 69 regierte, also nicht lang. Darauf folgte Otho, der den Thron besetzte. Auch er konnte sich nicht lange halten. Das ergibt sieben, und möglicherweise schrieb Johannes sein Buch zu dieser Zeit. Dann wäre Otho der siebte kurzlebige Kaiser, der vom zurückkehrenden Nero verdrängt würde: Nero, das Monster, der war und nicht mehr war und wiederkommt – der achte Kaiser und doch einer der sieben.

Wenn es einem dabei etwas schwindelig wird, dann liegt das nicht daran, dass man sich schwertut mit alter Geschichte oder der Symbolsprache des ersten Jahrhunderts. Johannes hat gar nicht erwartet, dass der Leser eine Identifikation der einzelnen Kaiser versucht. Auch die Zahlen sind wohl eher symbolisch zu verstehen. Die sieben Könige stehen für die scheinbare Vollkommenheit des monströsen Königtums. Der achte König (obwohl er auch einer der sieben ist) wird das Königtum scheinbar zu einer neuen Blüte führen. In Wahrheit aber läutet er den Untergang ein. Mit anderen Worten: Wir müssen gar nicht versuchen, die Kaiser genau zu benennen. Wichtig ist, dass wir wissen: Das Imperium des Monsters mag perfekt und unüberwindbar erscheinen, es wird doch durch Kräfte von innen zerstört werden.

Dann treten aber zehn weitere Herrscher auf. Das ist ein weiterer Hinweis darauf, dass Johannes nicht erwartet, dass wir dieses Kapitel mit der Liste der Kaiser in der Hand lesen. Wie spät wir auch die Entstehung der Offenbarung datieren, sie kann unmöglich erst am Ende des zweiten Jahrhunderts geschrieben worden sein. Dort würden wir aber landen, wenn wir weitere zehn Kaiser zu der Liste der bereits genannten sieben (oder acht) Kaiser addieren. Es ist viel wahrscheinlicher, dass mit den „zehn Königen", die Teil des monströsen Systems sind, verschiedene herrschende Eliten innerhalb des größeren Römischen Reiches – Könige und Prinzen aus den entfernten Ecken der westlichen Welt – gemeint sind. Diese werden sich schließlich gegen die Hure zusammentun und sie zerstören. Am Ende werden sie die Nase voll haben von der römischen Herrschaft und die Stadt angreifen, die so lange allen Reichtum und alle Ehre in sich aufgesaugt hat.

Diese rebellischen Kräfte sind bis ins Kleinste ebenso Teil des Herrschaftssystems des Monsters wie die Hure selbst. Wie die Hure werden auch sie die Nachfolger Jesu verfolgen (Vers 14). Sie können gar nicht anders, weil die Herrschaft des Monsters darauf beruht, dass sie absolut und alles umfassend ist und keine Rivalen zulässt. Besonders kämpft das Monster gegen Rivalen, die eine umfassende und einzigartige Treue und Anbetung fordern. Das Lamm aber – hier ist wieder so ein Bezug zur aktuellen Situation der Leser des Johannes – wird sie überwinden, weil es der „Herr über alle Herren und König über alle Könige" ist. Diejenigen, die ihm nachfolgen, werden „erwählt" und „treu" genannt. Das Lamm wird sie natürlich mit der gleichen Waffe besiegen, mit der es immer gesiegt hat: mit seinem Blut und mit dem Blut seiner Nachfolger, den treuen Märtyrern.

In der Zwischenzeit werden die zehn Könige, die ihre Autorität für eine kurze, aber intensive Periode bekommen (Vers 12), Gottes Werkzeuge sein. Durch sie treibt er all das Böse im Herrschaftsbereich des Monsters auf die Spitze. Am Ende wird, wie wir schon vorher gesehen haben, das Böse gegen das Böse kämpfen und sich so auslöschen. Die kurze Beschreibung vom Fall Babylons, die sich teilweise auf die biblischen Vorschriften zur Bestrafung einer Hure (3. Mose 21,9) und teilweise auf Jesajas Beschreibung vom Untergang des ursprünglichen

Babylon (Jesaja 47) bezieht, nimmt das schreckliche Kapitel vorweg, wo das Gericht über Babylon noch genauer geschildert wird.

All das kann einen verwirren und zu schwierig erscheinen. Die wesentliche und bleibende Botschaft für die Gemeinde damals und heute sollte aber klar sein. Die brutalen und verführerischen „Zivilisationen" und nationalen Reiche, die die Welt verführen, indem sie Luxus versprechen, aber Sklaverei bringen, beziehen ihre Macht vom Monster, vom System der imperialen Macht. Manchen nennen dies das „Herrschaftssystem". Dieses System übersteigt geografische und historische Grenzen und taucht in jedem Jahrhundert wieder und wieder auf. Die Leser des Johannes wissen bereits, dass dieses System seine Macht vom Drachen, vom **Ankläger**, von **Satan** selbst bezieht. Wenn sie in die Kämpfe verwickelt werden, die sich daraus ergeben, müssen sie nicht mit dem Gefühl gefährlicher Verwirrung zurückbleiben, wie wenn sie zu einer Truppe gehören würden, die unwissend zwischen die Fronten zweier Armeen geraten ist, die nachts miteinander kämpfen. Sie sind Teil der siegreichen Armee des Lammes, die am Ende in der gewohnten Art das Monster besiegen wird: durch sein Blut und durch das **Wort** ihres treuen Zeugnisses. So war es schon immer, und so wird es bleiben.

Offenbarung 18,1-8: Babylons Plagen

[1]Danach sah ich einen Engel, der mit großer Autorität vom Himmel herabkam. Die Erde füllte sich mit dem Licht seiner Herrlichkeit. [2]Er rief mit einer lauten Stimme. Dies sind seine Worte: „Babylon, die Große, ist gefallen! Sie ist gefallen! Sie ist zu einem Ort geworden, an dem Dämonen leben, eine Zuflucht für jeden unreinen Geist, für alle unreinen Vögel und für jedes unreine, hasserfüllte Monster. [3]Alle Nationen haben vom Zorneswein ihrer Unzucht getrunken. Die Könige der Erde trieben Unzucht mit ihr, und alle Händler der Erde wurden reich durch ihren gewaltigen Luxus."

4Darauf hörte ich eine andere Stimme vom Himmel sagen: „Mein
Volk, ziehe aus ihr aus, damit ihr euch nicht in ihre Sünden verstrickt
und dann auch an ihren Plagen Anteil haben müsst. 5Ihre Sünden tür-
men sich bis zum Himmel, und Gott erinnert sich an all ihre Bosheit.
6Zahle es ihr heim, wie sie es anderen heimgezahlt hat. Gib es ihr dop-
pelt zurück wegen all ihrer Taten. Bereite ihr eine doppelte Portion zu
in ihrem eigenen Becher – in dem Becher, in dem sie ihr Gift gemischt
hat. 7Sie machte sich selber herrlich und schwelgte im Luxus. Gleiche
das aus und gib ihr Qualen und Trauer. In ihrem Herzen sagte sie:
„Ich bin die Königin! Ich sitze auf dem Thron! Ich bin keine Witwe!
Niemals werde ich trauern!“ 8Deshalb werden ihre Plagen an einem
einzigen Tag über sie kommen: Tod, Trauer und Hungersnot. Sie wird
mit Feuer verbrannt werden, weil Gott der Herr stark ist. Er wird sie
richten.

In einem kleinen Land wie dem, in dem ich lebe, ist es eine dauernde Herausforderung, Platz zum Leben für alle Einwohner zu schaffen. Es gibt zwar gesetzliche Regeln, die sogenannte „Grünzonen“ schützen sollen. Dennoch hört man fast jeden Tag von diesem Stadtplaner, jenem Stadtrat oder sogar von der nationalen Regierung, dass dieses spezielle Stück Land jetzt unbedingt bebaut werden muss als Parkplatz, neuer Supermarkt, weiterer Abschnitt der Hochgeschwindigkeitsbahn oder zusätzliche Stadtumgehung. Und alle Schutzvorschriften werden beiseitegestellt.

Natürlich muss man jede Situation für sich betrachten. Es gibt immer verschiedene Ansichten über solche Entscheidungen. Manchmal kommt es mir aber doch vor, dass Einzelinteressen zum Beispiel von großen Supermarktketten ein zu großes Gewicht haben. In unserer Zeit wuchert die Stadt immer mehr in die wilde, unberührte Natur hinein.

Die Welt, in der Johannes und seine Leser lebten, sah völlig anderes aus. Die freien Räume waren oft einsam und wild. Dies nicht in einem positiven Sinn („Oh, so ein schönes Stück unberührter Natur, lasst uns hier Picknick machen!“), sondern sehr negativ. Unberührte Gebiete waren der Aufenthaltsort von wilden, gefährlichen Tieren. Dort hausten Kriminelle und planten ihre nächsten Raubzüge. Freie Gebiete zwischen den Städten waren gesetzlos und gefährlich. Reisende beeilten sich, um so schnell wie möglich die nächste Siedlung zu erreichen.

Kurz gesagt sah man Städte als Orte, wo die menschliche Zivilisation in zuvor unerschlossenes Gebiet vorgedrungen war. Johannes sah dies mit einer biblischen Perspektive: Der Garten Eden war der Beginn eines Projektes, bei dem die Menschen den Auftrag hatten, Gottes fruchtbare Herrschaft auf die ganze Erde auszudehnen. Die Schöpfung sollte zu einer Gartenstadt werden, in der die Freude der menschlichen Gemeinschaft und die Freude an der wunderbaren Natur sich irgendwie verbinden – eine Balance, die scheinbar immer schwieriger aufrechterhalten werden kann.

Wir werden Johannes' eigene Vision dieser idealen Stadt am Ende des Buches sehen. Hier aber begegnet uns das genaue Gegenteil: Die Stadt, die sich wie das alte Babel zu dem urbanen Zentrum schlechthin, zum Höhepunkt menschlicher Leistungen machen wollte, und all das aus eigener Kraft und um sich selber zu verherrlichen – am Ende schrumpft sie in sich zusammen. Die Wildnis erobert ihre Paläste, Tempel und Einkaufsstraßen zurück. Die Natur fordert zurück, was arrogante Menschen zubauen wollten. Babylon wird zu einer Behausung für **Dämonen**, unreine Geister, für seltsame Vögel und Monster.

Johannes nennt diese Botschaft **„gute Nachricht“** – wie auch die Zerstörung Babels und die Sprachenverwirrung gute Nachrichten waren (Genesis 11). Der Engel verkündet laut, dass Babylon gefallen ist, und lässt Jesaja 21,9 und Jeremia 51,8 anklingen. Damit bringt er die Nachricht, dass die menschliche Arroganz und Unterdrückung wie auch der wuchernde Luxus und die Sittenlosigkeit, die daraus folgen, nicht das letzte Wort haben. Gott wird das letzte **Wort** haben. Die Schöpfung selbst wird dieses Wort hören als ein Wort der Freiheit, einen Seufzer der Erleichterung, als Flut herrlichsten Lichts (Vers 1), die sich in ein finsteres Verlies ergießt.

Die Gerichte in Vers 6-8 sind sorgfältig aufgebaut. So wird betont, dass der boshaften Stadt das zustößt, was sie sich selber aufgeladen hat. Nichts davon ist zufällig. Gottes Volk ist auch nicht aufgerufen, sich zu rächen. Rache ist eine zu gefährliche Waffe, als dass die Nachfolger des Lammes damit hantieren dürften (Römer 12,19, wo Deuteronomium 32,35 zitiert wird). Es ist allein Gottes Werk, der die Bosheit sich selber zerstören lässt. Er lässt zu, dass ihre Arroganz schwindelerregende Höhen erreicht, von denen sie nur noch hilflos zu Boden krachen kann (Vers 7, das ein Echo von Jesaja 47,8-9 ist). Babylon bekommt die einzige Medizin zu trinken, die sie kennt: die Medizin, die sie für andere gebraut hat. Sie hatte ihren Becher gebraucht, um in ihm Tränke für die zu brauen, die sie vergiften wollte. Jetzt muss sie ihn selber bis zur Neige austrinken (Vers 6).

Deshalb erfolgt der Befehl, dass Gottes Volk „aus ihr ausziehen" soll. Das lässt eindeutig die dringenden Aufrufe aus Jesaja 48,20 und 52,11-12 und ganz besonders Jeremia 51,45 anklingen. Wie sollten aber die Hörer des Johannes diese **Botschaft** auf sich anwenden? Die Treuen unter ihnen sind gar keine Kompromisse mit Babylon eingegangen. Die Untreuen und alle, die Kompromisse eingegangen sind, haben in den sieben Briefen bereits sehr ernste Warnungen erhalten: Verfolgung steht vor der Tür, es ist dringend nötig, zu „überwinden". Vielleicht richtet Johannes diese Mahnungen nochmals an diese Gruppe. Vielleicht hofft er auch, dass diese Stimme vom **Himmel** von noch einmal anderen gehört wird, die im Moment immer noch fest im Griff der Babylonischen Gefangenschaft stecken. Ist es möglich, dass sie jetzt, im letzten Augenblick, noch erkennen, wie hohl all das ist, und wie sehr das ganze babylonische System durchdrungen ist von Betrug, wie sehr es auf Lügen aufbaut und dass alles auf eine große Katastrophe zusteuert? Aber kann man solche Leute überhaupt „Gottes Volk" nennen? Johannes glaubt an den Gott, der liebend gern die Menschen „mein Volk" nennt, die „noch nicht mein Volk" sind. Vielleicht gibt es immer noch Hoffnung für alle, die Babylon abschwören und vor ihr wie vor einem großen Waldbrand davonlaufen.

Eine Bemerkung sei hier noch gestattet. Rom ging zwar im ersten Jahrhundert durch alle möglichen inneren Krisen. Eine davon (das „Vierkaiserjahr“ 69 n. Chr.) haben wir bereits erwähnt. Oder der Brand Roms im Jahr 64 n. Chr., den Nero den Christen in die Schuhe schieben wollte. Johannes' Bild vom Untergang der großen Stadt bezieht sich auf weit mehr als das. Es ist auch nicht nur eine Langzeitprophetie auf die Plünderung und den Untergang Roms Jahrhunderte später durch Horden aus dem Norden (410 durch die Westgoten, 455 durch die Vandalen und 546 durch die Ostgoten). Rom wurde schließlich wieder aufgebaut. Manche nennen sie – auch wenn es nicht stimmt – die „Ewige Stadt“.

Nein. In seiner Vision sieht Johannes das, wofür die Stadt Rom in seinen Tagen ein offensichtliches, klassisches Beispiel war: die Stadt, die im Wohlstand im Herzen des Imperiums sitzt. Sie erweist den kriecherischen (und steuerzahlenden) Gästen Gunst. Alle, die ihr nützlich sind oder die über ein dickes Konto auf der Bank verfügen, behandelt sie königlich. Wer das nicht kann und hat, wird wie Abfall auf die Straßen geworfen. Imperien kommen und gehen. Es ist ein schwacher Trost, wenn man sagt, dass dieses Imperium eines Tages unter seinem eigenen Gewicht zusammenbrechen wird, wenn man genau weiß, dass sofort ein anderes aufsteht und alles nur noch schlimmer macht. Entscheidend ist, dass Gott selber mit seinen Gerichten und seiner Gnade zu seinem Ziel kommt. Das geschieht vielleicht nicht so, wie wir uns das erträumen, aber so, wie es in Gottes Augen am besten ist. Deshalb wird der Engel mit der großen Autorität so betont, wie auch die Stimme, die vom Himmel kommt.

Einfach nur Tyrannen zu stürzen reicht nicht. Gott will auch keine Anarchie. Es gibt menschliche Herrscher, weil Gott die Welt auf diese Art regieren will. Autoritätsstrukturen sind Teil von Gottes guter Schöpfung (Kolosser 1,15-16). Zu einem Problem wird es dann, wenn die Strukturen sich nicht damit begnügen, demütige Diener von Gottes guten Absichten für seine Schöpfung sein und Gottes Ebenbild zu tragen, sondern sich selber immer mehr Macht zuschanzen. Es war immer eine Aufgabe von Gottes treuem Volk, darüber zu wachen, wann das eine ins andere umkippt. Wenn das geschieht, sollen sie ohne zu zögern das System verlassen, sei es physisch oder geistlich. Wie Lot darum bat, in der Nähe von Sodom leben zu können (Genesis 18,16.18.20), so passiert es den Nachfolgern des Lammes nur zu schnell, dass sie sich in die Sünden des Imperiums verstricken lassen. Dann riskieren sie, auch Anteil an ihren Plagen zu haben.

Offenbarung 18,9-24: Gericht über Babylon

9 Die Könige der Erde, die mit ihr Unzucht getrieben haben und Anteil
an ihrem Wohlstand hatten, werden weinen und wehklagen, wenn sie
den Rauch von ihrem Feuer sehen werden. 10 Sie werden fern von ihr
stehen bleiben, erschreckt durch ihre Qualen. „Schrecklich, schreck-
lich!“, werden sie sagen. „Die große Stadt: Babylon, die mächtige
Stadt! Das Gericht ist in einer einzigen Stunde über dich gekommen!“
11 Die Händler der Erde werden über sie weinen und trauern, weil
keiner mehr ihre Waren kauft: 12 Ihr Gold und Silber, ihre Edelsteine
und Perlen, feines Leinen und Purpurstoffe, Seide und scharlachrote
Kleider, all die wohlriechenden Hölzer, geschnitztes Elfenbein, Ge-
fäße aus kostbarem Holz, Bronze, Eisen, Marmor, 13 Zimt, orienta-
lische Gewürze, Räucherwerk, Myrrhe, Weihrauch, Wein, Olivenöl,
feines Mehl, Weizen, Rinder, Schafe, Pferde, Wagen und Leiber … ja,
menschliches Leben.

14 All das Obst, nach dem es dich so verlangt hat, ist von dir ge-
wichen. All deine Luxusgüter und dein Glitzerkram wurde zerstört.
Du wirst nichts davon wiederfinden. 15 Die Händler, die diese Dinge
verkauft und sich an ihnen bereichert haben, werden weit weg stehen
bleiben – aus Angst vor ihren Qualen. Sie werden weinen und trauern
16 und sagen: „Schrecklich, schrecklich! Die große Stadt! Sie war herr-
lich gekleidet in feinem Leinen, purpurnen und scharlachroten Ge-

wändern. Sie staffierte sich mit Gold, Edelsteinen und Perlen aus! [17]In einer einzigen Stunde wurde der ganze große Reichtum vernichtet."

All die Reeder, die ihre Schiffe hin und her fahren ließen, alle Seeleute und alle, die auf dem Meer Handel trieben, blieben in großer Entfernung stehen. [18]Sie schrien laut, als sie den Rauch ihres Feuers sahen: „Wer ist wie die große Stadt!" [19]Sie streuten sich Staub auf ihre Köpfe, schrien, weinten und trauerten: „Schrecklich, schrecklich! Die große Stadt! Jeder, der Schiffe besaß, konnte von ihrem Reichtum profitieren. In einer einzigen Stunde aber ist sie zur Wüste geworden."

[20]Jubelt über sie, ihr Himmel und ihr Heiligen, Apostel und Propheten. Gott hat über sie das Urteil verhängt, das sie über euch gefällt hat.

[21]Dann nahm ein starker Engel einen Felsen, groß wie ein Mühlstein. Er schleuderte ihn mit diesen Worten ins Meer: „Ebenso wird die große Stadt Babylon versenkt werden. Man wird sie nie wieder sehen. [22]Nie wieder wird in dir der Klang von Harfen, Musikern, Flöten- und Trompetenspielern erklingen. Nie wieder werden Handwerksmeister ihre Waren in dir anpreisen. Nie wieder wird der Klang der Mühle in dir ertönen. [23]Nie wieder wird ein Licht in dir scheinen, und nie wieder wird man den Jubel von Braut und Bräutigam in dir hören. Deine Händler waren die Mächtigen auf Erden. Alle Nationen wurden verführt von deiner Magie."

[24]In ihr fand man auch das Blut von Propheten und von Gottes Heiligen, auch das Blut von allen, die auf Erden abgeschlachtet worden sind.

Wir rochen ihn, bevor wir ihn sahen: einen sauer-bitteren Gestank, der sich in der Nase festzusetzen schien. Wir sahen einander an und rannten nach draußen. Da sahen wir, anderthalb Kilometer entfernt, eine Wolke von dickem, grauschwarzem Rauch, der sich über die Bäume erhob und in der Luft hängen blieb. Ein leiser Wind trug sie in unsere Richtung. Wir konnten sogar ein entferntes Knistern und Knacken hören.

Bald hatte sich eine Menschenmenge versammelt. Es war die alte

Weberei am unteren Ende der Straße. Immer noch halb voller Stoffballen ging sie in Flammen auf. Schon bald war an diesem klaren Freitagmorgen nichts mehr zu retten. Niemals wieder würde irgendjemand dort etwas produzieren. Obwohl die Feuerwehr über Tage mit großem Einsatz und viel Wasser löschte, blieben immer noch schwelende Glutnester zurück, und der brandige Geruch hing noch lange in der Luft.

Jetzt multipliziere eine Weberei an einer Landstraße mit einer Million. Anstelle der alten Weberei stell dir eine Stadt vor mit allen möglichen Gebäuden und jedem erdenklichen Gewerbe. Städte entwickeln ihr eigenes Leben, so komplex wie ein menschlicher Körper. Alles hängt irgendwie mit allem zusammen. Es entwickelt sich ein gut eingespieltes Netzwerk von Handel und Verkehr, Produktion und Kommunikation. Wenn man dort arbeitet, nimmt man so vieles als selbstverständlich hin: Den Laden um die Ecke, die Werkstatt an der Straße, diesen Tempel, jenes Restaurant, diese Straßen, die zu jenen Häusern führen, Schulen und Märkte.

Plötzlich, in nur einer Stunde, ist all das verschwunden (Vers 10,17). Für die lange Klage der Könige und Händler hat Johannes sich bei Jesaja 23 und Hesekiel 27 bedient. Wie üblich hat er daraus aber ein frisches eigenes Bild gezeichnet. Sie klagen einerseits über die Plötzlichkeit und Geschwindigkeit der Zerstörung Babylons. Vor allem aber beklagen sie die großartigen Verdienstmöglichkeiten, die jetzt dahin sind. Einige wissen sicher noch, wie sich der eine oder andere Börsencrash anfühlt: Systeme, die man für absolut sicher und verlässlich hielt, fielen plötzlich in sich zusammen. Der Markt verliert jeglichen Halt. Millionäre werden über Nacht zu Bettlern. Weil der Bankrott so schnell kommt, fühlt es sich wie ein Schock an. So ist es auch in diesem Bild.

Johannes sagt hier überhaupt nicht, dass Gold, Silber, Edelsteine und der Rest schlecht sind und dass man sich nicht an ihnen freuen soll. Interessanterweise finden wir vieles davon an prominenter Stelle im neuen Jerusalem von Kapitel 21 wieder. Rom war in der Lage, all die kostbaren Güter, die in Vers 12-14 aufgezählt sind, buchstäblich von den Enden der Erde her zu holen. Johannes zählt Waren aus Indien, China und Afrika, wie auch aus Arabien, Armenien und darüber hinaus auf. Sie trieben wirklich weltweiten Handel.

Der verräterische Punkt kommt ganz am Ende von Vers 13. Johannes stellt einen großartigen Katalog von Luxusgütern und auch Waren des täglichen Bedarfs (Mehl, Weizen, Rinder und so weiter) zusammen. Dann aber, ganz am Ende, kommt der blanke Horror. Unter all den Waren sind *Leiber – ja, menschliches Leben*. Wenn man Götzen anbetet, dann fordern die Götzen **Opfer**. Wenn man Mammon, den Geldgott (oder Mars, den Kriegsgott oder Aphrodite, die Sexgöttin) anbetet, dann fordern sie selbstverständlich Opfer. Und einige dieser Opfer werden Menschen sein. Wir finden hier, mitten im Klagelied über den Untergang Babylons, eine von vielen Stellen im Neuen Testament, die ein kleines, aber eindeutiges Zeichen setzen gegen das System, auf dem die gesamte antike Welt aufgebaut war: Sklaverei. Menschen wurden gekauft und verkauft, benutzt und misshandelt, als ob sie auf der gleichen Stufe stünden wie Gold und Silber, Marmor und Elfenbein. (Wobei keiner seine Juwelen und Luxusmöbel so schlecht behandelt hat wie seine Sklaven!) Die Sklaverei war der dunkle Faden, der alles andere zusammenhielt. Für die ganze antike Welt war die Sklaverei mehr oder weniger das, was Dampf, Öl, Gas, Elektrizität und Kernkraft für die moderne Welt sind. Man hatte Sklaven, die „diese Dinge“ erledigten. Ein Leben ohne Sklaven war unvorstellbar.

Und doch glaubt Johannes an den Gott des **Exodus**, den Gott, der Sklaven befreit. Wir haben schon gesehen, dass ein großer Teil dieses Buches darauf baut, dass Gott noch einmal tun wird, was er schon in Ägypten getan hat. Diesmal wird es aber die ganze Schöpfung umfassen. Und der wichtigste Teil dieser Sklavenbefreiung ist schon geschehen, als Jesus als Opfer starb. „Mit deinem Blut hast du ein Volk für Gott erkauft“ (5,9). Das ist Exodus-Sprache. Diese Sprache redet darüber, Sklaven zu kaufen, um sie dann freizulassen. Johannes schaut mit seinen geistigen Augen auf den Sklavenmarkt in Rom/Babylon. Vielleicht hat er eine Familie vor Augen. Sie wurde weit weg von hier gefangen genommen und wird jetzt versteigert. Der Vater geht an diese Person, die Mutter an jene. Den Zuschlag für die hübsche Tochter erhält ein schmieriger, grinsender alter Mann. Der starke Sohn geht an den Minenbesitzer. Das ganze System ist verdorben und zieht alles, was in so einer Stadt geschieht, mit in die Verderbnis.

Johannes versteht den Schock und die Verwirrung der Händler und Seeleute gut. Er hört ihre Schreckensschreie, die weit über das Land erklingen, wenn sie die Rauchfahne sehen und den beißenden, bitteren Gestank riechen. Er versteht, dass sie ruiniert sind. Er hat sogar ein schönes und ergreifendes Klagelied darüber geschrieben. Doch hat er keinerlei Mitgefühl für Babylon. Schließlich hat eben dieses Babylon Gottes Volk angeklagt und verurteilt. Jetzt lässt Gott dieses Urteil über sie ergehen (Vers 20). Anders gesagt: Gott setzt in diesem Fall noch einmal das alte Gesetz aus Deuteronomium 19,16-20 in Kraft. Der falsche Ankläger muss die Strafe erleiden, die er seinem Opfer zugedacht hatte.

Babylon bezog seine Kraft nämlich vom Monster, und das Monster bezog sie vom **Ankläger**, dem **Satan**, dem alten Drachen. Der ist im Moment zwar nicht in Sichtweite, ist aber von Kapitel 12 her noch in Erinnerung, und bald wird er wieder in Erscheinung treten. Das ganze System baut auf Lügen auf. Es besteht aus falschen Anklagen und falschen Ansprüchen. In großen Teilen der Offenbarung geht es deshalb darum, Lüge und Wahrheit zu unterscheiden. Und so oft erscheinen die Lügen als Anklagen. Deshalb sind die Babylons dieser Welt so schwer zu vernichten, außer wenn sie einfach durch die Macht eines neuen Babylon ersetzt werden. In Wahrheit ist es sogar völlig unmöglich – außer durch das Blut des Lammes und das treue Zeugnis seiner Nachfolger.

Die Szene endet mit einer prophetischen Handlung, die auch von Jeremia oder Jesus selber stammen könnte. Beide sprachen über Steine, die ins Wasser geworfen werden. Jeremia (51,63-64) bekam den Auftrag, die Schriftrolle mit seinen eigenen Prophetien an einen Stein zu binden und diesen mit den Worten „So soll Babylon untergehen und nie wieder aufstehen!“ in den Euphrat zu werfen. Jesus (Markus 9,22) sprach darüber, dass Menschen als Strafe für Kindsmissbrauch einen Mühlstein an den Hals gebunden bekommen und so ins Wasser geworfen werden. Er sprach auch darüber, dass „dieser Berg“ (vielleicht meinte er damit sogar den **Tempel**berg) ins Meer geworfen wird (Markus 11,23). Jetzt sieht Johannes, dass ein Engel eine große und kraftvolle prophetische Handlung vollzieht. Babylon wird ins Meer geschleudert und nie wieder aufstehen. Nie wieder wird man ihre Musiker und Handwerker hören, nie wieder werden Lampen in ihr scheinen. Nie wieder wird jemand in ihr heiraten. Es spritzt gewaltig, Babylon versinkt wie ein Stein, und nie wieder wird man von ihr hören.

Für den Fall, dass jemand noch Reste von Sympathie für Babylon verspürt und für alles, für das Babylon steht, bekommen wir noch einmal die Erklärung: Die Stadt ist auf Gewalt gegründet. Das bezieht sich nicht nur auf das Blut der Märtyrer. Babylon stand im Zentrum eines Netzwerkes der Gewalt, das die ganze Welt umspannte. Alle, die auf der Erde dahingeschlachtet wurden, sind gewissermaßen auf Geheiß von Babylon ermordet worden. Die Händler sind reich geworden im Umfeld von Eroberungskriegen. Geld und Macht haben sich zusammengetan und ihr schlimmstes Spiel gespielt. Johannes fasst beide in der Bildsprache von der Unzucht zusammen. Die Hure Babylon ist verschwunden und wird nicht wieder auftauchen. Wir leben heute im Schatten der modernen Babylons. Auch uns muss ein Grauen erfassen, wenn wir die Qualmwolken sehen und den brandigen Gestank riechen.

Offenbarung 19,1-10: Gottes Sieg

[1]Nach diesem hörte ich etwas wie eine laute Stimme, die von einer
großen Menschenmenge im Himmel kam. Sie sagten: „Halleluja! Heil
und Ehre und Macht gehören unserem Gott! [2]Seine Urteile sind wahr
und gerecht! Er hat die große Hure verurteilt, die mit ihrer Hurerei

die Erde besudelt hat, und er hat das Blut seiner Knechte gerächt, das
sie vergossen hat.“ [3]Noch einmal sagten sie: „Halleluja! Ihr Rauch
wird für immer und ewig aufsteigen.“

[4]Die vierundzwanzig Ältesten und die vier Geschöpfe fielen nieder
und beteten Gott an, der auf dem Thron saß: „Amen!“, sagten sie.
„Halleluja!“ [5]Vom Thron erscholl eine Stimme: „Gebt Gott die Ehre,
ihr seine Diener und alle, die ihr ihn fürchtet, groß und klein.“ [6]Dann
hörte ich etwas, das wie eine große Menschenmenge klang, wie das
Rauschen eines Wasserfalls und wie das Dröhnen eines lauten Donners:
„Halleluja! Der Herr, unser Gott, der Allmächtige, ist König geworden!
[7]Wir wollen feiern, uns freuen und ihm die Ehre geben, weil die Hoch-
zeit des Lammes gekommen ist, und seine Braut sich vorbereitet hat.
[8]Ihr wurde reines, leuchtendes Leinen zum Anziehen gegeben.“ (Das
Leinen sind die gerechten Taten von Gottes heiligem Volk.)

[9]Er trug mir auf: „Schreib dies: Gottes Segen ist auf denen, die
zum Hochzeitsmahl des Lammes eingeladen sind.“ Er ergänzte noch:
„Diese Worte sind wahre Worte Gottes.“ [10]Ich fiel zu seinen Füßen
nieder, um ihn anzubeten. Er aber sagte mir: „Schau, tu das nicht! Ich
bin ein Mitknecht von dir und deinen Brüdern und Schwestern, die
am Zeugnis Jesu festhalten. Bete Gott an!“ (Du siehst: Das Zeugnis
Jesu ist der prophetische Geist.)

In der schönen neuen Welt des postmodernen Europa sind Hochzeiten immer noch sehr beliebt, sie sind aber auch sehr teuer. Weil sie so teuer sind, leben heute sogar die meisten Paare bereits vorher einige Jahre zusammen. Sie wollen zwar heiraten, aber sie müssen lange sparen, bis sie sich das spektakuläre Fest leisten können, das ihnen vorschwebt. Auch in sehr armen Gegenden geben Menschen Zehntausende Euro aus, um etwas zu inszenieren, das dem Anlass angemessen scheint.

An diesem modernen Verhalten gefällt mir manches gar nicht. Es heizt die Kommerzialisierung an und gibt so der Feier einen Beigeschmack, der mit der eigentlichen Bedeutung nicht mehr viel zu tun hat. Auf einer anderen Ebene ist es aber auch eine Bestätigung dessen, was es heißt, wirklich Mensch zu sein. Wir sind schließlich als Mann und Frau in Gottes Bild geschaffen, und das ist der Höhepunkt der ganzen Schöpfung. Wenn ein Mann und eine Frau sich in der Ehe vereinigen, dann setzen sie damit – bewusst oder unbewusst – ein Zeichen, das sagt: „Gottes Schöpfung ist fantastisch! Gottes Absichten für sie sind nicht vorbei! Sein Plan geht weiter, und wir sind Teil davon!“ Theologen aller Zeitalter sahen in dem Hochzeitsversprechen, dem Versprechen der Treue durch dick und dünn, immer einen Abglanz von Gottes Versprechen an diese Welt, an die menschliche Rasse und ganz besonders an sein eigenes Volk. So gesehen ist jede Trauung ein herrliches Symbol. Und es behält seine Kraft, auch wenn die Brautleute mit keinem Gedanken an Gott, sondern nur an schöne Kleider, Fotos und Wein denken.

All das ist der Hintergrund für die Wende, die das Buch der Offenbarung jetzt nimmt. Die Hure wurde gerichtet, und die Braut tritt hervor. Babylon mit seiner Glitzerwelt wurde gestürzt, und Gottes Volk taucht auf, bekleidet mit reinem, glänzendem Leinen als Geschenk von Gott selber. Die Hochzeit des Lammes und seiner Braut wird zum Brennpunkt der Hochzeit von **Himmel** und Erde. Babylon, das symbolische Gegenstück zum antiken Babel, das aus eigener Kraft in den Himmel aufsteigen wollte, wird als nutzlose Parodie der wahren Liebe entlarvt – als menschlicher Versuch, aus lauter Gier das zu erzwingen, was Gott aus lauter Gnade schenken will.

Wir befinden uns wieder im Thronsaal/Tempel. Wieder sehen wir, wie die Ältesten und die lebendigen Geschöpfe Gott auf dem Thron anbeten. In Kapitel 5 feierten sie den Sieg des Lammes und gaben ihm die Autorität, die Siegel zu öffnen, damit die Schriftrolle gelesen werden kann. Jetzt leiten sie das Lob Gottes, zusammen mit einer großen Menschenmenge. Es ist wohl die gleiche Menschenmenge, der wir schon am Ende von Kapitel 5 und dann wieder im Kapitel 7 begegnet sind.

Der Lobgesang beginnt mit einem sehr vertrauten Wort. Wir sind überrascht, dass dieses Kapitel der einzige Ort im ganzen Neuen Testament ist, wo wir es finden. Es ist der alte hebräische Jubelruf, den wir in den Psalmen wieder und wieder finden, der **JHWHs** Ehre und Souveränität preist: Halleluja! JHWH sei Ehre! Die Verse 1,3,4 und 6 formen einen sich immer mehr steigernden Lobpreis. Angefangen vom Lobpreis Gottes für sein gerechtes Urteil über die Hure. Dann wird gefeiert, dass ihre Vernichtung endgültig ist (das bedeutet der Rauch, der ewig aufsteigt: Es ist nicht nur eine zeitlich begrenzte Niederlage). Alle Völker, große und kleine, werden zur Anbetung Gottes aufgerufen. Den Höhepunkt bildet der Satz, der den majestätischen Ausruf aus 11,15 wiederholt: „Halleluja! Der Herr, unser Gott, der Allmächtige, ist König geworden!"

Wie der Anspruch in Jesaja 52,7, der von fast schon ungläubiger Freude platzt („Unser Gott regiert!" – Es ist wahr! Er hat es geschafft! Endlich ist er König geworden!), ist das nicht eine abstrakte, irgendwie allgemeingültige Aussage über Gottes Vorsehung oder seine Souveränität. Diskussionen über das abstrakte Verständnis, dass Gott souverän ist, können uns ganz schnell ablenken vor der eigentlichen Herausforderung: Was bedeutet es, dass Gott *König geworden ist*, indem er die Hure Babylon vernichtet hat und so den Weg bereitet hat für die Hochzeit des Lammes mit seiner Braut – wovon die Hure und ihr verderblicher Handel nur eine gespenstische Parodie war?

Die Idee einer solchen Hochzeit geht natürlich zurück auf die alte jüdische Vorstellung von Israel als Braut JHWHs: in der Wüste umworben, am Sinai geheiratet, über viele Generationen untreu und schließlich verworfen. Dann aber aufs Neue umworben und zurückerobert in der Erneuerung des **Bundes**, welche die Erneuerung der ganzen Schöpfung nach sich zieht (Jesaja 54–55). Das ganze Hohelied, obwohl es auf einer Ebene einfach ein wunderbares Liebeslied ist, das die erotische Liebe besingt, wurde von jüdischen und auch christlichen Auslegern immer auch als Allegorie für die Liebe zwischen Gott und seinem Volk (für Christen: **Christus** und seinem Volk) verstanden. Jetzt wird dieses wunderbare Thema zu einer spektakulären Vollendung geführt und verbindet sich mit einem anderen alten

Motiv der Feier: Gottes großem Fest, dem Bankett, zu dem alle Menschen eingeladen sind (Jesaja 25,6-10).

Jesus selber verwendete auch das Thema des Hochzeitsmahles, das der König für seinen Sohn ausrichtete (Matthäus 22,1-14; siehe auch Matthäus 25,1-13). In dem Zusammenhang erwähnt er auch ein weiteres verwandtes Thema: die angemessene Kleidung, die zum Fest passt. Johannes nimmt all diese Erzählungen auf und fokussiert sich auf die Tatsache, dass der große Moment jetzt endlich gekommen ist. Auf diesen Moment wartet die Welt seit Genesis 1, seit dem Bund mit Abraham (der immer schon die Geburt einer Familie vorausgesehen hat), seit dem Bund mit Mose, seit der Verheißung des erneuerten Bundes zur Zeit des **Exils**. Diese Hochzeit ist der endgültige Bund, und Jesus ist der endgültige Bräutigam. Johannes verwendet das Bild so frei, dass sich die Gemeinde sowohl als Braut als auch als geladene Gäste verstehen (Vers 9) kann. Endlich spüren wir Erfüllung und Begeisterung. Nachdem sich all die menschliche Rebellion, Bosheit, Stolz und Arroganz totgelaufen haben, taucht endlich das Wahre und Richtige auf!

Vor lauter Begeisterung beginnt Johannes, den Engel anzubeten, der ihm das alles offenbart hat. (Das wiederholt er nochmals am Ende des Buches, 22,8, mit dem gleichen Ergebnis.) Das ist aber ein grober Irrtum. Er darf den Boten nicht mit der **Botschaft** verwechseln. Auch Johannes kann sogar in diesem besonderen Augenblick ausrutschen und in den Götzendienst abgleiten: Er betet an, was nicht Gott ist. Vielleicht erzählt Johannes diese Episode bewusst, um die zu ermutigen, die selber mit der Versuchung zum Götzendienst zu kämpfen haben. Er sagt ihnen damit: „Auch für mich war es eine Herausforderung." Mit diesen Worten offenbart er aber noch etwas Bemerkenswertes. Durch das ganze Buch hindurch lag der Schwerpunkt auf der ungehinderten Anbetung, welche die ganze Schöpfung „dem, der auf dem Thron sitzt, und dem Lamm" (5,13) darbringt. Jesus hat Anteil am Thron Gottes. Jesus hat Anteil an der Anbetung, die allein Gott zusteht. Die Zurechtweisung des Engels stellt noch einmal klar, wie groß der Unterschied zwischen Jesus selbst und allen anderen ist – egal, wie hochgestellt sie auch sein mögen.

Wenn wir den allerersten Vers von Johannes' Buch betrachten, werden wir daran erinnert, dass das „Zeugnis von Jesus" das Herz von prophetischer Inspiration ist. Zuerst lebte Jesus selber dieses Zeugnis und war darin treu bis in den Tod. Und jetzt bezeugt die Kirche Jesus. Durch die Arbeit Jesu wurde ihr der **Geist** gegeben. So kann die Kirche Jesus und ihm allein treu bleiben.

Offenbarung 19,11-21: Niederlage des Monsters

11 *Darauf sah ich den Himmel offen, und dort war ein weißes Pferd. Sein Reiter hieß „Treu" und „Wahr", und er richtete und führte gerechten Krieg.* 12 *Seine Augen waren wie Feuerflammen, und auf dem Kopf trug er viele Kronen. Auf der Stirn stand ein Name, den niemand kennt außer er selbst.* 13 *Der Mantel, den er trug, war in Blut getaucht, und er wird „Gottes Wort" genannt.* 14 *Die Armeen des Himmels folgten ihm auf weißen Pferden. Sie alle waren in reines, weißes Leinen gekleidet.* 15 *Aus seinem Mund kam ein scharfes, zweischneidiges Schwert. Damit schlug er die Nationen zu Boden. Er regiert sie mit eisernem Zepter und wird die Kelter des Zornesweines des allmächtigen Gottes treten.* 16 *Auf seinem Mantel und auf seiner Hüfte steht ein weiterer Name: „König der Könige, Herr der Herren".*

17 *Darauf sah ich einen Engel, der mitten in der Sonne stand. Er rief mit lauter Stimme allen Vögeln oben am Himmel zu: „Kommt her! Sammelt euch! Hier ist Gottes großes Festmahl für euch!* 18 *Kommt und fresst das Fleisch von Königen, das Fleisch von Generälen, das Fleisch von Starken, das Fleisch von Pferden und Reitern, das Fleisch aller Menschen, der Freien wie der Sklaven, der Kleinen wie der Großen!"* 19 *Darauf sah ich das Monster, die Könige der Erde und ihre Armeen versammelt zum Krieg gegen den, der auf dem Pferd sitzt,*

und seine Armee. 20Das Monster wurde gefangen genommen. Mit
ihm wurde auch der falsche Prophet gefangen, der in der Gegenwart
des Monsters große Zeichen getan hatte. Mit diesen Zeichen hatte er
alle verführt, die das Kennzeichen des Monsters angenommen und
das Monster angebetet hatten. Diese beiden wurden lebendig in den
Feuersee geworfen, der mit Schwefel brennt. 21Alle Übrigen wurden
durch das Schwert erschlagen, das aus dem Mund dessen kam, der auf
dem Pferd sitzt. Alle Vögel feierten ein Fest mit ihrem Fleisch.

Es gibt ungezählte Bücher und Artikel über „die Messiaserwartung“ zur Zeit Jesu. Alte jüdische Quellen wurden durchgekämmt und gesiebt, um jedes noch so kleine Stück Information darüber herauszufiltern, was die Zeitgenossen Jesu vom verheißenen **Messias** erwarteten.

Je länger diese Übung ging, umso komplizierter wurde das Ganze. Viele jüdische Texte aus dieser Zeit sagen gar nichts über einen Messias. Einige (wie die **Schriftrollen vom Toten Meer**) scheinen davon auszugehen, dass es zwei Messiasse geben wird: einen königlichen und einen **priester**lichen Messias. Andere gehen nochmals in unterschiedliche Richtungen: Einige erwarten einen weisen König wie Salomo, andere einen kriegerischen König wie David. Viele erwarteten einen König, der wie Hiskia oder Josia den **Tempel** reinigen würde. Wir finden kaum einen Text, der all diese Erwartungen zusammenbringt.

Und das sind nur die überlieferten Texte. Wir wissen nicht, wie diese Texte gelesen und verstanden wurden. Ob die Leser überhaupt mit ihnen einverstanden waren. Wir wissen aber genau, dass es im Jahrhundert vor und nach der Zeit Jesu verschiedene Möchtegernkönige und „messianische“ Bewegungen gab, die viele Menschen anzogen. Von ihnen können wir viel darüber lernen, was die Menschen zu der Zeit von einem Messias erwarteten.

Eine zentrale Aufgabe, die ein Messias anzupacken hatte, war wohl die Entscheidungsschlacht gegen die Feinde Israels. Damit sind sowohl die heidnischen Horden gemeint, die in immer neuen Wellen Gottes Volk überrollten, als auch die Überläufer innerhalb des Volkes, die mit ihren heidnischen Herren gemeinsame Sache machten und so das reine **Leben** von Gottes Volk verunreinigten. Dies geht Hand in Hand mit der Aufgabe, den Gottesdienst des Volkes durch die Reinigung des Tempels zu erneuern. Weil Jesus weder als militärischer Führer auftrat noch eine grundlegende Erneuerung des Tempels anstrebte, haben viele behauptet, dass er selbst sich nicht als „Messias" betrachtet habe.

Dabei vergisst man aber, wie radikal Jesus die jüdischen Erwartungen neu definiert hat. In der ganzen Zeit seines öffentlichen Dienstes war sein Hauptthema der gleiche Glaube, den Johannes in der ganzen Offenbarung immer wieder aufscheinen lässt: das **Königreich Gottes**. „Das Königtum der Welt wurde unserem Herrn und Messias gegeben." „Halleluja! Der Herr, unser Gott, der Allmächtige, ist König geworden!" Diese Aussagen sind natürlich ganz direkt mit den Aussagen über den Sieg Jesu verbunden.

Jesus selber sprach auch über den Sieg. Damit meinte er aber nicht, wie man vielleicht erwarten könnte, den Sieg über die Mächte Roms. Im Gegenteil: Wenn andere Rom bekämpfen wollten, dann befremdete er seine Zuhörer dadurch, dass er ihnen deutlich zu verstehen gab, dass dies das falsche Ziel sei. Der wahre Feind war die dunkle Macht, die hinter Rom und allen anderen heidnischen Imperien stand. Jesus sprach über eine Schlacht gegen den wahren Feind, **Satan**. Der hatte die ganze Menschheit einschließlich Israel zur Rebellion gegen Gott, den Schöpfer, angestiftet. Und Jesus war davon überzeugt, dass er diesen endgültigen Kampf nur kämpfen kann, indem er sein eigenes Leben gibt.

Das erklärt, wieso unser Abschnitt diese militärische Bildsprache verwendet. Wieder einmal handelt es sich um Symbolsprache, die auf eine Wirklichkeit deutet, die dahinter liegt. Es wäre ein trauriges Missverständnis, diesen Abschnitt so zu lesen (wie es leider einige Ausleger tun), dass er eine wirkliche militärische Schlacht zwischen den Nachfolgern Jesu und den Anhängern anderer Götter voraussagt und im Voraus rechtfertigt. Dies würde ja voraussetzen, dass das Monster aus dem Meer mit Köpfen und Hörnern, wie es in Kapitel 12 beschrieben ist, auch als wirkliches Geschöpf auftreten würde. Der Sieg, der hier beschrieben wird, ist der Sieg über alle heidnische Macht. Das schließt auch den *Sieg über die Gewalt selbst* mit ein. Die Symbolsprache ist durchaus angemessen. Sie bezieht sich direkt auf die Stellen, die am stärksten über den Sieg des Messias reden und auch am häufigsten im Neuen Testament zitiert werden: Jesaja 11, wo der Messias die Nationen mit dem Schwert seines Mundes richten wird; Psalm 2, wo der Messias die Nationen mit eisernem Zepter regieren wird; Jesaja 63, wo er die Kelter des Zornes Gottes treten wird. Die Leser des Johannes wissen schon sehr genau, welches die Waffen sind, mit denen Jesus die Schlacht gewinnen wird: sein eigenes Blut und das liebende **Opfer** seines eigenen Lebens.

With tears he fights, and wins the field,	Er kämpft unter Tränen und behält das Feld,
his naked breast stands for a shield.	seine nackte Brust steht für den Schild.
His battering shot are babish cries,	Seine vernichtenden Geschosse sind kindliche Schreie,
his arrows made of weeping eyes.	seine Pfeile sind gemacht aus weinenden Augen.
His martial ensigns cold and need,	Seine Kampfzeichen sind Kälte und Not,
and feeble flesh his warrior's steed.	und schwaches Fleisch sein Streitross.

So malte ein Dichter des sechzehnten Jahrhunderts, Robert Southwell, das Paradox von Jesus und seinem Sieg aus. Im Licht dieser Bildersprache können wir das spektakuläre Porträt, das in Vers 1-16 von Jesus gezeichnet wird, besser verstehen. So tritt der König der Könige und der Herr aller Herren vor die Welt. Die ultimative Gerechtigkeit, die diese siegreiche Schlacht (Vers 11) eröffnet, ist die Gerechtigkeit der Liebe Gottes. Sie wird sich des **Wortes** (Vers 13.15) als Waffe bedienen, und sie wird sich nur in Reinheit und Heiligkeit kleiden (beachte, dass das „reine, weiße Leinen" aus Vers 14 auch das Kleid der Braut in Vers 8 beschreibt). Liebe wird den Sieg davontragen, weil sie in der Person Jesu die Trauben des Zorns ein für alle Mal gekeltert hat (Vers 15).

Wenn die militärische Bildsprache genau das ist, nämlich Bildsprache, dann trifft das natürlich auch für das Bild der vielen Vögel zu, die wie Geier herunterstoßen und sich mit dem Fleisch der Nachfolger des Monsters und des falschen Propheten vollstopfen. In Kapitel 17 und 18 wurde die Hure verurteilt und bestraft. Jetzt kommen diese Zwei dran: das große imperiale System und die örtlichen Eliten, die es unterstützen und so die Nationen verführen. Hier stehen sie, bereit für eine letzte Schlacht. (Die bekannte Narnia-Geschichte „Der letzte Kampf" von C. S. Lewis verdankt der Offenbarung sehr viel. Sie ist besonders inspiriert von dieser ausgezeichneten Darstellung der Art, wie das Monster und der falsche Prophet die Menschen verführen.) Zur Strafe werden sie lebendig „in den Feuersee geworfen, der mit Schwefel brennt." Hier klingen wieder verschiedene Bibelstellen an, ganz besonders die Strafe über Sodom und Gomorrha in 1. Mose 18.

Auch in unseren Tagen leiden viele Menschen unter monströsen Mächten und den örtlichen Propagandamaschinen, die ihre Sache fördern. Ebenso fallen viele, die es eigentlich gut meinen, auf die Lügen und Täuschungen herein, die dieses System ohne Ende produziert. Offenbarung 19 steht da als Versprechen für die Ersten und auch als Warnung für die Zweiten. Wenn du einmal verstanden hast, wer Jesus war und ist, und wenn dir die Tragweite des Sieges klar ist, den er durch seinen Tod errungen hat, dann besteht kein Zweifel mehr am Endergebnis. Monströse Regierungen treten auf und vergehen wieder. Lügen und Täuschungen werden verbreitet. Wir müssen wachsam bleiben. Aber der König der Könige und der Herr der Herren wird siegen. In der Zwischenzeit darf es keine Kompromisse geben.

Offenbarung 20,1-6: Tausend Jahre lang herrschen

1 Darauf sah ich einen Engel, der vom Himmel herabstieg. In seiner
Hand trug er den Schlüssel zum Abgrund und eine starke Kette. 2 Er
packte den Drachen, die uralte Schlange. Das ist der Teufel und Satan.
Der Engel fesselte ihn für tausend Jahre. 3 Er warf ihn in den Abgrund
und verschloss und versiegelte ihn über ihm. So konnte er die Natio-
nen nicht mehr verführen, bis die tausend Jahre vorüber waren. Nach
dieser Zeit muss er nochmals für eine kurze Zeit freigelassen werden.
4 Darauf sah ich Throne, auf denen Menschen saßen. Ihnen wurde
Autorität gegeben, zu richten. Und ich sah die Seelen derer, die ent-
hauptet worden waren, weil sie Jesus bezeugt und am Wort Gottes
festgehalten hatten. Ich sah auch alle, die das Monster und sein Bild
nicht angebetet, auch nicht ihr Zeichen an der Stirn oder an der Hand
angenommen hatten. Sie wurden wieder lebendig und regierten tau-
send Jahre mit dem Messias zusammen. 5 Die übrigen Toten wurden
nicht lebendig, bis die tausend Jahre vorüber waren. Dies ist die erste
Auferstehung. 6 Glückselig und heilig sind, die an der ersten Auferste-
hung teilhaben! Der zweite Tod hat keine Macht über sie. Sie werden
Priester Gottes und des Messias sein und mit ihm zusammen tausend
Jahre lang herrschen.

Nachdem mein Buch „Von Hoffnung überrascht“ erschienen war, erreichten mich eine ganze Reihe Briefe und E-Mails. Darin teilten mir Leute ihre Erfahrungen mit, die sie mit der Lektüre des Buches gemacht, oder in Studiengruppen, die sie aufgrund dessen abgehalten hatten. Einige schrieben mir sogar, dass sie angefangen hatten, diese Gedanken, die ich dort vorschlug, zu predigen.

In der westlichen Christenheit ist die Sicht sehr verbreitet, dass es entscheidend ist, „nach dem Tod in den **Himmel** zu kommen.“ Im Zentrum des Buches vertrete ich dagegen die Überzeugung, dass nach dem Tod eine zweistufige Wirklichkeit auf uns wartet. Unmittelbar nach dem Tod werden alle, die zum **Messias** gehören, „bei ihm sein“, wie es Paulus in Philipper 1,23 ausdrückt. Dann, am Ende, wird Jesus erscheinen. Dann kommen Himmel und Erde zusammen in einem großartigen Akt der Neuschöpfung. Das wird auch der Augenblick der **Auferstehung** sein, auf den die Toten sehnsüchtig warten. In der Auferstehung, das ist die Vernichtung des Todes selbst, erhalten Gottes Leute neue Leiber, um in Gottes neuer Welt zu leben. Das ist die große Hoffnung des alten Judentums und des klassischen Christentums.

Viele Leser wurden von diesen Gedanken angezogen wie Enten vom Wasser. Das war natürlich sehr erfreulich. Aber nicht in allen Gemeinden fanden diese Gedanken eine so positive Aufnahme. Ein Pastor schrieb mir, dass er am Osterfest begeistert diese Auferstehungsbotschaft verkündet hatte. Daraufhin wurde er vom Kirchenvorstand zur Rede gestellt. Man war sehr verärgert, dass er nicht die gewohnte Osterbotschaft verkündet hatte. Ich kann mir vorstellen, dass es an manchen Orten ähnliche Reaktionen gab. Das zeigt, wie sehr die westliche Christenheit – „die evangelikale" ebenso wie die „liberale" – Grundüberzeugungen des Neuen Testamentes in diesen zentralen Bereichen des Glaubens verlassen hat.

Hier, in Offenbarung 20, treffen wir auf ein weiteres Problem. Es ist schwer genug, die Leute von einem zweistufigen Geschehen nach dem Tod zu überzeugen, in dem die „Auferstehung" die zweite Stufe bildet. Offenbarung 20 scheint jetzt sogar eine *drei*-stufige Wirklichkeit zu beschreiben: Zuerst stehen die **Seelen**, die unter dem Altar ruhen, wieder auf (6,9). Dann folgt die Auferstehung von einigen, nicht von allen, die dann an der tausendjährigen Herrschaft Jesu teilhaben. Dann schließlich, nach einem weiteren Wirbel von Aktivitäten und einer zweiten „letzten Schacht", folgt die endgültige Auferstehung aller Menschen. Die Bösen werden verurteilt und bestraft, und Gottes Leute hören „das Urteil, das zum **Leben** führt" (Römer 5,18). Keine andere jüdische oder christliche Schrift erwähnt diese „doppelte Auferstehung", geschweige denn die Ereignisse, die sich darum herum abspielen. Wie sollen wir das alles einordnen?

Uns stellen sich drei Fragen, die miteinander zusammenhängen. Die für uns verwirrende Erzählweise von Johannes, der manchmal Bilder wie durch ein Kaleidoskop betrachtet, macht es nicht einfacher. Zuerst einmal rätseln wir darüber, wieso der Satan nicht sofort vernichtet wird. Nachdem das Monster und der falsche Prophet in den Feuersee geworfen worden sind, gibt es scheinbar nicht nur eine Verzögerung, bis der Satan auch zu ihnen gesperrt wird. Er bekommt sogar noch mal eine Art letzter Frist, in der er aus dem Gefängnis entlassen wird. Jetzt kann er ein letztes Mal toben, bevor er endgültig überwunden wird. Wieso diese Verzögerung und wieso wird er noch einmal freigelassen?

Zum Zweiten: Worauf bezieht sich Johannes, in wirklichen historischen Zahlen ausgedrückt, wenn er über die tausendjährige Herrschaft spricht, in der die „Leute der ersten Auferstehung“ gemeinsam mit dem Messias regieren? Wie hängt das mit dem Bild der folgenden beiden Kapitel zusammen, wo das neue Jerusalem beschrieben wird? Ist das eine ein Bild für das andere? Beschreiben sie zwei völlig unterschiedliche Dinge? Oder was?

Drittens: Wie hängt diese „erste Auferstehung“ mit der zweiten zusammen? Johannes nennt sie zwar nicht die „zweite Auferstehung“, wenn er aber hier in Vers 6 von der „ersten“ spricht, dann ist das die logische Folgerung. Welche Art von Story können oder sollten wir denn erzählen, um die Andeutungen, die Bedeutung und die Atmosphäre dieser sehr verwirrenden sechs Verse wiederzugeben?

Zuerst einmal halten wir eine Beobachtung fest: Wie 1. Thessalonicher 4 der einzige Abschnitt der Bibel ist, wo so etwas wie eine „Entrückung“ erwähnt wird (und, wie ich an vielen Orten dargelegt habe, ist damit nicht „die Entrückung“ gemeint, wie sie weithin im Dispensationalismus verstanden wird) und wie Offenbarung 16,16 der einzige Vers in der Bibel ist, der eine letzte große Schlacht von „Harmagedon“ erwähnt, so ist Offenbarung 20 (unser Abschnitt) die einzige Stelle in der Schrift, wo ein „Millennium“ (ein tausendjähriges Reich) überhaupt nur erwähnt wird. Die Vertreter einer spekulativen

Interpretation der Prophetie haben natürlich diese Stellen und andere Schnipsel genommen, meistens aus dem Zusammenhang gerissen, und daraus eine andere Weltanschauung gebaut, in der diese Aussagen eine weitaus gewichtigere Rolle spielen als in der Bibel selbst. Allein schon diese Beobachtung sollte uns solchen Auslegern gegenüber skeptisch machen. Dazu kommt noch der dualistische Rahmen, in den eine solche Interpretation der Prophetie normalerweise gepflanzt wird: Die böse Welt wird am Ende zerstört, und „die Heiligen" werden in den Himmel gerettet. Das ganze Thema der Erneuerung der Schöpfung, das in unserem Buch (wie auch in den Evangelien und bei Paulus) so wichtig ist, wird völlig ausgeblendet.

Aber das waren nur Vorbemerkungen. Lassen Sie uns über die vorübergehende Fesselung des **Satans** nachdenken. Ja, es wäre doch viel netter, wenn in der Schlacht im Kapitel 19 alle Feinde Gottes erledigt worden wären. Niemand hätte sich beschwert, wenn der Satan Teil der besiegten Schar gewesen wäre, und das Buch wäre direkt mit dem neuen Jerusalem weitergegangen. Die Offenbarung ist aber selten nett und wohlgeordnet, jedenfalls nicht so, wie wir es gern hätten. Wir haben schon zweimal bemerkt, dass die Reihenfolge, die wir erwartet hätten, unterbrochen worden ist. Es kann helfen, wenn wir nochmals zurückblenden.

Zuerst wurde die Reihe der Siegel zwischen dem sechsten und dem siebten Siegel unterbrochen. Das Gericht wurde ausgesetzt, und in dieser Zeit wurde das verfolgte und gequälte Gottesvolk „versiegelt" (Kapitel 7). Zwischen der sechsten und siebten Posaune gab es dann wieder eine Unterbrechung. In dieser Zeit wurde Johannes die Schriftrolle gegeben, aus der er über Gottes Volk prophezeite, das Zeugnis ablegte. Dieses Volk wurde gesehen in der Gestalt von zwei Personen, wie Serubbabel und Josua, dem König und dem **Priester**, oder wie Mose und Elia, den Propheten. Durch ihren Tod und ihre Auferstehung würde die Welt dahin kommen, den wahren Gott anzubeten (Kapitel 10 und 11).

Das waren die beiden früheren „unerwarteten Unterbrechungen", und hier haben wir eine weitere. Wieder bemerken wir, dass es das leidende und gequälte Gottesvolk betrifft, die wieder als die wahren Zeugen gefeiert werden, als die **Priester**könige, die mit dem Messias zusammen herrschen (Vers 6).

Das kann uns einen Hinweis geben für unsere ersten beiden Fragen. Wir dürfen nicht vergessen, dass „der Satan" ursprünglich ein Mitglied des himmlischen Rates war. Auch wenn er aus seiner Position gefallen ist, kann er doch – mit Gottes Erlaubnis – eine Rolle spielen. (Das erinnert mich an die Rolle, die Tolkien Gollum zudachte, bis zum Höhepunkt des *Herrn der Ringe*. Wenn ich darüber nachdenke, bin ich überzeugt, dass Tolkien genau diese Parallele sehr bewusst war.) Es war immer die Aufgabe des Satans, anzuklagen, wenn es etwas anzuklagen gab. Wie ein guter Staatsanwalt musste er sicherstellen, dass nichts Tadelnswürdiges ungetadelt blieb. Jetzt muss er diese Rolle ein letztes Mal spielen, auch wenn er sie völlig pervertieren wird. Er wird versuchen, zu verführen und Anklagen in alle Richtungen abfeuern – egal, ob es berechtigt ist oder nicht (Vers 8). Er muss bis zum Schluss das Schlimmste tun, was er tun kann, damit nicht der leiseste Zweifel übrig bleibt, dass noch irgendetwas übrig bleibt, das man hätte verklagen müssen. Er muss noch ein letztes Mal Gelegenheit bekommen, mit seinen Anklagen und Lügen herumzuwerfen. So ist dann, wenn er gestürzt wird, ohne jeden Zweifel klar, dass es „keine Verdammnis gibt für die, die im Messias Jesus sind". Wie ein Boxer, der sich noch einmal aufrappelt, so muss auch er noch einmal auf die Beine kommen – um dann endgültig zu Boden zu gehen.

Bevor dies aber geschehen kann, muss Jesus seine Herrschaft, mit und durch sein Millenniums-Volk, aufrichten. Johannes bezeichnet diese Leute nicht einfach als Märtyrer (als Gegensatz zu anderen Christen), sondern er betont, dass sie wegen ihres Zeugnisses enthauptet worden sind. Ich würde auch das symbolisch verstehen. Es könnte darauf hinweisen, dass sie wahre Bürger im **Königreich** Jesu sind. Im Römischen Reich wurden Bürger enthauptet. Diese Todesart war weit weniger grausam als viele andere, die die Römer anwandten. Eine der schlimmsten war dagegen die Kreuzigung. Auf jeden Fall entspricht es überhaupt nicht der normalen Linie von Johannes, eine Art von Märtyrern gegen andere auszuspielen.

Sollten wir dann auch die tausend Jahre symbolisch verstehen? Wieder denke ich: Ja, das sollten wir. Johannes hat im ganzen Buch alle möglichen symbolischen Zahlen verwendet. Es wäre sehr eigenartig, wenn er jetzt plötzlich erwarten würde, dass wir eine Zahl, die offensichtlich rund und symbolträchtig ist, wörtlich verstehen sollten. Um das Jahr 1000 n. Chr. erwarteten viele, dass sie jetzt das Ende dieses „Millenniums“ erleben würden. Wie bei anderen derartigen Spekulationen ging das Datum aber vorüber, ohne dass besondere endzeitliche Ereignisse hereinbrachen. Auf welche Wirklichkeit aber deutet dann dieses Zeichen?

Auf den ersten Blick scheint es sehr schwierig, das „Zeitalter der Kirche“ als dieses Millennium zu verstehen. Keiner, der sich mit der Geschichte der Kirche beschäftigt hat, würde behaupten, dass es in dieser Zeit keine satanischen Angriffe und Verführungen innerhalb und außerhalb der Kirche gegeben hat.

Also könnte es sich doch immer noch auf eine Zeitperiode in der Zukunft beziehen, die entweder unmittelbar vor oder nach dem **zweiten Kommen** des Messias liegt. Das wären die klassischen „Postmillenniums-“ oder „Prämillenniums-“Positionen. Diese gehen aber beide aus zahlreichen Gründen am eigentlichen Punkt vorbei. (Das habe ich an anderen Orten ausführlich diskutiert.)

Ich glaube, dass der Schlüssel zu diesem Abschnitt in der ersten Zeile liegt: „Ich sah Throne, auf denen Menschen saßen. Ihnen wurde Autorität gegeben, zu richten.“ Das bezieht sich direkt auf Daniel 7. Dort stehen „Throne“ für den „Alten an Tagen“ und für „einen wie einen **Menschensohn**“. Daniel 7 versteht den zweiten Ausdruck körperschaftlich (Daniel 7,18): „Die Heiligen des Höchsten werden das Reich und die Autorität zu richten empfangen.“ Es sieht so aus, dass Johannes nicht von einer tausendjährigen Periode *auf der Erde* spricht, sondern über eine himmlische Wirklichkeit, die während einer bestimmten Periode in Kraft ist. Das ganze Neue Testament bezeugt, dass Jesus bereits regiert (Matthäus 28,18; 1. Korinther 15,25-28 usw.). Und Johannes betont hier, dass *die Heiligen bereits jetzt mit ihm zusammen herrschen.* Mehr oder weniger ist es dasselbe, was auch in Epheser 2,6 zum Ausdruck kommt. Dort heißt es: Die Kirche „sitzt an himmlischen Orten im Messias Jesus". Wahrscheinlich sitzen sie nicht einfach tatenlos da. Vielleicht hat ja am Ende das Tausendjährige Reich des Johannes mit dieser Überzeugung der frühen Christen zu tun, auch wenn sich die Epheser-Stelle nicht nur auf Märtyrer bezieht.

Was die „Fesselung" des Satans (Vers 2) betrifft: Jesus erklärt, dass er den Satan bereits gebunden hat. Deshalb kann er überhaupt böse Geister austreiben (Matthäus 12,29). Trotzdem konnte Satan später durch Judas und durch andere wirken und so Jesus anklagen und zu Tode bringen. Vielleicht sehen wir hier in Offenbarung 20 die kosmische Version der gleichen Geschichte.

Vielleicht. An diesem Punkt – nach meiner Erfahrung mehr als in jedem anderen Abschnitt des Neuen Testamentes – kommen wir nicht weiter, wenn wir allzu dogmatisch sind. Wir müssen unbedingt die zentralen Punkte festhalten. Die hat Johannes kristallklar ausgedrückt: der Sieg des Lammes, und auch die Einladung, durch **Glauben** und Geduld an diesem Sieg Anteil zu haben. Gott wird dann tun, was er tun will. Ob wir die Letzten Dinge so beschreiben, wie es Offenbarung 20 tut, oder mit den Worten des Apostels Paulus in Römer 8,18-26 oder 1. Korinther 15,20-28: Klar ist, dass Gott, der Schöpfer den Sieg erringt. Er besiegt und vernichtet den Tod selber und bahnt so den Weg zur Herrlichkeit der erneuerten Schöpfung. Darauf kommt es an.

Offenbarung 20,7-15: Das endgültige Gericht

7 *Wenn die tausend Jahre um sind, wird der Satan aus seinem Ge-*
fängnis entlassen. 8 *Er macht sich auf, um noch einmal die Nationen*
an den vier Ecken der Erde zu verführen, Gog und Magog. Er wird

sie zu einer Schlacht zusammenrufen, eine Menschenmenge, zahlreich wie der Sand am Meer. [9]*Sie kommen aus allen Gegenden der Erde und umzingeln das Lager von Gottes heiligem Volk und die geliebte Stadt. Darauf fiel Feuer vom Himmel und verbrannte sie.* [10]*Der Teufel, der sie verführt hatte, wurde in den See aus Feuer und Schwefel geworfen, wo das Monster und der falsche Prophet bereits waren. Sie werden Tag und Nacht gequält, in alle Ewigkeit.*

[11]*Darauf sah ich einen großen weißen Thron, auf dem einer saß. Erde und Himmel flohen vor seiner Gegenwart, und da war kein Raum mehr für sie.* [12]*Darauf sah ich die Toten, groß und klein, vor dem Thron stehen. Bücher wurden geöffnet; ein weiteres Buch wurde geöffnet: das Buch des Lebens. Die Toten wurden gerichtet aufgrund dessen, was in den Büchern steht, entsprechend ihrer Taten.* [13]*Das Meer gab die Toten zurück, die in ihm waren. Der Tod und das Totenreich gaben die Toten zurück, die in ihnen waren. Jeder wurde gerichtet nach dem, was er getan hat.* [14]*Dann wurden auch der Tod und das Totenreich in den Feuersee geworfen. Dieser Feuersee ist der zweite Tod.* [15]*Wenn jemand nicht im Buch des Lebens eingetragen war, wurde er auch in den Feuersee geworfen.*

Johannes war nicht der Erste, der annahm, dass nach der großen Rettung und Wiederherstellung Gottes noch eine weitere Herausforderung warten könnte, ein allerletztes Aufbäumen der Mächte des Bösen gegen das bereits erlöste Volk Gottes. In einem seiner Lieblingsbücher in seiner Bibel, nämlich bei Hesekiel, fand er ein solches Bild. Andere jüdische Autoren vor Johannes hatten schon darüber nachgedacht, und es würde auch in Zukunft noch manche Spekulation über dieses Bild geben.

Wir finden dieses Bild in Hesekiel 38. Es ist kein Zufall, dass wir dieses Bild direkt hinter dem Abschnitt (Kapitel 34–37) finden, wo die Taten des großen Hirten vorausgesagt werden, die Reinigung der Herzen Israels von Sünde und die Rückkehr aus dem **Exil**, die in dem großartigen Bild der **Auferstehung** der Toten gesehen wird.

Hesekiel 38 richtet die Aufmerksamkeit dann auf die Nation Magog, fern im Norden, und seinen König Gog. (Das israelische Verständnis von Geografie war, wie auch das der Griechen und Römer, ziemlich unscharf, wenn es um Gebiete nördlich des Schwarzen Meeres ging.) Zu dem Zeitpunkt, als Johannes diese Tradition aufnimmt, scheint er „Gog und Magog“ als zwei unabhängige Länder zu betrachten, die symbolisch für die „vier Ecken der Erde“ stehen. So oder so, Gog/Magog unternehmen einen letzten vergeblichen Angriff auf Gottes Volk, und dies nach ihrer Rettung aus Babylon. Wenn wir diese Erzählung zugrunde legen, verstehen wir vielleicht, wieso für Johannes diese letzte Episode nach dem Fall Babylons in Kapitel 17–19 und nach der „ersten Auferstehung“ vom Kapitel 20,4-6 folgen muss.

Wir müssen es noch einmal sagen: Die Freilassung des Satans, auch wenn sie für uns unerwartet und gar nicht willkommen ist, scheint doch ein Teil des für uns fremdartigen göttlichen Plans zu sein. So will Gott sicherstellen, dass alles Böse, jede noch so kleine Spur, aus der Welt ausgerottet ist. So wird der Weg frei für die großartige Umgestaltung der Welt in den „neuen Himmel und die neue Erde“. Satan, der **Ankläger**, muss noch einmal alles tun, was er kann. Dann wird auch er vernichtet. Ich stelle mir das vor wie bei einem Bauernhof, der voll ist mit infektiösem Material. Zuerst müssen wir den idealen Besen finden, um den Hof zu reinigen. Wenn die schreckliche Arbeit getan und der Hof sauber ist, dann wird auch der Besen ins Feuer geworfen. Für uns ist es zweifelsohne schwer zu verstehen, dass Satan auch an diesem Punkt der Geschichte noch für Gott die Arbeit tut, die getan werden muss. Und ganz am Ende wird er dann selber gerichtet. Das kommt daher, dass wir so leicht von der Metapher zur Metonymie rutschen und aus dem Symbol einen konkret bezeichneten Gegenstand machen. (Siehe Seite 175, in einer Metapher sagt zum Beispiel ein Freund, der spät dran ist, zu einem Termin: „Ich mach den Abflug!“, und wir sind überrascht, dass er nicht den Helikopter besteigt, sondern mit dem Auto davonbraust.) Mit anderen Worten: Es ist sinnlos, wenn wir darüber urteilen wollen, ob Gottes Handeln an Satan oder auch an „Gog und Magog“

moralisch angemessen ist. Gott ist nicht der Anführer einer Friedenssicherungseinheit der Vereinten Nationen, der sich für seinen Umgang mit aufrührerischen und widerspenstigen Truppen rechtfertigen muss. Das Ganze ist eine Sammlung von unterschiedlichen Bildern, die wie in einem Kaleidoskop durcheinanderwirbeln. Sie weisen über sich hinaus in das tiefste Geheimnis der Ungerechtigkeit. Das Gleiche gilt für die geografischen Symbole der Nationen, die „das Lager von Gottes heiligem Volk und die geliebte Stadt“ umzingeln. Das hat nicht mehr mit einem Ort im Nahen Osten oder anderswo zu tun, als dass die tausend Jahre eine genaue Periode im Kalender beschreiben.

Entscheidend ist noch einmal, dass es dem Bösen erlaubt werden muss, sein Schlimmstes zu tun, damit es am Schluss besiegt werden kann. Interessanterweise findet gar keine Schlacht statt, obwohl der Satan die Nationen zu einer Schlacht versammelt. Die große Schlacht in Kapitel 19, wo der Reiter auf dem weißen Pferd durch das Schwert seines Mundes den Sieg davonträgt, ist in der Tat die letzte Schlacht. Dieses Mal fällt wie seinerzeit bei Elia Feuer vom Himmel und verzehrt sie. Dann, und erst dann, wird der Satan in den See aus Feuer und Schwefel geworfen, zusammen mit dem Monster und dem falschen Propheten. Babylon wurde vor drei Kapiteln gestürzt. Die beiden Monster gingen in Kapitel 19 unter. Jetzt wird endlich und unwiderruflich auch der Drache gestürzt.

Übrig bleiben die letzten großen Mächte: der Tod und das Totenreich. „Tod“ meint hier beides: den Tod selber und die Macht des Todes. Das „Totenreich“ beschreibt den Aufenthaltsort der Toten, den sie nicht verlassen können außer durch ein großes neues Handeln Gottes. Im Weltbild der Antike war das Meer nicht Teil des Totenreiches. Deshalb bildeten alle, die ertranken und deren Leichname nicht geborgen wurden, eine eigene Gruppe von Toten. Auch sie werden aber vor dem großen weißen Thron erscheinen. Dieser ist scheinbar an die Stelle des ursprünglichen Thrones aus Kapitel 4 und 5 getreten. Himmel und Erde werden erschüttert, und es sieht so aus, als ob auch der Thronsaal selber neu erbaut wird.

Entscheidend ist, dass Gott, der Schöpfer, seinen Platz einnimmt für das endgültige Gericht. Wie auch überall sonst in der Schrift wird jede Person beurteilt nach der Gesamtheit ihres Lebens. Das scheint der Inhalt der „Bücher" zu sein.

Zahllose ängstliche protestantische Lehrer machten sich Sorgen, dass diese Sätze irgendwie die **Rechtfertigung** durch den **Glauben** widerlegen. Sie verpassen so aber den entscheidenden Punkt völlig. Wir sollten nicht versuchen, die Ausdrucksweise von Paulus irgendwie für die Offenbarung passend zu machen. Eigentlich sind die Dinge in diesem Fall viel einfacher. Wenn Paulus von der „Rechtfertigung durch den Glauben" spricht, dann meint er damit die gegenwärtige Wirklichkeit, in der alle, die an Jesus als an den auferstandenen Herrn glauben, schon jetzt sicher sein können: „Gott hat mich gerecht gesprochen." Und sie können auch sicher sein, dass dieses Urteil auch im Jüngsten Gericht so ausfällt. Durch den **Heiligen Geist** hängen das Urteil vom Jüngsten Gericht und das Urteil, das heute gilt, miteinander zusammen. Das geschieht einzig durch den Glauben. Der Heilige Geist lässt in den einzelnen Christen auch den grundsätzlichen Wunsch entstehen (Paulus geht nicht davon aus, dass Christen nicht mehr sündigen können), „mit Ausdauer Herrlichkeit, Ehre und Unsterblichkeit" zu erlangen (Römer 2,7).

So oder so: Das entscheidende Buch ist das „Buch des Lebens". Johannes erwähnte dieses Buch bereits mehrfach (3,5; 13,8; 17,8), wo gesagt wird, dass es „das Lebensbuch des Lammes" ist. Es wurde bereits vor Grundlegung der Welt geschrieben. Das ist eine wirksame Art, um die Wahrheit, die Jesus im Johannes**evangelium** gelehrt hat, zu sichern: „Nicht ihr habt mich erwählt, sondern ich habe euch erwählt." Paulus lehrt dasselbe in Römer 8,28-30 und anderswo. Dies gilt immer unter dem Blickwinkel (wie auch bei der Rechtfertigung durch den Glauben): Wenn jemand wählen muss, dann ist es Gott, der wählt. Der Gott, der wählt, ist nicht ein himmlischer Bürokrat oder ein blinder Uhrmacher, sondern der dreieinige Gott, der als Vater, Sohn und Geist wirkt. Wenn Gott erwählt, dann erlöst er auch. Wenn

Gott erwählt und erlöst, dann wirkt er auch in den Leben der Menschen. Das **Wunder** des menschlich-göttlichen Miteinanders liegt von Anfang an darin begründet, dass die göttliche Initiative und Macht den menschlichen Willen und seine Taten nicht ausradiert, sondern weiterentwickelt. Wenn wir weniger sagen, dann bleibt das Bild mit den zwei Büchern einfach ein Rätsel. Wenn wir mehr als das sagen wollen, dann schweifen wir in große theologische Fragen ab, auf welche die Offenbarung überhaupt kein Gewicht legt.

Das Wichtigste, was wir festhalten müssen, ist wieder einmal die Tatsache, dass der Tod selber und sein Stützpunkt, das Totenreich, endlich vernichtet wird. Das Gedicht von John Donne „Sonett an den Tod“ endet mit der majestätischen Zeile: „Und mit dem Tod ist's aus: Tod, dann stirbst du.“ Einige Autoren denken, dass „Auferstehung“ und „neue Schöpfung“ nette Arten sind, um über den Tod und was danach geschieht zu reden. Ich las irgendwo den Satz „Sich den Tod als Auferstehung vorstellen“. Dann wäre die *Auferstehung* lediglich eine Interpretation des Todes. Genau das verneint Johannes hier aber heftig, wie es schon Paulus in 1. Korinther 15 getan hat. In der Welt des ersten Jahrhunderts bedeutete Auferstehung ganz klar die Vernichtung des Todes, nicht nur eine Umdeutung. Es bedeutete, dass der Prozess des körperlichen Verfalls und der Zerstörung umgekehrt wird. Ein neuer „physischer“ Körper entsteht mit „unsterblichen“ Eigenschaften. Johannes ist mit voller Überzeugung ein Schöpfungstheologe. Von allem Anfang an betont er, dass Gott als der Schöpfer gefeiert wird, und dass die ganze Schöpfung in die Anbetung einstimmt. Wenn die Schöpfung am Ende nicht bestätigt und wiederhergestellt wird, dann erleidet Gott eine Niederlage und der Satan gewinnt. So wird es aber nicht sein. Wir werden gleich Zeugen sein, wie „der neue Himmel und die neue Erde“ Gott als Schöpfer preisen und bestätigen.

Weshalb sagt Johannes aber: „Erde und Himmel flohen vor seiner Gegenwart“ (Vers 11)? Der Grund liegt darin, dass die Erde durch das Böse, das auf ihr geschehen ist, korrumpiert wurde. Der Himmel war der Ort, wo Satan ursprünglich rebellierte. Der erste Himmel und die erste Erde waren Pilotprojekte. Jetzt, wo endlich alle Hindernisse entfernt sind, die den Weg zum endgültigen Ziel versperrten, können sie abgebrochen werden. Dann kann die endgültige Wirklichkeit, auf welche sie wie Wegweiser hingedeutet haben, offenbart werden. Die Hure ist vernichtet. Jetzt ist es Zeit, dass die Braut erscheint. Der Drache, das Monster und der falsche Prophet wurden zerstört. Jetzt ist es Zeit, dass Gott und das Lamm offenbart werden. Der Geist ermöglicht es der Braut zu sagen: „Komm!“ Die Herrschaft des Todes ist vorüber. Die Herrschaft des **Lebens** kann beginnen.

Offenbarung 21,1-5: Neuer Himmel, neue Erde

[1]Darauf sah ich einen neuen Himmel und eine neue Erde. Der erste
Himmel und die erste Erde waren vergangen, und es gab kein Meer
mehr. [2]Und ich sah die Heilige Stadt, das neue Jerusalem, von Gott
vom Himmel herunterkommen. Sie war schön und festlich angezogen
wie eine Braut für ihren Bräutigam. [3]Vom Thron her hörte ich eine
laute Stimme, die rief: „Schau! Gott kommt, um bei den Menschen zu
wohnen! Er wird bei ihnen wohnen, und sie werden sein Volk sein. Er
selbst wird bei ihnen sein und wird ihr Gott sein. [4]Er wird jede Träne
von ihren Augen abwischen. Tod oder Trauer, Weinen oder Schmerz
wird es nicht mehr geben, weil die ersten Dinge vergangen sind.“

[5]Der auf dem Thron saß, sagte: „Schau, ich mache alle Dinge neu.“
Und er sagte: „Schreibe das auf, denn diese Worte sind zuverlässig
und wahr.“

Gab es Augenblicke in Ihrem Leben, in denen Sie dachten: „Das ist neu?“ Ich meine jetzt nicht ein neues Auto mit ein paar neuen Spielereien oder ein ungewohntes Essen mit einer anderen Kombination von Soßen und Gewürzen. Diese Erfahrungen deuten zwar in die richtige Richtung. Ich denke eher an eine einschneidende Erfahrung im Leben, wo wir uns sagen: „Das verändert alles. Das ist wirklich neu. Eine ganz andere Welt tut sich auf."

Die großen Ereignisse des Lebens sind sicher solche Erfahrungen: Geburt, Hochzeit, völlige Heilung nach einer langen gefährlichen Krankheit oder ein Mensch, der Teil der Familie wird. Wenn Johannes sein atemberaubendes Bild vom neuen **Himmel** und von der neuen Erde zeichnet, dann verwendet er interessanterweise genau diese Bilder: „Ich werde sein Gott sein, und er wird mein Sohn sein" (Vers 7) – eine letzte neue Geburt! Die Heilige Stadt ist „schön und festlich angezogen wie eine Braut für ihren Bräutigam" – eine Hochzeit. „Er wird jede Träne von ihren Augen abwischen. Tod oder Trauer, Weinen oder Schmerz wird es nicht mehr geben" – die große Heilung. Ganz zentral in diesem ganzen Bild steht die große Verheißung, die alles andere erklärt: „Gott kommt, um bei den Menschen zu wohnen!" Der neue Gast, der für immer bleibt.

Wenn wir es so ausdrücken, laufen wir Gefahr, das Bild des Johannes kleinzureden und auf das Maß unserer verhältnismäßig trivialen Bilder herunterzuschrumpfen. Das liegt aber in der Natur von symbolischer Rede, in der es immer um Wegweiser geht, die in eine unbekannte Zukunft deuten. An jedem einzelnen Punkt betont Johannes: „Es wird so sein wie das, aber viel, viel mehr!" Der neue Himmel und die neue Erde werden in einer neuen Art neu sein. Sogar das „Neu-Sein" wird erneuert werden. An die Stelle eines gewöhnlichen Übergangs innerhalb des menschlichen Lebens tritt die große Erneuerung aller Dinge, die Gott plant. Er sagt: „Schaut, ich mache alles neu."

Alles: Wir haben hier den neuen Himmel, die neue Erde, das neue Jerusalem, den neuen **Tempel** (der ist identisch mit dem neuen Jerusalem. Wir werden noch sehen, dass die neue Stadt keinen Tempel braucht, weil die ganze Stadt der neue Tempel *ist*) und nicht zuletzt auch ein neues Volk. Dieses Volk erwacht und findet sich außerhalb der Reichweite von Tod, Tränen und Schmerzen wieder. „Die ersten Dinge sind vergangen."

So viele Christen haben Johannes' Buch in der Erwartung gelesen, dass in der Schlussszene vom „Himmel“ die Rede sein wird. So haben sie die ganze Herrlichkeit dessen, was hier gesagt wird, verpasst. Platon hat sich geirrt. Es geht nicht darum – und es ist auch nie darum gegangen –, dass der „Himmel“ die vollkommene Welt ist, in die wir eines Tages (vielleicht) umziehen werden, und die „Erde“ der heruntergekommene, zweitklassige vorübergehende Aufenthaltsort, den wir eines Tags dankbar und für immer verlassen werden. Wie wir im ganzen Buch wieder und wieder gesehen haben, ist die „Erde“ ein wunderbarer Teil von Gottes wunderbarer Schöpfung. Und wenn der „Himmel“ auch der Wohnort Gottes ist, ist er doch auch der Ort, wo das „Meer“ als Erinnerung an die Mächte des Bösen steht. Das geht so weit, dass im Himmel sogar Krieg ausbricht. Gottes zweiteilige Welt braucht Erneuerung in beiden Teilen.

Wenn das geschafft ist, dann bleibt uns nicht nur ein neuer Himmel, sondern ein neuer Himmel und eine neue Erde. Die beiden sind vollständig und für immer miteinander verbunden. Das Wort „wohnen“ in Vers 3 ist entscheidend. Johannes verwendet ein Wort, das den Gedanken lebendig werden lässt, dass Gott im Tempel in Jerusalem „wohnt“ und seine Herrlichkeit mitten unter seinem Volk zeigt. Das sagt auch das **Evangelium** des Johannes über Jesus: „Das **Wort** wurde Fleisch und lebte, ‚wohnte‘, stellte sein Zelt auf, ‚stiftshüttete‘ mitten unter uns, und wir sahen seine Herrlichkeit.“ In Jesus kam Gott zu einer ahnungslosen Welt und zu einem ablehnenden Volk. Das Gleiche tut er jetzt in kosmischen Dimensionen. Hier kommt er, um für immer in unserer Mitte zu leben mit seiner heilenden, tröstenden und feiernden Gegenwart. Es zeigt sich, dass die Idee der „Inkarnation“, die so lange ein Schlüssel dazu war, Jesus zu verstehen, jetzt zum Schlüssel dazu wird, Gottes Zukunft mit der Welt zu verstehen. Jesus hat Himmel und Erde wieder miteinander verbunden. Eines Tages werden sie vollständig und untrennbar zusammengefügt sein. In Epheser 1,10 sagt Paulus genau das Gleiche aus.

Deshalb finden wir in der letzten Szene der Bibel nicht die Vision von Menschen, die in den Himmel gehen, wie sich das viele vorstellen.

Auch sehen wir nicht Jesus, der auf die Erde kommt. Das himmlische Jerusalem selbst kommt vom Himmel auf die Erde. Auf den ersten Blick kann einen das schockieren: Das neue Jerusalem, die Braut Gottes, besteht doch aus dem Volk Gottes, und die sind doch schon auf der Erde! Wie können die denn auch im Himmel sein?

Der Schlüssel liegt in dem, was Paulus in Kolosser 3,3 sagt: „Unser Leben ist mit dem **Messias** zusammen in Gott verborgen.“ Wenn jemand zum Messias gehört, dann lebt er weiter auf dieser Erde. Er hat aber auch als Geschenk von Gott ein neues, verborgenes Leben, das Teil der verborgenen Wirklichkeit wird, die am letzten Tag „offenbart“ werden wird (Kolosser 3,4; 1. Johannes 3,2). Deshalb finden wir in den großartigen Bildern in Offenbarung 5,7 und 19 diese große, unzählbare Menschenmenge rund um den himmlischen Thron Gottes stehen, die frohe Lieder singen und ihr Lob herausrufen. Das ist die himmlische Wirklichkeit, die mit dem (scheinbar) schwachen, kläglichen Gotteslob der Kirche auf der Erde zusammenhängt. *Eines Tages wird diese himmlische Wirklichkeit offenbart werden.* Sie wird sich zeigen als der wahre Partner des Lammes, der jetzt verwandelt ist wie Aschenputtel. Aus der Sklavin wurde die Braut.

Wenn in dieser Vision von „Neu“ die Rede ist, dann heißt das nicht, dass Gott die erste Schöpfung wegwirft und jetzt einen zweiten Versuch unternimmt in der Hoffnung, dass jetzt alles gut geht. Eine oberflächliche Lektüre von Kapitel 20,11, wo Himmel und Erde aus der Gegenwart Gottes fliehen, könnte diesen Eindruck erwecken. Auch wenn Kapitel 10,6 sagt, dass „keine Zeit mehr sein wird“, kann dieser Eindruck entstehen. Dort haben wir ja gesehen, dass nicht die Zeit als solche vernichtet, sondern es keine weiteren Verzögerungen mehr geben wird. Offenbarung 21 und 22 zeigen uns dagegen die *völlige Verwandlung und Erneuerung* von Himmel und Erde: Gott vernichtet in Himmel und Erde alles, was mit dem noch unvollendeten Plan für die Schöpfung zu tun hat, insbesondere die schrecklichen, widerlichen und tragischen Auswirkungen der menschlichen Sünde.

Mit anderen Worten: Die neue Welt wird wie die jetzige sein mit all ihrer Schönheit, Kraft, Freude, Zartheit und Herrlichkeit. In der jetzigen Welt gibt es zu Recht einen himmlischen (Kapitel 11, 19) und einen irdischen Tempel. In der neuen Welt wird es keinen mehr geben (Kapitel 21,22). Das ist nicht darin begründet, dass die Idee falsch war, dass Gott mitten unter seinem Volk wohnt. Der Tempel war aber ein vorläufiges Modell für Gottes großen verborgenen Plan für den ganzen Kosmos, der jetzt endlich in die Tat umgesetzt wird. Die neue Welt wird wie die gegenwärtige sein, aber ohne all die Eigenschaften (insbesondere Tod, Tränen und alles, was sie verursacht), die unsere Welt zu dem machen, was sie ist.

Das wird mit den Worten „es gab kein Meer mehr“ ausgesagt. In diesem Buch wie in der ganzen Bibel ist das Meer die dunkle chaotische Macht, die Gottes Pläne und Gottes Volk bedroht. Aus diesem Element erhob sich das erste Monster. Es ist im ersten Himmel enthalten. „Enthalten“ hat hier eine doppelte Bedeutung: Es gehört zum „Inventar“, aber ihm sind klare Grenzen gesetzt. Das Böse darf nur gerade genug anrichten, um sich selber zu übernehmen und seinen eigenen Untergang einzuleiten. In der neuen Schöpfung dagegen wird es kein Meer mehr geben, kein Chaos und keinen Ort, aus dem sich Monster erheben können.

Dennoch steht nicht (oder noch nicht) die neue Welt selber im Mittelpunkt der Aufmerksamkeit. Alles konzentriert sich auf den einen wahren Gott, der die erste Schöpfung gemacht und sie so sehr geliebt hat, dass er das Lamm sandte, um sie zu erlösen und zu erneuern. Bis jetzt wurde „der, der auf dem Thron saß“ nur sehr vage beschrieben. Er war immer da, er wurde angebetet. Aber geredet hat immer nur Jesus oder ein Engel oder einfach „eine Stimme aus dem Himmel“. Jetzt endlich, zum ersten Mal seit der Einführung in Kapitel 1,8, spricht Gott selber mit Johannes und durch ihn zu seinen und zu unseren Kirchen. Es scheint, dass es ein Teil des Neuen ist, dass Gott selber das Wort ergreift. Ebenso wird auch in Vers 4 beschrieben, dass Gott „jede Träne von ihren Augen abwischt“. Diese äußerst sanfte und freundliche Geste führt nicht ein niedriger himmlischer Angestellter aus, sondern Gott selber. Dies offenbart uns etwas von Gottes ewigem Charakter. Wenn wir darüber nachdenken, tut sich eine völlig neue Welt vor uns auf.

Offenbarung 21,6-21: Das neue Jerusalem

6 Darauf sagte er mir: „Es ist vollendet. Ich bin das Alpha und das Omega, der Anfang und das Ende. Dem Durstigen werde ich großzügig Wasser geben, Wasser aus der Quelle des Lebens. 7 Wer überwindet, wird all diese Dinge ererben. Ich werde sein Gott sein, und er wird mein Sohn sein. 8 Den Feiglingen aber, untreuen Leuten, den Unreinen, Mördern, Hurenböcken, Zauberern, Götzenanbetern und allen Lügnern steht ein anderes Schicksal bevor: Sie werden in dem See enden, der mit Feuer und Schwefel brennt. Das ist der zweite Tod.“

9 Danach kam einer der sieben Engel, die die sieben Schalen voll mit dem Zorn Gottes getragen hatten, zu mir herüber und sprach mich an: „Komm mit mir. Ich zeige dir die Braut, die Frau des Lammes.“ 10 Da nahm er mich im Geist auf einen sehr hohen Berg und zeigte mir die Heilige Stadt, Jerusalem, wie sie vom Himmel, von Gott herabkam. 11 Sie hat die Herrlichkeit Gottes. Wie ein seltener und kostbarer Edelstein, wie ein Jaspis leuchtet sie kristallklar. 12 Eine hohe Mauer umgibt sie. Die Mauer hat zwölf Tore, die von zwölf Engeln bewacht werden. Die Tore tragen die Namen der zwölf Stämme der Kinder Israels. 13 Drei Tore führen in die Stadt vom Osten, drei Tore vom Norden, drei vom Süden und drei vom Westen. 14 Die Stadtmauer ruht auf zwölf Fundamentsteinen. Diese tragen die Namen der zwölf Apostel des Lammes.

15 Der mit mir sprach, trug einen goldenen Messstab. Damit konnte er die Stadt, ihre Tore und ihre Mauer vermessen. 16 Die Stadt ist viereckig, ihre Länge und Breite sind gleich. Er vermaß die Stadt mit seinem Stab: Sie maß zwölftausend Stadien (das sind zweitausendvier-

hundert Kilometer), wobei die Länge, die Breite und die Höhe gleich waren. [17]Dann vermaß er die Mauer. Sie maß einhundertvierundvierzig Ellen nach menschlichem Maß (das der Engel verwendete). [18]Die Mauer war aus Jaspis errichtet. Die Stadt selber bestand aus reinem Gold, wie reines Glas. [19]Die Fundamente der Stadtmauer waren mit allen möglichen Edelsteinen geschmückt. Das erste Fundament ist aus Jaspis, das zweite aus Saphir, das dritte ist aus Achat, das vierte besteht aus Smaragd, [20]das fünfte aus Onyx, das sechste aus Karneol, das siebte ist ein Chrysolith, das achte ein Beryll, das neunte aus Topas, das zehnte besteht aus Chalzedon, das elfte aus Hyazinth und das zwölfte aus Amethyst. [21]Die zwölf Tore bestehen aus zwölf Perlen. Jedes Tor besteht aus einer einzigen Perle. Die Straßen sind aus reinem Gold, so klar wie Glas.

Wenn Menschen sich dazu entscheiden, die Bibel zu lesen, beginnen sie verständlicherweise oft mit der Genesis. Sie sind begeistert vom Erzähltempo, von den Emotionen und all den Geschichten. Wenn sie dann zum Buch Exodus kommen, erwarten sie mehr davon. Anfangs werden sie nicht enttäuscht. Die ersten 20 von den insgesamt 40 Kapiteln sind ebenso voller Dramatik, oder sogar noch mehr.

Dann aber scheint die Spur kalt zu werden. Plötzlich treffen wir auf einen Haufen von detaillierten Anweisungen darüber, was man zu tun hat, wenn man seine Tochter als Sklavin verkaufen will (21,7). Es wird beschrieben, wie man vorgehen muss, wenn der eigene Ochse jemanden zu Tode bringt (21,28), was man unternehmen muss, wenn der Esel des Nachbarn zusammenbricht (23,5), und so weiter. Auf seine Art ist auch das interessant, aber es ist nicht das, was man erwartet hätte. Die Lektüre ist nicht mehr so packend. Und einige geben auf und lassen die Idee, die ganze Bibel durchzulesen, lieber fallen.

Das ist tausendmal schade. Der Rest des Buches ab Kapitel 24 ist ein einziges langes Drama, das sich darum dreht, dass *Gott mitten unter seinem Volk wohnen will.* Das Buch Exodus erzählt die Geschichte, dass der Gott, der sein Volk durch große Plagen aus Ägypten befreit hat, der sie zu der gewaltigen Begegnung am Sinai brachte und der ihnen das **Gesetz** gab, jetzt ganz genaue Anweisungen darüber gibt, wie er bei seinen Leuten wohnen will. Und am Ende des Buches ist es vollendet.

Das ging nicht ohne gewaltigen Kampf ab. Es braucht immer einen Akt gewaltiger Gnade, der riesige Widerstände überwindet, dass Gott auf der Erde wohnen kann. Es ist schließlich der Kampf um das **Königreich,** das Leiden, durch das hindurch Gottes Königreich ankommt (oder mit anderen Worten: Gott selber als König eintrifft) – auf Erden wie im **Himmel**.

Im Buch Exodus ist Mose auf dem Berg und empfängt genaue Anweisungen, wie die schöne und spektakuläre Stiftshütte aussehen wird und wie er sie bauen soll (Kapitel 25–31). In der Zwischenzeit ist dem Volk unten am Fuss des Berges langweilig. Sie verlieren die Geduld. Und wie es so oft geschieht, wenn Gottes Volk sich langweilt und die Geduld verliert, machen sie sich eigene Götzen. In diesem Fall gaben sie Aaron ihre goldenen Ohrringe und er machte daraus das Goldene Kalb (Kapitel 32). Er erklärt: „Dies sind deine Götter, Israel, die dich aus dem Land Ägypten hierher gebracht haben!" (32,8) Wie immer machen wir uns dann Götzen, wenn wir etwas Gutes, das uns verheißen ist (in diesem Fall Gottes kraftvolle Gegenwart mitten unter seinem Volk), auf die eigene Art durchsetzen wollen und nicht bereit sind, auf den richtigen Moment zu warten. So kommt Mose tief betrübt mit einem harten Gerichtswort zurück. Was noch weit schlimmer ist: Gott droht damit, sich mit seiner Gegenwart zurückzuziehen und seinen Plan zu begraben, dass er kommen und mitten unter seinem Volk leben wird.

Das wäre vorsichtig gesagt ein gewaltiger Rückschlag nicht nur für Israel, sondern für die ganze Welt. Gott wollte nämlich in Israel wohnen und dann durch Israel die ganze Welt segnen. Der Gedanke, dass Gott mitten unter seinem Volk wohnt, war immer als Wegweiser auf das eigentliche Ziel gedacht, dass seine Gegenwart schließlich die ganze Welt erfüllt (Numeri 14,21). So ringt Mose im Gebet mit Gott. Der offenbart noch mehr Gnade und Barmherzigkeit und stimmt nach alldem doch zu, unter seinem Volk zu leben (Kapitel 33–34). So kann die Stiftshütte doch noch gebaut werden (Kapitel 35–39). Als sie steht, kommt Gott in einer Wolke aus Feuer und Herrlichkeit, um in ihr zu wohnen (Kapitel 40). So funktioniert das Buch Exodus.

Und weit mehr als die meisten Menschen ahnen, ist auch die Offenbarung so angelegt. Wir sahen die großen Plagen wie die großen Plagen Ägyptens. Wir sahen das erlöste Volk am Meer stehen. Sie sangen das Lied des Mose und des Lammes. Wir sahen auch die große Verführung, das große götzendienerische System, die große Hure Babylon. Sie schmückt sich mit Gold, Silber und Edelsteinen. Innerlich ist sie aber voll von gemeiner, unreiner und widerwärtiger Unterdrückung, voller Gier, Gewalt und Entwürdigung. Babylon ist die Parodie, die Braut ist die Wirklichkeit. *So war auch das Goldene Kalb eine Parodie, die Stiftshütte dagegen die Wirklichkeit.* Endlich kommt jetzt Gott, wie bei der Stiftshütte, um „bei den Menschen zu wohnen“ (Vers 3). Wie die goldenen Ohrringe, aus denen Aaron das Kalb fabrizierte, erscheinen auch die Juwelen der Hure als billige Glitzerware, verglichen mit den kostbaren Steinen, die die Fundamente der Stadt zieren (Vers 19-21).

Der Gedanke einer vollkommenen ehelichen Einheit zwischen dem Lamm und seiner Braut spiegelt sich in den sehr unterschiedlichen Bildern wider, wie das neue Jerusalem aufgebaut ist. Einerseits soll sie die Einheit von Gottes Volk widerspiegeln: Wir finden die Namen der zwölf Stämme Israels auf den Stadttoren und die Namen der **zwölf Apostel** auf den Fundamentsteinen (Vers 12-14). Die Stadt wird durch die Stadtmauer umgrenzt. Die Tore werden aber, wie wir gleich sehen werden, niemals geschlossen sein. Sie dienen eher der Verzierung als der Verteidigung.

Andererseits hat die Stadt außerordentliche Maße. (Der Engel vermisst die himmlische Stadt, so wie Johannes den himmlischen Tempel in 11,1 vermessen hat. Diesmal werden uns die Maßangaben erklärt. So war es auch in Hesekiel 40–48. Dieses Bild bildet hier den Hintergrund der Vision des Johannes.) Wie Vers 16 zeigt, ist nicht nur die Fläche der Stadt gewaltig – 2.400 Kilometer Länge und Breite, das entspricht etwa der Ausdehnung des ganzen Römischen Reiches in jener Zeit. (Das ist wohl nicht zufällig so gewählt!) Sie ist auch 2.400 Kilometer *hoch*. Natürlich verschwendet Johannes keine Gedanken daran, was für eine Art Gebäude wohl in dieser Stadt stehen werden. Er baut ein symbolisches Universum, nicht den Entwurf eines Architekten. Die Stadt wird ein gewaltig großer, perfekter *Würfel*. Das ist nämlich die Form des Allerheiligsten im Herzen des alten Tempels in Jerusalem (1. Könige 6,20). Die ganze Stadt wird der Wohnort Gottes und somit Gottes Tempel sein. Oder genauer gesagt: das Herzstück des Tempels, das Allerheiligste, der Ort, an dem Gott für immer wohnt.

Deshalb sagt Johannes auch über die Stadt: „Sie hat die Herrlichkeit Gottes“ (Vers 11). Das heißt nicht einfach, dass sie wunderschön anzuschauen ist, obwohl das sicher auch wahr ist. Es bedeutet, dass Gottes Herrlichkeit, seine herrliche Gegenwart hier ist. Sie scheint aus jedem Stein und Juwel. Sogar die goldenen Straßen leuchten mit seiner Herrlichkeit. Und das ist auch der Grund, weshalb die Stadt „vom Himmel, von Gott herabkommt“: Diese wunderbare neue Wirklichkeit, der Ort, an dem Gott auf Erden wohnt, kann niemals etwas sein, das Menschen gemacht haben. (Das bringt uns wieder zu Babylon, zu Babel zurück.) Es bleibt für immer und ewig das Geschenk aus Gottes Liebe und Gnade.

Wenn Gott jetzt endlich spricht, dann stellt er nicht nur klar, dass er alle Dinge neu macht. Wie in Kapitel 1,8 hält er fest, dass er Alpha und Omega, der Anfang und das Ende ist. Nur im Licht dessen, wer Gott ist – der souveräne Schöpfer, Quelle und Ziel aller Dinge – finden wir den Trost, den wir so dringend brauchen: das Lebenswasser, das seit Langem verheißen ist und von dem Jesus in Johannes 4 und an anderen Stellen spricht. Nur dann können wir die Verheißung hören, die die Verheißungen an die Überwinder aus Kapitel 2 und 3 aufgreift. Und nur dann können wir auch die Tragweite der Warnungen an die Kirche unserer Zeit ermessen, dass es in der Kirche der Zukunft keinen Raum für Feiglinge (das sind alle, die sich aus den Konflikten und Kämpfen, die zum „Überwinden" dazugehören, davonstehlen) und für Lügner geben wird.

Die anderen Kategorien sind im Grunde genommen Variationen der Lüge. „Untreue Leute, Unreine, Mörder, Hurenböcke, Zauberer und Götzenanbeter" sind eigentlich Menschen, die Gottes Welt nicht mögen oder sogar hassen. Sie haben sich dafür entschieden, die Lüge zu leben und möchten die Welt nach ihren Vorstellungen gestalten. In der neuen Schöpfung ist kein Raum für Anti-Schöpfung. In einer Welt des Lebens gibt es keinen Raum für den Tod.

Das Bild, das wir hier bestaunen, ist natürlich die Vision der letztendlichen Zukunft. Wie wir aber schon in den Briefen am Anfang dieses Buches gesehen haben, gibt es Anzeichen, dass diese Wirklichkeit auch schon in der gegenwärtigen Welt von Tod und Tränen, Feiglingen und Lügnern durchschimmert. Was auch immer wir heute tun, ist *nicht nur* für unsere Zeit von Bedeutung. So ist auch nichts in dieser Zukunftsvision *nur* relevant für die Zukunft. Jesus ist die zentrale Wirklichkeit in Gottes neuer Welt. Weil er nicht nur die Zukunft ist, sondern auf dieser Welt lebte, starb und auferstand, und auch jetzt in Herrlichkeit regiert und die sieben Sterne in der Hand hält, sieht man schon jetzt etwas von der Wirklichkeit der neuen Stadt. Das ist immer noch eine Sache von Hoffnung und Glauben und drückt sich besonders auf die beiden Arten aus, die in diesem Buch skizziert werden: durch Anbetung und Zeugnis. Die neue Stadt ist nicht nur ein Traum, eine tröstliche zukünftige Fantasie. Die Nachfolger des Lammes gehören schon jetzt zu dieser Stadt und haben jetzt schon das Recht, durch ihre Straßen zu schlendern. Gott hätte seine Schöpfung wegen der Bosheit Babylons verstoßen können, wie er auch die Israeliten in der Wüste wegen des Goldenen Kalbes hätte verstoßen können. Aber aus lauter Gnade wird er kommen und unter seinem Volk wohnen, und diese Gnade strömt weiter und überflutet schließlich die ganze Welt. Dies nimmt uns bereits mit in den dritten und letzten Teil der Beschreibung dieser unvergleichlich herrlichen neuen Stadt.

Offenbarung 21,22–22,7: Gott und das Lamm sind da

[22]Ich sah keinen Tempel in der Stadt, weil Gott, der Herr, ihr Tem-
pel ist, zusammen mit dem Lamm. [23]Die Stadt brauchte keine Son-
ne oder keinen Mond mehr, weil die Herrlichkeit Gottes ihr scheint.
Das Lamm ist seine Leuchte. [24]Die Nationen werden in ihrem Licht
wandeln, und die Könige der Erde werden ihre Herrlichkeit in sie
bringen. [25]Tagsüber werden ihre Tore nicht geschlossen, und es wird
keine Nacht mehr geben. [26]Sie werden die Herrlichkeit und Ehre der
Nationen in die Stadt bringen. [27]Nichts, was nicht geheiligt wurde,
wird jemals in sie hineingebracht werden. Ebenso hat niemand Zu-
tritt, der Scheußlichkeiten begeht oder der Lügen verbreitet, sondern
nur diejenigen, deren Namen im Buch des Lebens des Lammes auf-
geschrieben sind.

22 *[1]Darauf zeigte er mir den Strom vom Wasser des Lebens. Er glit-*
zerte wie Kristall und floss vom Thron Gottes und des Lammes [2]mit-
ten über die Straße der Stadt. An beiden Ufern des Stroms wächst der
Baum des Lebens. Er bringt zwölf Arten von Frucht und trägt jeden
Monat seine Frucht und die Blätter dieses Baumes dienen zur Heilung
der Nationen. [3]Dort wird es nichts Verfluchtes mehr geben. Vielmehr
sind der Thron Gottes und des Lammes in der Stadt, und seine Diener
werden ihn anbeten. [4]Sie werden sein Angesicht sehen, und sein Name
wird auf ihren Stirnen stehen. [5]Es wird keine Nacht mehr geben. Sie
werden das Licht der Sonne oder das Licht von Leuchtern nicht mehr
brauchen, weil Gott, der Herr, ihnen scheinen wird. Sie werden für
immer und ewig herrschen.

[6]Er sagte mir: „Diese Worte sind vertrauenswürdig und wahr. Der
Herr, der Gott der Geister der Propheten, hat seinen Engel gesandt,
um seinen Knechten zu zeigen, was bald geschehen muss. [7]Siehe, ich
komme bald. Gottes Segen ist auf dem, der die prophetischen Worte
in diesem Buch bewahrt.“

Heute Morgen bin ich an einer Baustelle vorbeigekommen, wo einige Arbeiter ein Gerüst um ein altes Steingebäude errichteten. Gerüste sind normalerweise sehr funktionell konstruiert. Sie müssen nicht schön aussehen, sondern ihren Zweck erfüllen. Stellen wir uns aber einmal vor, dass ein Baumeister sich dafür entscheidet, eine wunderschöne Gerüsthülle zu bauen. Stellen wir uns vor, dass dieses Gerüst so schön wird, dass Menschen aus allen Ecken des Landes kommen, um das Gerüst zu bewundern, ohne wahrzunehmen, dass innerhalb des Gerüstes ein weit schöneres Gebäude entsteht. Wenn das Haus fertig ist, sind dann einige vielleicht traurig darüber, dass der wunderbare Anblick entfernt wird. Der Baumeister würde natürlich darauf bestehen, das Gerüst zu entfernen, wie schön es auch sein mag. Das ist doch seine Aufgabe: die Funktion für den Bau zu erfüllen und dann weggenommen zu werden. Nur so kann man den echten Neubau in seiner ganzen Pracht bewundern.

In diesem Geist müssen wir die Verse 22 und 23 lesen. Es überrascht nicht mehr, dass es in der neuen Stadt „keinen Tempel" geben wird, wie es im irdischen Jerusalem und auch in seinem himmlischen Gegenstück (Kapitel 11,19 und 15,5) noch der Fall gewesen war. Die Tatsache, dass Gott selber in der Stadt wohnt wie auch die Form der Stadt in Gestalt eines gigantischen Würfels zeigen uns, dass es innerhalb der Stadt nicht noch einen spezifischen Ort geben kann, an dem Gott wohnt. Der Tempel in Jerusalem wie auch der Tempel im ersten **Himmel** sind Wegweiser hin auf die große und fast unvorstellbare Wirklichkeit, auf die doch so große Teile des Neuen Testamentes hindeuten: dass „die Erde erfüllt wird mit der Erkenntnis der Herrlichkeit des Herrn, wie Wasser das Meer bedeckt" (Habakuk 2,14). Auf dieses Ziel weisen so große Teile der Schrift hin. Alle, die sich danach sehnen, die Erde zu verlassen und in den Himmel zu kommen, haben dieses Ziel aus den Augen verloren. Der Himmel kommt auf die Erde. Wieso sollen wir uns etwas anderes wünschen? Wir haben die Wirklichkeit und brauchen die Wegweiser dorthin nicht mehr.

In Vers 23 entdecken wir, dass nicht nur der Tempel überflüssig wird. Sogar Sonne und Mond, die als die beiden großen Leuchten in der ersten Schöpfung eine so große Rolle spielen und die in vielen Bibelstellen gefeiert werden (man denke an Psalm 19, wo die Sonne sogar als Bild für Gottes Gesetz dient), werden nun nicht mehr gebraucht. Sie sind Teil des Gerüsts. Wir dürfen sie nicht mit der endgültigen Wirklichkeit verwechseln. Sie sind weitere Wegweiser, die auf die letzte Wahrheit hindeuten, dass Gott selbst das strahlende und leuchtende Licht für sein Volk ist. Wir reiben verwundert unsere Augen und entdecken immer mehr, dass die wunderbare Welt, die uns in Genesis 1 vor Augen gemalt wird, erst der Anfang von etwas war und nicht das Ziel. Sie ist als Ganzes ein großer Wegweiser, der auf die Welt hindeutet, die Gott schon immer aus ihr machen wollte.

Für viele mag das ein neuer Gedanke sein. Eigentlich ist das aber ein zentraler Teil der christlichen Weltanschauung. Die ganze christliche Theologie baut darauf auf, dass Gottes Schöpfung gut ist. Sie ist aber auch deshalb gut, weil sie über sich hinaus auf die neue Schöpfung hinweist. Diese neue Schöpfung ist nicht ein nachträglicher Einfall, ein Plan B, nachdem sich die erste Schöpfung so entsetzlich falsch entwickelt hat. Wegen der menschlichen Sünde kann Gott seinen eigentlichen Entwurf nur über einen langen, gewundenen, tränen- und blutgetränkten Weg erreichen. Die wichtigsten Tränen und das wichtigste Blut sind dabei von Gott selber in Gestalt des Lammes vergossen worden. Wie im triumphalen Schluss des Buches Exodus, so wird auch in der Offenbarung das Ziel allein durch die Kraft von Gnade und Erbarmen erreicht. Durch diese Gnade und dieses Erbarmen wird die erste Schöpfung nicht einfach entsorgt und ersetzt, sondern von Kopf bis Fuß erneuert.

Das Geheimnis entfaltet sich noch einen Schritt weiter. In einem großen Teil der Offenbarung sind „die Nationen“ und ihre Könige feindlich. Sie beteiligen sich am Götzendienst und der wirtschaftlichen Gewalt Babylons. Sie unterdrücken und widerstehen Gott, seinen Plänen und seinem Volk. Wir haben aber auch schon Hinweise darauf gesehen, dass Gottes umfassende Erlösungsabsicht jetzt zum Tragen kommt. Das Zeugnis der Märtyrerkirche in Kapitel 11 führte dazu, dass Nationen, die vorher gegen Gott getobt hatten, jetzt in die Anbetung Gottes einstimmen (Kapitel 11,13). Jetzt kommen sie in feierlicher Prozession und erfüllen so die Verheißungen aus den Prophetien der Bibel wie zum Beispiel Psalm 72, 10-11 (man beachte das Gebet in Psalm 72,19, dass Gottes Herrlichkeit die ganz Welt erfüllen möge!), Jesaja 49,6-7, Sacharja 14,16-17. Am deutlichsten nimmt Jesaja 60 verschiedene Elemente der Vision des Johannes vorweg. Die Stadt selbst ist nicht ein Gemälde, wo die Leute bewundernd die goldenen Gassen oder Gott selber und das Lamm anstarren. Die Stadt ist eine betriebsame Gemeinschaft, voller Aktivitäten, wenn die Nationen kommen um anzubeten und Verehrung zu bringen.

Johannes ist so umsichtig und ergänzt eine Warnung: Gottes umfassende Güte schließt ausdrücklich alle, die Scheußlichkeiten begehen oder lügen, nicht mit ein. Das ist aus dem gleichen Grund nötig, weswegen Rauchen in einer Bibliothek verboten ist und weshalb man in einem Konzertsaal keinen Radio laufen lassen darf. Was die Schönheit und Heiligkeit in Gottes neuer Stadt zerstört, ist von vorneherein ausgeschlossen.

Es ist aber nicht nur so, dass Menschen von außen in die Stadt hineinkommen. **Leben**, flüssiges Leben, das Wasser des Lebens, fließt aus der Stadt in die Welt ringsum. Gottes großzügige Liebe ist die Quelle und das Ziel aller Dinge. Wie kann die Stadt, in der Gott und das Lamm persönlich anwesend sind, etwas anderes sein als der Ursprungsquell des Lebens, der hinausfließt zu denen, die es brauchen! So kommt Johannes von der äußersten Erfüllung von Genesis 1 via Jesaja 60 zur äußersten Erfüllung von Genesis 2 via Hesekiel 47.

Wenn erst Gottes Herrlichkeit in Hesekiel 43 in den neu erbauten **Tempel** zurückkehrt, dann entdecken wir, dass dieser Tempel in Wirklichkeit eine Art neuer Garten Eden ist. Von hier ergießt sich ein Fluss und bewässert die Welt ringsum. In Genesis waren es vier Flüsse. In Hesekiels neuem Eden gibt es dagegen nur einen Fluss, der tiefer und tiefer wird, bis er sich den großen judäischen Abhang hinunter ergießt und das Tote Meer frisch macht. Hesekiel sah in seiner Vision Fruchtbäume an jedem Ufer des Flusses (47,12). Ihre Früchte oder ihr Laub dienten zur Heilung. In einer der bewegendsten Überarbeitungen biblischer Bildsprache seines ganzen Buchs sieht Johannes, wie der Lebensstrom fließt. Der Strom rauscht durch die Straßen der Stadt und ergießt sich ins Umland. Schon bei Hesekiel sieht man klar, dass hier der Garten aus Genesis 2 wieder auf die Welt kommt. Bei Johannes aber sieht man es noch deutlicher und schärfer fokussiert. Der Baum, der im Überfluss an beiden Ufern des Flusses wächst, heißt ausdrücklich „Baum des Lebens". Eben von diesem Baum durften Adam und Eva nicht essen. Für sie wäre es verheerend gewesen, in ihrem sündigen Zustand ewig leben zu müssen. Deshalb wurden sie aus dem Garten herausgeworfen. Und der „Baum des Lebens" steht nicht einfach da, um dieser und jener Person, diesem Adam und jener Eva Heilung zu bringen. Die Vision des Johannes umfasste schon immer die größeren Realitäten: gewaltige und oft so schwer zu entdeckende soziale, kulturelle und politische Schmerzen und Ungereimtheiten. Unwissende Armeen, die in der Nacht gegeneinander kämpfen. Möchtegern-Führer der Welt, die sich als blinde Blindenführer erweisen. Jetzt stehen die Blätter vom Baum des Lebens zur *Heilung der Nationen* zur Verfügung. Auch das neue Jerusalem scheint nicht ein Gemälde, sondern ein Projekt zu sein. Die Stadt wird priesterlich den Lobpreis der übrigen Schöpfung aufnehmen und königlich zu einer Quelle von heilender, weiser Ordnung, durch die Gottes Herrschaft aufgerichtet wird.

Das neue Jerusalem in der Vision des Johannes ist nicht die ganze neue Schöpfung. Es ist das Herzstück und das Juwel. Von hier fließt umsonst alles, was die Welt braucht. Sie ist das Allerheiligste. Die ganze Welt aber, voll von Gottes Herrlichkeit, wird der endgültige Tempel sein. Das meint Johannes, wenn er sagt, dass die Knechte Gottes und des Lammes nicht nur anbeten (Vers 3), nicht nur sein Angesicht sehen (Vers 4), sondern für „immer und ewig herrschen" (Vers 5). Vom Anfang des Buches an wird uns gesagt, dass die Nachfolger des Lammes eine königliche **Priester**schaft sein werden, und jetzt sehen wir, was das bedeutet. Von dieser Stadt, die die Braut ist, die sich aus den Nachfolgern des Lammes zusammensetzt, fließt die heilende und wiederherstellende Verwalterschaft. So wird Gott, der Schöpfer, ein für alle Mal demonstrieren, dass seine Schöpfung gut ist, und dass er selber voller Güte ist.

Johannes' Vision beschreibt ein neues Eden. Aber Eden ist nicht mehr nur ein Garten, sondern eine Stadt. Alles, was einen Garten ausmacht, ist immer noch da, es ist aber zusammengefasst und weiterentwickelt in und um die Stadt herum. In unserem Innersten wissen wir, dass wir für beides geschaffen sind, auch wenn der romantische Traum vom idyllischen Landleben auf der einen und der Traum des Unternehmers von der Stadt auf der anderen Seite beide kein stimmiges Bild ergeben. Die neue Schöpfung zieht beide Bilder zusammen und heilt und verwandelt so beide. Wenn Himmel und Erde zusammenkommen, wenn die Braut und das Lamm zusammenkommen – beides sind Zeichen, dass die Dualität aus der Genesis endlich zusammenkommt, wie es schon immer geplant war – dann kommen auch Garten und Stadt endlich zusammen. Menschen, in Beziehung miteinander und mit Gott, üben fröhliche und weise Haushalterschaft über die Erde und ihre Früchte aus. All das in dem wunderbaren Licht, das vom Thron her leuchtet.

Wie die anderen Aspekte dieser Vision der endgültigen Zukunft soll auch dies schon in der Gegenwart vorweggenommen werden.

Offenbarung 22,8-21: „Ich komme bald!“

8 *Ich, Johannes, hörte und sah diese Dinge. Als ich sie hörte und sah,*
fiel ich dem Engel zu Füßen, der sie mir gezeigt hatte, um anzubeten.
9 *Er sagte mir aber: „Tu das nicht! Ich bin ein Mitknecht von dir und*
allen anderen Mitgliedern deiner prophetischen Familie und von al-
len, die die Worte dieses Buches halten. Bete Gott an!“

10 Er fügte an: „Versiegle die Worte dieses Buches nicht. Du wirst se-
hen: Die Zeit ist nahe. 11 Die Ungerechten sollen weiterhin ungerecht,
die Gemeinen weiterhin gemein sein. Die Gerechten dagegen sollen
weiterhin gerecht und die Heiligen heilig sein.
12 Siehe! Ich komme bald und bringe meine Belohnung mit. Ich wer-
de jedem zurückzahlen gemäß dem, was er getan hat. 13 Ich bin das
Alpha und das Omega, der Erste und der Letzte, der Anfang und das
Ende.“
14 Gottes Segen ist auf denen, die ihre Kleider waschen. So haben sie
das Recht, vom Baum des Lebens zu essen und die Stadt durch ihre
Tore zu betreten. 15 Die Hunde aber, die Zauberer, die Hurenböcke,
die Mörder, die Götzenanbeter und alle, die es lieben, Lügen zu erfin-
den, sie alle müssen draußen bleiben.
16 „Ich, Jesus, habe meine Engel gesandt, um dir dieses Zeugnis für
die Gemeinden zu übergeben. Ich bin die Wurzel Davids und sein
Nachkomme. Ich bin der helle Morgenstern.“
17 Der Geist und die Braut sagen „Komm!“ Jeder, der es hört, soll
auch sagen: „Komm!“ Wer Durst hat, soll kommen. Jeder, der möch-
te, soll das Wasser des Lebens umsonst trinken.
18 Ich bezeuge jedem, der die prophetischen Worte dieses Buches
hört: Wenn ihnen jemand etwas hinzufügt, dann wird Gott dieser Per-
son etwas von den Plagen hinzufügen, die in diesem Buch beschrieben
sind. 19 Wenn aber jemand etwas von den prophetischen Worten in
diesem Buch wegnimmt, dann wird Gott den Anteil dieser Person
am Baum des Lebens und an der Heiligen Stadt wegnehmen, die in
diesem Buch beschrieben sind.
20 Derjenige, der dieses Zeugnis abgibt, sagt: „Ja, ich komme bald.“
Amen! Komm, Herr Jesus.
21 Die Gnade des Herrn Jesus sei mit euch allen.

Ich stand im Kloster und horchte auf die Glocken. Anfangs konnte ich jede einzelne der zehn in der klaren Morgenluft deutlich unterscheiden. Langsam aber, als sich die Ordnung verschob und mit den Echos in den alten steinernen Gängen vermischte, schienen sie mehr und mehr miteinander zu verschmelzen. Es entstand ein herrlicher, wilder, urtümlicher Klang, der Echos und Erinnerungen an längst vergangene Zeiten weckte und auch Bilder aus kommenden Zeiten aufsteigen ließ. Und doch drängten sich mitten in dem reichen Durcheinander ihres Lärms die zwei oder drei größten Glocken nach vorn. Ihr Rhythmus änderte sich immer wieder: Dong ... Dong ... *Dong* ... Dong ... Dong ... *Dong*. Sie waren Teil der ganzen Musik und schienen doch immer zu wiederholen: Pass auf. Dies ist wichtig. Höre gut hin. Wir erzählen dir etwas. Bleib wach.

So ähnlich fühlt man sich am Ende dieses äußerst bemerkenswerten Buches. Wir haben aus Platz- und Zeitgründen nur an der Oberfläche gekratzt und doch etwas von seinen Tiefen gesehen. Anfangs hörten wir noch die einzelnen Noten. Dann wurde die Geschwindigkeit schneller, es mischten sich immer mehr Echos ein. Die ganze Folge der Ereignisse – Briefe, Siegel, Posaunen, Schalen und alles, was mit ihnen zusammenhängt – mischt sich in unserer Erinnerung zu einem einzigen herrlichen, wilden, urtümlichen Klang. Der weist uns zurück auf die Dämmerung der Zeit und auf die ältesten Kapitel der Bibel. Gleichzeitig weist er durch symbolische Wegweiser auf Dinge hin, die in Gottes endgültiger Zukunft eintreffen werden. Aus diesem reichen Durcheinander stechen doch zwei oder drei Töne besonders heraus. Sie klingen aus all dem bisher gesagten heraus als Teil der Musik, und doch mit einer eigenen Botschaft: Pass auf. Halte diese Worte. Ich komme bald. Ich komme bald.

Gott kommt bald! Das war schon seit vielen Jahren die Hoffnung Israels – lange bevor Johannes auf Patmos lebte, und schon lange, bevor Jesus an einem frostigen Morgen in Bethlehem die Augen öffnete. Schon vierhundert Jahre vorher hatte Maleachi die gelangweilten und nachlässigen **Priester** gewarnt: Der Gott, den ihr sucht, wird plötzlich zu seinem **Tempel** kommen. Er wird kommen! Hesekiel hatte beschrieben, wie Gott aus dem Tempel auszieht und ihn seinem Schicksal überlässt (Hesekiel 10,18-19; 11,22-23). Er hatte aber auch verheißen, dass er zurückkehren wird, sobald der Tempel ordnungsgemäß wiederhergestellt ist (43,1-5). In den folgenden vierhundert Jahren konnte niemand von solch einer Vision erzählen, wie sie Hesekiel gesehen hatte. Es machte auch niemand Erfahrungen mit Gottes Herrlichkeit im Tempel, wie sie in Exodus 40 oder Jesaja 6 beschrieben werden. Der Herr war noch nicht zurückgekehrt. Aber er würde kommen. Er würde sicher kommen. Die Hoffnung, dass Gott zurückkehrt, war das Herzstück der Hoffnung auf den erneuerten Tempel. Diese wiederum war das Herzstück der Hoffnung auf die Erneuerung Israels. Hoffnung in der Hoffnung in der Hoffnung. Gewiss, er kommt bald!

Die ersten Christen glaubten, dass diese Hoffnung erfüllt war – in Jesus. Er war als der verheißene, ehrwürdige Richter zum Tempel nach Jerusalem gekommen. Sie sahen aber auch, dass sich die Verheißungen weit umfassender erfüllten. Dies auf die überraschendste und schockierendste Art, als Jesus am Kreuz „erhöht“ wurde und auferstand. Das war die wirkliche „Rückkehr des Herrn nach Zion“. In diesem Augenblick wurde die Herrlichkeit des Herrn offenbart, sodass alles Fleisch es sehen kann.

So war es für sie einfach und naheliegend, die viel ältere jüdische Hoffnung, dass **JHWH** zurückkehrt, auf das feste unerschütterliche Vertrauen zu übertragen, dass Jesus zurückkehren wird. Jesus und Gott sind eins. Sie teilen den gleichen Thron. Beide können von sich sagen: „Ich bin das Alpha und das Omega“ (vgl. 21,6 mit 22,13). Beide empfangen sie Anbetung, die niemand anderem zukommt (22,9). Das gibt dieser Übertragung eine feste Grundlage. Die frühe Kirche erlebte immer wieder, dass Jesus „kommt“: in Anbetung, Gebeten, im Zeugnis der Märtyrer und nicht zuletzt im eigenen Tod. Das zeigte ihnen, dass ihre Hoffnung nicht im luftleeren Raum hing. Im Gegenteil: Sie wurde täglich und wöchentlich bestätigt. In diesen Versen läutet die große Glocke: Ich komme bald. Die Zeit ist nahe. Ich komme bald. Ja, ich komme bald!

Das Gefühl von Dringlichkeit erklärt die zweite Glocke, die wir in diesen Versen hören. Wieder und wieder ertönt sie gegen all die Echos und Schwingungen, die wir schon gehört haben. Diese Worte sind vertrauenswürdig und wahr (Vers 6). Gottes Segen ist auf dem, der die prophetischen Worte in diesem Buch bewahrt (Vers 7), auf allen, die die Worte dieses Buches halten (Vers 9). Versiegele die Worte dieses Buches nicht (Vers 10). Ich bezeuge jedem, der die prophetischen Worte dieses Buches hört: ... Wenn aber jemand etwas von den prophetischen Worten in diesem Buch wegnimmt, ... die in diesem Buch beschrieben sind (Vers 18-19). Diese Worte. Diese Prophetie. Dieses Buch. Dieses Buch. Es kommt einem vor wie die Stimme eines sehr, sehr alten Mannes. Er schwankt hin und her zwischen dem Bewusstsein dieses **Lebens** und dem Bewusstsein des nächsten Lebens, wo es ihn mehr und mehr hinzieht. Dabei wiederholt er wieder und wieder das, was er sieht, das, was wirklich zählt. Ich komme bald. Dieses Buch. Diese Prophetie. Ich komme bald.

Wie schnell passiert es, dass wir diese Glocken hören – und dann einfach weitergehen. Wie schnell werten wir sie als fröhliches Durcheinander ab. Manche fragen: „Um was geht es überhaupt in der Offenbarung? Ich kann mir keinen Reim darauf machen.“ Andere spotten: „Gutes Jagdrevier für Irrlehrer und Fanatiker.“ „Voll von wirren Fantasien und dunklen, halbchristlichen Drohungen“, sagen wieder andere. Doch die Glocke läutet weiter. Ich komme bald. Dieses Buch. Diese Prophetie. Komme bald. Hört auf diesen Mann. Vielleicht ist er alt, vielleicht murmelt er nur noch, aber möglicherweise kennt er den Ort, wo der Schatz verborgen liegt. Möglicherweise will er es uns erzählen. Diese Dinge sind vertrauenswürdig und wahr.

Durch die Echos der Glocken hindurch hören wir eine weitere Stimme, die in der Kirche singt. Ich bin das Alpha und das Omega, der Erste und der Letzte, Anfang und Ende. Ich, Jesus, sandte meinen Engel, um euch dieses Zeugnis zu überbringen. Ich bin Davids Wurzel und Nachkomme, der helle Morgenstern. Das Lied mischt sich mit den Glocken. Durch die Echos, Wiederholungen, die drängenden Warnungen hindurch hört man klar die Stimme von Jesus. Und in der

Tat sind es Warnungen: Jetzt ist es zu spät, um noch etwas zu verändern. Wasche deine Kleider im Blut des Lammes, damit du vom Baum des Lebens essen kannst. Alle, die das verweigern, alle, die Lügen erfinden, müssen draußen bleiben (Vers 15). Johannes macht sich keine Sorgen darüber, dass seine Bilder nicht folgerichtig sind. Chöre und Glocken arbeiten nicht so. Ja, dieselben Leute waren vorhin noch im Feuersee. Jetzt finden wir sie außerhalb der Stadt. Es ist das gleiche Bild, aber das Kaleidoskop hat sich wie üblich wieder einmal gedreht. Mach dir darüber keine Gedanken, höre einfach auf die Musik. Die Worte dieses Buches. Komme bald. Diese Prophetie. Ja, ich komme bald.

Und wenn du dann so weit bist, stimme mit ein: „Der **Geist** und die Braut sagen: Komm!“ Durch das ganze Buch des Johannes war der Geist eher verborgen als sichtbar: Manchmal erwähnt als der siebenfache Geist, manchmal als „Geist der Prophetie“. Das Augenmerk lag so sehr auf Gott und dem Lamm, dass man fast meinen könnte, dass Johannes eher an eine Zweieinigkeit glaubt als an die Dreieinigkeit.

So kann man sich täuschen! Erst der Geist macht die Braut zur Braut. Der Geist befähigt die Märtyrer dazu, treue Zeugen Jesu zu sein. Der Geist inspiriert die Anbetungslieder. Der Geist geht aus vom Thron des Vaters. Er atmet in und durch die Herzen, Gedanken und Leben von Menschen aus allen Nationen, Stämmen und Sprachen. Von ihnen lässt er das Lob zurückschallen zum Vater und zum Lamm. Das ist so trinitarisch wie nur möglich. Die Braut wird hineingenommen in das innergöttliche Leben. Wann immer sie ihrem Geliebten sagt: „Komm“, dann kann man nicht unterschieden, ob der Geist oder die Braut redet. Die Antwort ist: „Beide!“ Der Geist des **Messias** befähigt die Braut, die zu sein, die sie ist: wunderschön und liebenswert.

Die Glocken finden die Sprache, seinen Namen weit hinaus ertönen zu lassen. Sie läuten ihr Loblied und ihre Einladung: Komm zum Wasser, es ist noch Zeit, komm und nimm das Wasser des Lebens umsonst. Die Leser des Johannes sahen in ihren Nachbarn auf den

Straßen kalte, feindliche Passanten und mögliche Verräter. Ihnen war bewusst, dass die Herrschaft des Drachen, des Monsters und des falschen Propheten immer noch andauerte. Sie sehnten sich danach, aus alledem zu flüchten, gerettet zu werden und nicht, ihren Nachbarn die wiederholte und großzügige Einladung Gottes zu überbringen. Aber genau diese Perspektive müssen sie einnehmen, weil die Gnade Gottes so gewaltig ist und seine Einladung größer als die ganze Welt. Weil er uns so geschaffen hat, wie er es tat, wird er keinen anderen Druck anwenden außer der Einladung der Liebe. Und nur diejenigen, die Lügen über seine Liebe und alles andere erzählen, werden diese Einladung ablehnen (Vers 15). Aber auch Gott selber ist der, der er nun mal ist. Er ist der Schöpfer, dessen Absichten sich auf herrliche Art im geschlachteten Lamm erfüllen. Deshalb wird er auch weiterhin einladen, Menschen willkommen heißen und das Lebenswasser für alle Durstigen fließen lassen. Höre auf die Glocken. Diese Worte. Diese Prophetie. Dieses Buch. Komme bald. Ja, ich komme bald.

Der Geist erwacht im einen oder anderen, im Kloster und in der Kirche, im Kriegsgebiet und im Thronsaal, auf der Insel des Exils und in der Folterkammer, in den Herzen von Männern und Frauen, in den Träumen kleiner Kinder, sogar am Bischofssitz und in der Studierstube des Theologen: das Gebet, der Ruf, das Lied, die Hoffnung, die Liebe: Amen, komm, Herr Jesus!

Dieser Brief – und es war immer ein Brief, so wie es auch eine Prophetie und eine Offenbarung war – endet, wie man es erwarten würde, mit einem Grußwort zum Schluss: „Die Gnade des Herrn Jesus sei mit euch allen“ (Vers 21). Auch wenn das ein ganz normaler Gruß war, trägt er jetzt in sich die Fracht des ganzen Buches. Er ist dicht gewoben mit tausend Bildern von „Gnade“. Er geht schwanger mit der Kraft des Wortes „Herr“, das vor der Nase des Cäsar ausgesprochen besondere Kraft hat. Er strahlt mit der Einladung, die „euch allen“ immer noch gilt. Und über allem schmeckt er köstlich wegen des Namens, der über alle Namen erhoben ist, des Namens des geschlachteten Lammes, des Namens, den wir lieben und nach dem wir uns sehnen. Dieses Buch war eine Offenbarung von Jesus. Ein Zeugnis für Jesus. Eine Huldigung an Jesus. Dieses Wort. Dieses Buch. Diese Prophetie. Hört auf die Glocken. Komme bald. Dieser Jesus.

Glossar

Ankläger, *siehe* Satan

Apostel, Jünger, die Zwölf
„Apostel“ bedeutet: „jemand, der gesandt ist.“ Das Wort konnte einen Botschafter oder einen offiziellen Delegierten bezeichnen. Im Neuen Testament wird das Wort manchmal spezifisch in Bezug auf den inneren Kreis der Zwölf um Jesus benutzt; doch Paulus sieht nicht nur sich selbst, sondern etliche andere außerhalb des Zwölferkreises als „Apostel“ an, wobei das Kriterium für den Apostelstatus darin besteht, ob jemand den auferstandenen Jesus persönlich gesehen hat. Jesus selbst symbolisiert mit seiner Auswahl von zwölf engen Mitarbeitern seine Absicht, Gottes Volk, Israel, zu erneuern (Israel bestand nach eigener Ansicht traditionell aus zwölf Stämmen). Nach dem Tod von Judas Iskariot (einer aus dem Kreis der Zwölf; Matthäus 27,5) wurde per Losentscheid Matthias an seiner Stelle gewählt, um die symbolische Zwölfzahl aufrechtzuerhalten (Apostelgeschichte 1,18). Während Jesu Lebzeiten wurden die Zwölf und viele andere, die ihm folgten, als seine „Jünger“ angesehen, was „Schüler“ oder „Lehrling“ bedeutet.

Auferstehung
Fast im gesamten biblischen Denken ist der Körper des Menschen von Bedeutung; er ist nicht bloß das verzichtbare Gefängnis der **Seele**. In Zeiten, in denen Israel um die Güte und Gerechtigkeit JHWHs, des Schöpfergottes, rang, fand man letztendlich zu der Überzeugung, dass er die Toten auferwecken müsse (Jesaja 26,19; Daniel 12,2-3) – ein Vorschlag, der klaren Widerspruch durch das klassische heidnische Denken erfuhr. Die ersehnte Rückkehr aus dem **Exil** wurde auch in dem Bild von JHWH thematisiert, der verdorrte Knochen zu neuem Leben erweckt (Hesekiel 37,1-14). Diese Vorstellungen wurden in der Zeit des zweiten **Tempels** weiterentwickelt, nicht zuletzt in Zeiten des Martyriums (z.B. 2. Makkabäer 7). Auferstehung war nicht bloß „Leben nach dem Tod“, sondern ein neu verkörpertes Leben *nach* dem „Leben nach dem Tod“; die gegenwärtig Toten wurden entweder als „Schlafende“ bezeichnet oder als „Seelen“, „Engel“ oder „Geister“ angesehen, die auf ihre erneute Verkörperung warteten.

Die frühchristliche Überzeugung, dass Jesus von den Toten auferweckt worden war, meinte damit nicht, dass er „in den **Himmel** gekommen“ oder dass er „erhöht worden“ sei oder „göttlich“ war; all das glaubten die frühen Christen auch; doch jede dieser Überzeugungen hätte ohne die Erwähnung der Auferstehung ausgedrückt werden können. Nur die körperliche Auferstehung Jesu erklärt den Aufstieg der frühen Kirche, insbesondere ihren Glauben daran, dass Jesus der Messias ist (seine Kreuzigung hatte das infrage gestellt). Die frühen Christen glaubten, dass auch sie selbst zum Zeitpunkt der Wiederkunft oder **Parusie** des Herrn zu einem neuen, verwandelten körperlichen Leben auferweckt werden würden (Philipper 3,20f.).

Beschneidung
Die Entfernung der Vorhaut. Die Beschneidung der Männer war ein wichtiges Identitätsmerkmal für Juden. Sie geschah auf das ursprünglich an Abraham gerichtete Gebot hin (1. Mose 17), das von Josua neu bekräftigt worden war (Josua 5,2-9). Andere Völker, z.B. die Ägypter, beschnitten ebenfalls ihre männlichen Kinder. Eine gedankliche Linie von 5. Mose (z.B. 30,6) über Jeremia (z.B. 31,33) bis zu den **Schriftrollen vom Toten Meer** und zum Neuen Testament (z.B. Römer 2,29) spricht davon, dass das, was Gott eigentlich ersehnt, die „Beschneidung des Herzens“ sei. Durch diese wird ein Mensch innerlich zu dem, was ein männlicher Jude äußerlich ist, also zu einem Angehörigen des Volkes Gottes. In Zeiten jüdischer Assimilation versuchten einige Juden, die Spuren der Beschneidung zu entfernen (z.B. 1. Makkabäer 1,11-15).

Botschaft, *siehe* gute Nachricht

Bund
Im Zentrum des jüdischen Glaubens steht die Überzeugung, dass der eine Gott, **JHWH**, der die ganze Welt erschaffen hat, Abraham und seine Familie berufen hat, damit er auf besondere Weise zu ihm gehöre. Die Verheißungen, die Gott Abraham und seiner Familie gab, und die Anforderungen, die als Resultat daraus ihnen auferlegt wurden, wurden entweder im Sinne einer Übereinkunft verstanden, die ein König mit einem unterworfenen Volk traf, oder im Sinne eines Eheschlusses zwischen Mann und Frau. Ein üblicher Begriff, mit dem diese Beziehung beschrieben wurde, war „Bund“, was auf diese Weise sowohl Verheißung als auch Gesetz umfassen kann. Der Bund Gottes mit Israel wurde mehrfach erneuert: am Berg Sinai mit der Gabe der **Tora**; in 5. Mose vor dem Eintritt ins verheißene Land; und auf eine stärker fokussierte Weise bei David (z.B. Psalm 89). Jeremia 31 verhieß, dass Gott nach dem

Gerichtshandeln des **Exils** mit seinem Volk einen „neuen Bund" schließen würde; er würde ihnen vergeben und sie enger an sich binden. – Jesus glaubte, dass diese Verheißung sich durch seine **Reich-Gottes**-Verkündigung und seinen Tod und seine **Auferstehung** erfüllte. Die frühen Christen entfalteten diese Vorstellung auf verschiedene Weise, da sie glaubten, dass die Verheißungen in Jesus endlich erfüllt worden waren.

Buße, ***siehe*** **Umkehr**

Christus, ***siehe*** **Messias**

Dämonen, ***siehe*** **Satan**

Davids Sohn, ***siehe*** **Sohn Davids**

Erlösung/Errettung
„Erlösung" bedeutet wörtlich „etwas zurückkaufen". In der alten Welt wurde das Wort oft für Sklaven verwendet, die sich die Freiheit erkauft haben oder die von jemand anderem freigekauft wurden. Gott „kaufte" sein Volk aus der Sklaverei in Ägypten und schenkte ihnen die Freiheit im verheißenen Land. Diese große „Erlösung" gab jeder weiteren Erwähnung dieses Wortes in der Bibel ihre Farbe. Als die Juden später ins babylonische Exil verschleppt wurden (und sogar nach der Rückkehr in ihr Land), sahen sie sich selbst als erneut Versklavte, die erneut Erlösung brauchten. Jesus und die ersten Christen deuteten diese erneute Versklavung mit drastischen Worten als die Versklavung durch die Sünde und den Tod. Entsprechend verstanden sie unter „Erlösung" die Befreiung aus dieser mehrfachen tyrannischen Sklaverei. Diese Befreiung hat Gott durch den Tod von Jesus möglich gemacht (Römer 3, 24). In Bezug auf den Tod und das ewige Leben kann man das Wort „Erlösung" oder „Errettung" sehr unterschiedlich verstehen.[5] Das hängt davon ab, wer gerettet werden muss und vor was. So gab es die Meinung, dass das größte Problem der Menschen darin bestehe, dass die unsterbliche Seele in einem sterblichen und schwachen Körper gefangen ist. Wenn dann die Seele beim

---

[5] Anmerkung des Übersetzers: Die englischen Begriffe „salvation" (Errettung) und „redemption" (Erlösung) werden zur Übersetzung des gleichen griechischen Begriffs verwendet. Ihre Bedeutungen liegen daher sehr nahe beieinander. In deutschen Bibelübersetzungen wird beides in der Regel als „Erlösung" übersetzt.

Sterben endlich aus ihrem Gefängnis entfliehen kann, ist dies die „Errettung". Für die meisten Juden und auch für die ersten Christen war dagegen der Tod selber, das Ende des von Gott geschenkten Lebens, der wahre Feind. „Errettung" meint dann also die Rettung vor dem Tod. Anders gesagt besteht die Errettung für alle, die schon gestorben sind, in der leiblichen Auferstehung, und für alle, die bei der Wiederkunft des Herrn noch am Leben sind, in der Verwandlung des Leibes (siehe 1. Korinther 15,50-57). Paulus und andere gehen davon aus, dass sich diese Errettung auf die ganze Schöpfung ausweiten wird (Römer 8,18-26). Wenn „Errettung" bedeutet, dass Gottes Schöpfung und unsere geschaffenen Körper von allem befreit werden, was sie entstellt, verunstaltet und zerstört (z. B. Sünde, Krankheit, Verderbtheit und der Tod selbst), dann erwarten wir zu Recht, dass das Neue Testament den Ausdruck „Errettung" und „gerettet werden" sehr umfassend verwendet. Es geht nicht nur darum, dass hier und da Menschen zum Glauben kommen und die Gewissheit auf ein ewiges Leben bekommen. Der Körper soll geheilt und aus seiner schrecklichen Bedrängnis gerettet werden (Apostelgeschichte 16,30-31; 27,44). Die Auferstehung Jesu bleibt das Fundament für ein biblisches Verständnis der Rettung für den ganzen Menschen und die ganze Schöpfung. Obwohl die Vollendung dieser Errettung noch aussteht, hat sie doch mit der Auferstehung Jesu schon begonnen.

Evangelium, *siehe* gute Nachricht

Ewiges Leben, *siehe* Zeitalter, gegenwärtiges

Exil

Das 5. Buch Mose (29–30) spricht die Warnung aus: Wenn Israel **JHWH** ungehorsam sein würde, würde er sein Volk ins Exil schicken. Doch wenn sie umkehren würden, würde er sie in ihr Land zurückbringen. Als im Jahr 597 v. Chr. die Babylonier Jerusalem einnahmen und das Volk Israel ins Exil führten, interpretierten Propheten wie Jeremia dieses Ereignis als Erfüllung dieser Prophezeiung und machten weitere Vorhersagen darüber, wie lange das Exil dauern würde (laut Jeremia 25,12; 29,10 70 Jahre). Und tatsächlich begann die Rückkehr aus dem Exil für einige Menschen im späten sechsten Jahrhundert v. Chr. (Esra 1,1). Die nachexilische Zeit war jedoch weithin eine Enttäuschung, da das Volk nach wie vor an fremde Mächte versklavt war (Nehemia 9,36). Auf dem Höhepunkt der Verfolgung durch die Syrer sprach Daniel 9,2.24 davon, dass das „eigentliche“ Exil nicht 70 Jahre dauern würde, sondern 70 Jahr*wochen*, also 490 Jahre. Die Sehnsucht nach der eigentlichen „Rückkehr aus dem Exil“, nach der Zeit, in der die Prophetien von Jesaja, Jeremia etc. erfüllt und die Erlösung von der heidnischen Unterdrückung bewerkstelligt werden würden, charakterisierten nach wie vor viele jüdische Bewegungen, und diese Sehnsucht war ein Hauptthema in der Verkündigung Jesu und seiner Aufforderung zur **Umkehr**.

Exodus

Der Exodus (= Auszug) aus Ägypten fand dem gleichnamigen biblischen Buch zufolge (Exodus; 2. Mose) unter der Führung von Mose statt, nach langen Jahren, in denen die Israeliten dort versklavt gewesen waren. (Laut 1. Mose 15,13 f. war diese Versklavung und dieser Auszug Teil der Bundesverheißungen Gottes an Abraham.) Der Exodus zeigte den Israeliten und dem Pharao, dem König von Ägypten, dass Israel Gottes besonderes Kind war (2. Mose 4,22). Sie wanderten dann vierzig Jahre lang durch die Wüste des Sinai, wobei Gott sie in einer Wolken- und einer Feuersäule führte. Zu Beginn dieser Zeit wurde ihnen am Berg Sinai die **Tora** (das Gesetz) gegeben. Nach dem Tod von Mose und unter der Führung von Josua überquerten sie den Jordan und zogen in das verheißene Land Kanaan ein, das sie schließlich eroberten.

Dieses Ereignis, dessen jährlich beim Passahfest und anderen jüdischen Festen gedacht wurde, gab den Israeliten nicht nur eine kraftvolle Erinnerung daran, was sie zu einem Volk gemacht hatte. Es gab ihrem **Glauben** an **JHWH** auch eine bestimmte Gestalt und einen bestimmten Inhalt. JHWH war nicht nur der Schöpfer, sondern auch der Befreier, der Erlöser. In späteren Versklavungen, besonders im **Exil**, wartete Israel auf eine weitere Erlösung, die im Grunde ein neuer Exodus sein würde. – Wahrscheinlich beherrschte kein anderes Ereignis der Vergangenheit die Vorstellungswelt der Juden des ersten Jahrhunderts so stark wie der Exodus. Zu diesen Juden gehörten auch die ersten Christen, die im Anschluss an Jesu eigene Praxis weiterhin auf den Exodus zurückverwiesen, um ihren eigenen entscheidend wichtigen Ereignissen, insbesondere dem Tod und der **Auferstehung** Jesu, Bedeutung und Gestalt zu verleihen.

Gehenna, Hölle

Gehenna ist wörtlich verstanden das Tal von Hinnom an den südwestlichen Hängen Jerusalems. Seit uralter Zeit wurde das Tal als Müllhalde benutzt, in der ständig ein schwelendes Feuer brannte. Bereits zur Zeit Jesu benutzte man im Judentum das Wort als Bild für den Ort der Bestrafung nach dem Tod. Jesu eigener Gebrauch des Wortes vermischt die beiden Bedeutungen in seinen Warnungen, die er sowohl an Jerusalem richtete (wenn die Stadt nicht umkehren würde, würde sie zu einem schwelenden Müllhaufen werden), als auch an Menschen im Allgemeinen (damit sie im Gericht Gottes nicht verurteilt werden).

Gemeinschaft
Das Wort, das wir oft mit „Gemeinschaft" übersetzen, kann „geschäftliche Partnerschaft" bedeuten. (In der Alten Welt waren Firmen oft Familienbetriebe. Deshalb schwingt die Bedeutung von „Loyalität zur Familie" auch mit.) Es kann aber auch eine Art gegenseitiger Zugehörigkeit oder Teilhabe an einem gemeinsamen Unternehmen bezeichnen. In der frühen Christenheit meinte „Gemeinschaft" nicht nur, dass man als Christen zusammengehört. Es meinte auch, dass man gemeinsam zu Jesus Christus gehört und gemeinsam durch den Heiligen Geist Anteil hat an seinem Leben. Das kommt durch Handlungen wie „das Brotbrechen" zum Ausdruck oder indem man mit Bedürftigen teilt.

Geist, *siehe* Leben, Heiliger Geist

Gerechtfertigt *siehe* Rechtfertigung

Gesetz, *siehe* Tora

Glaube
Der Begriff Glaube deckt im Neuen Testament einen großen Bereich des menschlichen Vertrauens und der Vertrauenswürdigkeit ab. Am einen Ende des Spektrums verschmilzt er mit der Liebe, am anderen Ende mit der Loyalität. Im jüdischen und christlichen Denken umfasst Glaube auch das Für-wahr-Halten, die Akzeptanz gewisser Dinge als wahre Aussagen über Gott und über das, was er in der Welt getan hat (z. B. dass er Israel aus Ägypten befreit und herausgeführt oder Jesus von den Toten auferweckt hat). Für Jesus, so scheint es, bedeutet „Glaube" oft: „anerkennen, dass Gott entscheidend am Werk ist, um das **Reich Gottes** aufzurichten, und zwar durch Jesus." Für Paulus ist „Glaube" sowohl die konkrete Überzeugung, dass Jesus der Herr ist und dass Gott ihn von den Toten auferweckt hat (Römer 10,9), als auch die dankbare Liebe des Menschen als Antwort auf die souveräne göttliche Liebe (Galater 2,20). Dieser Glaube ist für Paulus das einzige Merkmal der Zugehörigkeit zum Volk Gottes

in Christus, ein Merkmal, das dieses Volk auf eine Weise kennzeichnet, wie es die **Tora** und die von ihr vorgeschriebenen Werke niemals tun können.

Gleichnisse
Seit alttestamentlichen Zeiten benutzten Propheten oder andere Lehrer verschiedene Formen der Erzählung von Storys, um Israel aufzurütteln (z.B. 2. Samuel 12,1-7). Manchmal handelte es sich auch um Visionen mit Interpretationen (z.B. Daniel 7). Ähnliche Techniken wurden von den Rabbinern angewendet. Jesus adaptierte diese Traditionen auf seine eigene kreative Weise, um die Weltanschauung seiner Zeitgenossen aufzubrechen und sie einzuladen, stattdessen seine Vision vom **Reich Gottes** zu teilen. Seine Storys porträtierten dieses Gottesreich nicht nur als eine zeitlose Wahrheit, sondern als etwas, das *geschah*. Und sie versetzten seine Zuhörer in die Lage, in die Story einzutreten und sie sich zu eigen zu machen. Wie manche alttestamentliche Visionen haben auch einige Gleichnisse Jesu ihre eigenen Interpretationen (z.B. der Sämann in Markus 4); andere sind kaum verhüllte Nacherzählungen der prophetischen Story Israels (z.B. die bösen Weingärtner in Markus 12).

Gute Nachricht, Evangelium, Botschaft, Wort
„Gute Nachricht", oder „Evangelium", hatte für Juden im ersten Jahrhundert zwei Hauptbedeutungen. Zunächst bedeutete es die Nachricht von **JHWHs** lange erwartetem Sieg über das Böse und von der Rettung seines Volkes. Die Wurzeln dieser Vorstellung reichen zurück in das Buch des Propheten Jesaja. Zum Zweiten wurde das Wort in der römischen Welt benutzt, um die Nachricht von der Thronbesteigung oder Geburt des Kaisers zu bezeichnen. Da die Verkündigung des anbrechenden **Reiches Gottes** für Jesus und Paulus sowohl die Erfüllung der Prophetie als auch eine Herausforderung der gegenwärtigen Herrscher der Welt war, wurde das Wort „Evangelium" eine Art wichtiges Kürzel sowohl für die **Botschaft**, die Jesus selbst verkündigte, als auch für die apostolische Botschaft über Jesus. Paulus sah diese Botschaft als Träger der rettenden Kraft Gottes an (Römer 1,16; 1. Thessalonicher 2,13).

Die vier kanonischen „Evangelien" erzählen die Story von Jesus auf eine Weise, dass beide Aspekte ans Licht gebracht werden (im Unterschied zu einigen anderen sogenannten „Evangelien", die im zweiten und in späteren Jahrhunderten zirkulierten. Diese neigten dazu, die biblischen und jüdischen Wurzeln des Wirkens Jesu abzuschneiden und den Lesern eine private Spiritualität anstelle der Konfrontation der Herrscher der Welt einzuimpfen). Da diese schöpferische, Leben schenkende **gute Nachricht** bei Jesaja als Gottes eigenes kraftvolles Wort angesehen wird (40,8; 55,11), konnten die frühen Christen die Begriffe „Wort" oder „Botschaft" als weitere Kurzformel für die grundlegende christliche Verkündigung benutzen.

Heiden

Die Juden unterteilten die Welt in Juden und Nicht-Juden. Das hebräische Wort für Nicht-Juden, *goyim*, hat Anklänge sowohl an Familienidentität (d.h. nicht von jüdischer Abstammung) als auch an Anbetung (d.h. Anbetung von Götzen, nicht des wahren Gottes **JHWH**). Obwohl viele Juden gute Beziehungen zu Heiden aufbauten, nicht zuletzt in der jüdischen Diaspora (also in der Zerstreuung der Juden außerhalb von Palästina), gab es offiziell Tabus gegen den Kontakt, z.B. das Verbot der Mischehe. Im Neuen Testament vermittelt das griechische Wort *ethne*, „Nationen", dieselbe Bedeutung wie *goyim*. Es gehörte zu Paulus' Gesamtprogramm, darauf zu bestehen, dass Heiden, die an Jesus glaubten, in der christlichen Gemeinschaft die vollen Rechte genossen wie Juden, die an Jesus glaubten, ohne dass sich die an Jesus glaubenden Heiden der **Beschneidung** unterziehen mussten.

Heil ***siehe*** **Rettung**

Heiliger Geist

In 1. Mose 1,2 ist der Geist die Gegenwart und Kraft Gottes *innerhalb* der Schöpfung, ohne dass Gott mit der Schöpfung identifiziert wird. Derselbe Geist war bestimmten Menschen gegeben, besonders den Propheten, und befähigte sie, für Gott zu sprechen und zu handeln. Jesus wurde bei seiner Taufe durch **Johannes** in besonderer Weise mit dem Geist ausgerüstet, was in seinem bemerkenswerten öffentlichen Werdegang resultierte (Apostelgeschichte 10,38). Nach seiner **Auferstehung** wurden auch seine Nachfolger von demselben Geist erfüllt (Apostelgeschichte 2), der nun als der Geist Jesu identifiziert wurde: Der Schöpfergott handelte auf neue Weise, erneuerte die Welt und auch die Jesusnachfolger selbst. Der Geist befähigte sie, eine Heiligkeit auszuleben, die die **Tora** nicht hervorbringen konnte. Der Geist brachte „Früchte" in ihrem Leben und gab ihnen „Gaben", mit denen sie Gott, der Welt und der Kirche dienten, und er sicherte ihnen die zukünftige **Auferstehung** zu (Römer 8; Galater 4–5; 1. Korinther 12–14). Von ganz früher Zeit an (z.B. Galater 4,1-7) gehörte der Geist im Christentum zur neuen revolutionären Definition Gottes als „der, der den Sohn und den Geist des Sohnes sendet".

Himmel
Der Himmel ist Gottes Dimension der geschöpflichen Ordnung (1. Mose 1,1; Psalm 115,16; Matthäus 6,9), während die „Erde" die Welt aus Raum, Zeit und Materie ist, die wir kennen. „Himmel" steht daher manchmal aus Ehrfurcht für „Gott" (wie in der bei Matthäus regelmäßig auftauchenden Wendung „Himmelreich" = **Reich Gottes**). Normalerweise dem Menschen verborgen, wird der Himmel gelegentlich offenbart oder enthüllt, sodass Menschen die Dimension Gottes hinter dem gewöhnlichen Leben sehen können (z. B. 2. Könige 6,17; Offenbarung 1,4-5). Himmel wird daher im Neuen Testament im Allgemeinen nicht als ein Ort verstanden, an den das Volk Gottes nach dem Tod gelangt; vielmehr kommt am Ende das neue Jerusalem *vom* Himmel *zur* Erde, sodass beide Dimensionen auf ewig vereint werden. „Ins Himmelreich eintreten" heißt nicht, „nach dem Tod in den Himmel kommen", sondern in der Gegenwart zu den Leuten gehören, die ihren irdischen Lebenskurs anhand der Maßstäbe und Absichten des Himmels steuern (vgl. das Gebet Jesu: „wie im Himmel, so auf Erden", Matthäus 6,10), und die sich der Teilhabe am **kommenden Zeitalter** sicher sein dürfen.

Himmelfahrt
Am Ende des Lukasevangeliums und am Anfang der Apostelgeschichte beschreibt Lukas, dass Jesus von der Erde in den Himmel „hinaufsteigt". Um das richtig zu verstehen, müssen wir uns wieder vor Augen führen, dass der „Himmel" nicht ein Ort in unserem Universum aus Raum, Zeit und Materie ist. Er ist eine andere *Dimension* der Wirklichkeit: Gottes Dimension, die sich mit unserer eigenen Dimension überlappt und in Beziehung zu ihr steht. Unsere Dimension nennen wir auch „Erde" und meinen damit den Planeten, auf dem wir leben, und das ganze Universum. Wenn Jesus also „hinaufsteigt", heißt das nicht, dass er weit, weit weg ist. Im Gegenteil: Er kann all seinen Leuten zu allen Zeiten sehr nahe sein.

Es heißt sogar noch mehr. Die Bibel versteht den „Himmel" als Kontrollzentrale für alles, was auf der „Erde" geschieht. Also hat Jesus jetzt die Kontrolle über all das, was hier und jetzt vor sich geht. Jesus übt diese Herrschaft natürlich ganz anders aus als die Herrscher dieser Welt. So wie er es selber gelebt hat, erreicht er seine Ziele durch glaubensvollen Gehorsam, der auch vor Leiden nicht haltmacht. Leben und Zeugnis der frühen Kirche zeigt, was es heißt, dass Jesus aufgefahren ist und dass er der rechtmäßige Herrscher der Welt ist. Deshalb verbreitete sich das Evangelium so rasch über die ganze Welt.

Hohepriester, ***siehe*** **Priester**

Hölle, ***siehe*** **Gehenna**

JHWH

Der alte israelitische Name für Gott spätestens seit der Zeit des Exodus (2. Mose 6,2 f.). Vielleicht wurde der Name ursprüngliche „Jahwe" ausgesprochen, doch zu Jesu Zeiten galt er als zu heilig, um ihn überhaupt laut auszusprechen. Dies geschah nur einmal pro Jahr vom **Hohepriester** im Allerheiligsten im **Tempel**. Beim Lesen der biblischen Schriften sagten fromme Juden stattdessen *Adonai*, „Herr". Dabei fügte man die Vokale von *Adonai* den Konsonanten von JHWH hinzu, was im Endeffekt zu der Mischform „Jehova" führte. Das Wort JHWH wird vom Verb für „sein" her gebildet. Es kombiniert die Bedeutung „Ich bin, der ich bin" mit „Ich werde sein, der ich sein werde" und vielleicht auch mit „Ich bin, weil ich bin" und betont so die souveräne schöpferische Kraft JHWHs.

Johannes (der Täufer)

Johannes ist der Cousin Jesu mütterlicherseits; ein paar Monate vor ihm geboren. Sein Vater war ein **Priester**. Er wirkte als Prophet und taufte im Jordan. Damit brachte er erneut den **Exodus** aus Ägypten auf dramatische Weise auf die Bühne und bereitete die Leute auf Gottes kommendes Gericht vor, indem er sie zur **Umkehr** aufrief. Es könnte sein, dass er Kontakte zu den **Essenern** hatte, obwohl sich seine öffentliche Botschaft von der dieser Gruppierung unterschied. Jesu eigene Berufung wurde bei seiner **Taufe** durch Johannes auf entscheidende Weise bestätigt. Im Rahmen seiner Botschaft vom **Reich Gottes** kritisierte Johannes Herodes Antipas öffentlich dafür, die Ehefrau seines Bruders geheiratet zu haben. Herodes ließ ihn gefangen nehmen und auf Bitte seiner Frau hin enthaupten (Markus 6,14-29). Noch eine ganze Zeit lang existierten Johannesjünger als separate Gruppe, ohne mit dem Christentum zu verschmelzen (z.B. Apostelgeschichte 19,1-7).

Jünger, ***siehe*** **Apostel**

Königreich Gottes, Himmelreich

Der Begriff ist am besten zu verstehen als Königs*herrschaft* oder souveräne und rettende Herrschaft von **JHWH**, dem Gott Israels, wie sie in etlichen Psalmen (z.B. 99,1) und Prophetien (z.B. Daniel 6,26 f.) gefeiert wird.

JHWH war der Schöpfergott. Wenn er schließlich in der Weise König werden würde, wie er es immer beabsichtigt hatte, dann würde das umfassen, dass die Welt ins Lot gebracht und insbesondere Israel von seinen Feinden gerettet werden würde. „Reich Gottes“ und verschiedene äquivalente Wendungen (z.B. „Kein König außer Gott!“) wurden ungefähr in der Zeit, in der Jesus lebte, zu revolutionären Slogans. Jesu eigene Verkündigung des Reiches Gottes definierte diese Erwartungen neu im Sinne seiner eigenen ganz anderen Pläne und seiner eigenen Berufung. Mit seiner Einladung, in das Reich Gottes „einzutreten“, rief er die Menschen zur Loyalität ihm und seinem Programm gegenüber, das als Beginn der lange erwarteten rettenden Herrschaft Gottes verstanden wurde. Für Jesus kam das Reich Gottes nicht mit einem einzigen Schachzug, sondern schrittweise. Sein eigener öffentlicher Werdegang war ein solcher Schritt, sein Tod und seine Auferstehung ein weiterer und eine noch in der Zukunft liegende Vollendung wieder ein anderer Schritt. Man beachte, dass „**Himmel**reich“ der von Matthäus bevorzugte Begriff für dieselbe Sache ist. Er folgt damit einer üblichen jüdischen Praxis, „Himmel“ statt „Gott“ zu sagen. Er verweist damit nicht auf einen Ort (den „Himmel“), sondern auf die Tatsache, dass Gott in und durch Jesus und sein Werk König wird. Paulus spricht davon, dass Jesus als **Messias** bereits im Besitz seines Reiches ist und darauf wartet, es letztendlich dem Vater zu übergeben (1. Korinther 15,23-28; vgl. Epheser 5,5).

Leben, Seele, Geist
Die Menschen der Antike vertraten viele verschiedene Ansichten zur Frage, was den Menschen zu dem besonderen Geschöpf macht, das er ist. Manche, darunter viele Juden, glaubten, dass zum vollständigen Menschsein sowohl der Körper als auch ein inneres Selbst gehört. Andere, darunter viele, die von der Philosophie Platons (4. Jahrhundert v. Chr.) beeinflusst waren, glaubten, dass der wichtige Teil eines Menschen die „Seele“ sei (griechisch *psyche*), die im Tod glücklicherweise aus ihrem körperlichen Gefängnis befreit wurde. Verwirrend für uns ist die Tatsache, dass dasselbe Wort *psyche* im Neuen Testament oft innerhalb eines jüdischen Bezugsrahmens verwendet wird, wo es dann ganz klar „Leben“ oder „das wahre Selbst“ bedeutet, ohne einen Leib-Seele-Dualismus zu implizieren, der den Körper entwertet. Die Innerlichkeit der menschlichen Erfahrung und des Verstehens kann auch „Geist“ genannt werden. *Siehe auch* **Heiliger Geist; Auferstehung.**

Letzte Tage
Die alten Juden teilten die Weltgeschichte in zwei Abschnitte ein: das „gegenwärtige Zeitalter" und das „kommende Zeitalter". Im gegenwärtigen Zeitalter hat das Böse, das sich auf viele verschiedene Arten zeigt, noch sehr viel Macht. Mit dem kommenden Zeitalter beginnt Gottes endgültige Herrschaft, die geprägt ist von Gerechtigkeit, Friede, Liebe und Freude. Die alten Propheten haben den Übergang von einem Zeitalter in das andere „die letzten Tage" genannt. Damit meinten sie entweder die letzten Momente des „gegenwärtigen Zeitalters" oder den letztendlichen Anbruch des „kommenden Zeitalters". Wenn Petrus in Apostelgeschichte 2,17 den Propheten Joel zitiert, meint er wahrscheinlich beides. Die beiden Zeitalter überlappen sich. Die Christen leben in den „letzten Tagen". Gottes Königreich hat in und durch Jesus bereits begonnen und wird vollendet, wenn Jesus wiederkommt. Das Neue Testament fördert die Vorstellung nicht, dass wir einen genauen Zeitplan dafür aufstellen können. Ebenso wenig redet es davon, dass der Zeitabschnitt unmittelbar vor der Wiederkunft Jesu markant anders (z. B. viel gewalttätiger) sein wird als jede andere Periode der Weltgeschichte (Matthäus 24,36-39).

Menschensohn *siehe* Sohn eines Menschen

Messias, messianisch, Christus
Das hebräische Wort bedeutet wörtlich „der Gesalbte" und bezeichnet daher theoretisch entweder einen Propheten, **Priester** oder König. Auf Griechisch wird der Begriff mit *Christos* übersetzt; im frühen Christentum war „Christus" ein Titel und wurde nur schrittweise zu einem alternativen Eigennamen für Jesus. Der Begriff „Messias" ist praktisch auf die Vorstellung vom kommenden König beschränkt, der der wahre Erbe Davids sein würde, durch den **JHWH** Israel von seinen heidnischen Feinden befreien würde, eine Vorstellung, die im antiken Judentum verschiedene Formen annahm. Es gab nicht die eine singuläre Vorlage für die Erwartungen an einen Messias. Storys und Verheißungen aus den alttestamentlichen Schriften leisteten ihren Beitrag zu verschiedenen Idealvorstellungen und Bewegungen, die sich oft (a) auf einen entscheidenden militärischen Sieg über Israels Feinde und (b) auf den Wiederaufbau oder die Reinigung des **Tempels** fokussierten. Die **Schriftrollen vom Toten Meer** sprechen von zwei „Messiassen", von einem priesterlichen und einem königlichen. Die universale frühchristliche Überzeugung, dass Jesus der Messias war, ist angesichts seiner Kreuzigung durch die Römer (die

eigentlich als klares Zeichen verstanden worden sein musste, dass er nicht der Messias war) nur aufgrund der Überzeugung erklärbar, dass Gott ihn von den Toten auferweckt und damit die impliziten messianischen Ansprüche seines früheren Wirkens bestätigt hatte.

Opfer
Wie alle Völker der Antike brachten die Israeliten ihrem Gott Opfer dar in Form von Tieren oder Feldfrüchten. Anders als andere besaßen sie einen sehr detaillierten schriftlichen Kodex (hauptsächlich in 3. Mose) zu der Frage, was und wie sie opfern sollten; diese Dinge wurden dann in der **Mischna** weiter entfaltet (rund 200 n. Chr.). Das Alte Testament bestimmt, dass Opfer ausschließlich im Jerusalemer **Tempel** dargebracht werden durften. Nachdem dieser im Jahre 70 n. Chr. zerstört worden war, hörten die Opfer auf und das Judentum entwickelte eine Vorstellung weiter, die bereits in einigen seiner Lehren angelegt war: die Vorstellung, Beten, Fasten und das Geben von Almosen seien alternative Formen des Opferns. Die frühen Christen benutzten die Sprache vom Opfern in Verbindung mit Dingen wie Heiligkeit, Evangelisation und **Abendmahl/Eucharistie**.

Priester, Hohepriester
Aaron, der ältere Bruder von Mose, wurde zu Israels erstem Hohepriester ernannt (2. Mose 28–29), und theoretisch waren danach seine Nachkommen die Priester Israels. Andere Mitglieder seines Stammes (Levi) waren „Leviten“, die andere liturgischen Aufgaben ausführten, aber nicht Opfer darbrachten. Priester lebten im ganzen Land unter dem Volk und spielten vor Ort eine Rolle als Lehrer (3. Mose 10,11; Maleachi 2,7). Nach einem Rotationssystem gingen sie nach Jerusalem, um die Liturgie im **Tempel** auszuführen (z.B. Lukas 2,8).

David ernannte Zadok (dessen aaronitische Abstammung gelegentlich infrage gestellt wird) zum Hohepriester, und seine Familie stellte danach die Hauptpriester in Jerusalem, wahrscheinlich die Vorfahren der **Sadduzäer**. Eine Erklärung der Ursprünge der **Essener** besagt, dass sie eine Gruppe von Dissidenten waren, die sich für die rechtmäßigen Hauptpriester hielten.

Rechtfertigung
Als Richter über die ganze Welt erklärt Gott, dass jemand im Recht ist, trotz allgemeiner Sünde. Diese Erklärung wird am letzten Tag auf der Grundlage

des gesamten Lebens abgegeben werden (Römer 2,1-16). Auf der Basis des Verdienstes von Jesus wird sie aber schon jetzt zugesagt, da die Frage der Sünde durch das, was am Kreuz geschehen ist, geklärt ist (Römer 3,21–4,25). Der Weg, diese Rechtfertigung bereits jetzt zu erlangen, ist allein der Glaube. Das bedeutet besonders, dass Juden und Heiden gleichermaßen vollgültige Mitglieder der Familie sind, die Gott dem Abraham verheißen hat (Galater 3; Römer 4).

Rettung *siehe* Erlösung/Errettung

Satan, „der Ankläger“, Dämonen

Die Bibel macht über die Identität der Gestalt, die als „Satan“ bekannt ist, nirgends präzise Aussagen. Das hebräische Wort bedeutet „der Ankläger“, und bisweilen scheint Satan ein Mitglied des himmlischen Rates **JHWHs** zu sein, mit der besonderen Verantwortung als Chefankläger (1. Chronik 21,1; Hiob 1–2; Sacharja 3,1 f.). Die Gestalt wird jedoch verschiedentlich mit der Schlange im Garten Eden identifiziert (1. Mose 3,1-15) und mit dem rebellischen Morgenstern, der aus dem Himmel geworfen wurde (Jesaja 14,12-15). Von vielen Juden wurde sie als gewissermaßen persönliche Quelle des Bösen angesehen, das sowohl hinter der Bösartigkeit des Menschen als auch hinter der weltbeherrschenden Ungerechtigkeit steht und manchmal durch nur teilweise unabhängige „Dämonen“ wirkt. Zu Jesu Zeiten wurden verschiedene Wörter verwendet, um diese Gestalt zu bezeichnen, u.a. „Beelzebul/b“ (wörtlich „Herr der Fliegen“) und schlicht „der Böse“; Jesus warnte seine Nachfolger vor den Täuschungen, die diese Gestalt anrichten konnte. Jesu Gegner beschuldigten ihn, mit Satan im Bund zu sein. Die frühen Christen dagegen glaubten, dass Jesus Satan besiegt hat – sowohl in seinen eigenen Kämpfen mit der Versuchung (Matthäus 4; Lukas 4), in seinen Dämonenaustreibungen und in seinem Tod (1. Korinther 2,8; Kolosser 2,15). Daher ist der endgültige Sieg über diesen ultimativen Feind bereits sichergestellt (Offenbarung 20), obwohl der Kampf für Christen immer noch ein erbitterter sein kann (Epheser 6,10-20).

Schriftrollen vom Toten Meer

Eine Sammlung von Texten, einige davon in erstaunlich gutem Zustand, andere extrem fragmentarisch, die Ende der 1940er-Jahre in der Gegend von Qumran gefunden wurden (nahe der nordöstlichen Küste des Toten Meers). Mittlerweile sind fast alle Schriften herausgegeben, übersetzt und der Öffentlichkeit zugänglich. Diese Schriften bildeten die Bibliothek (oder einen Teil davon) einer strengen klösterlichen Gruppe, höchstwahrscheinlich von Essenern, die von der Mitte des 2. Jahrhunderts v. Chr. bis zum jüdisch-römischen Krieg (66 – 70 n. Chr.) bestand. Die Schriftrollen umfassen die frühesten erhaltenen Manuskripte der hebräischen und aramäischen biblischen Schriften sowie mehrere andere wichtige Dokumente mit Gemeinschaftsregeln, Bibelauslegung, Hymnen, Weisheitsschriften und weiterer Literatur. Sie erhellen sehr deutlich ein kleines Segment des Judentums zur Zeit Jesu und helfen uns zu verstehen, wie zumindest einige Juden damals dachten, beteten und die Bibel lasen. Trotz Versuchen, das Gegenteil zu beweisen, finden sich in den Schriftrollen keine Verweise auf Johannes den Täufer, Jesus, Paulus, Jakobus oder das frühe Christentum im Allgemeinen.

Seele, *siehe* Leben

Sohn Davids
Ein alternativer und selten verwendeter Titel für **Messias**. Die messianischen Verheißungen des Alten Testaments konzentrierten sich oft auf den Sohn Davids, z.B. 2. Samuel 7,12-16; Psalm 89,19-37. Josef, Marias Ehemann, wird von dem Engel in Matthäus 1,20 „Sohn Davids" genannt.

Sohn eines Menschen
Auf Hebräisch oder Aramäisch bedeutet dieser Begriff schlicht „Sterblicher" oder „Mensch"; im späteren Judentum wird er manchmal verwendet, um „ich" oder „jemand wie ich" zu sagen. Im Neuen Testament wird die Wendung oft mit Daniel 7,13 verbunden, wo „jemand wie ein Menschensohn" auf den Wolken des **Himmels** zum „Hochbetagten" gebracht wird, wo er nach einer Zeit der Leiden rehabilitiert wird und königliche Macht bekommt. Obwohl Daniel 7 dieses Szenario selbst als eine Verschlüsselung interpretiert, die „das Volk der Heiligen des Höchsten" bezeichnet, verstand man im Judentum des ersten Jahrhunderts die Stelle als eine **messianische** Verheißung. Jesus entwickelte diese Vorstellung auf seine eigene Weise in bestimmten Schlüsselsprüchen weiter, die am besten als Verheißungen zu verstehen sind, dass Gott ihn nach seinem Leiden rehabilitieren und jene richten würde, die ihm widerstanden hatten (z.B. Markus 14,62). Jesus konnte so die Wendung als kryptische Selbstbezeichnung verwenden, die auf sein kommendes Leiden, seine Rehabilitierung und seine von Gott verliehene Autorität hinwies.

Sohn Gottes

Ursprünglich ein Titel für Israel (2. Mose 4,22) und für den davidischen König (Psalm 2,7); wurde auch in Bezug auf alte Engelsgestalten verwendet (1. Mose 6,2). In neutestamentlicher Zeit wurde der Begriff bereits als ein **messianischer** Titel verwendet, z. B. in den **Schriftrollen von Toten Meer**. Dort und wenn die **Evangelien** den Titel in Bezug auf Jesus verwenden (z. B. Matthäus 16,16), bedeutet oder verstärkt er den Begriff „**Messias**" ohne die spätere Bedeutung einer „göttlichen" Dimension. Der Übergang zu einer umfassenderen Bedeutung (der, der Gott gleich war und von Gott gesandt wurde, um Mensch und Messias zu werden) ist allerdings bereits bei Paulus sichtbar, ohne dass dabei die Bedeutung „Messias" verloren geht (z. B. Galater 4,4).

Tempel

Der Tempel in Jerusalem war von David (rund 1000 v. Chr.) geplant und von seinem Sohn Salomo als zentrales Heiligtum für ganz Israel gebaut worden. Nach Reformen unter Hiskia und Josia im 7. Jahrhundert v. Chr. wurde er 587 v. Chr. von den Babyloniern zerstört. Der Wiederaufbau durch aus dem **Exil** zurückgekehrte Israeliten begann im Jahre 538 v. Chr. und wurde im Jahr 515 vollendet, womit die „Zeit des zweiten Tempels" begann. Judas Makkabäus reinigte den Tempel im Jahre 164 v. Chr., nachdem er von Antiochus Epiphanes entweiht worden war (167 v. Chr.). Herodes der Große begann im Jahre 19 v. Chr., den Bau des Tempels zu erneuern und zu verschönern; diese Arbeiten wurden im Jahre 63 n. Chr. vollendet. Der Tempel wurde von den Römern im Jahre 70 n. Chr. zerstört. Viele Juden glaubten, er sollte und würde wieder aufgebaut werden; einige glauben das heute noch. Der Tempel war nicht nur der Ort der **Opfer**; er wurde auch als einziger Wohnort **JHWHs** auf Erden angesehen, der Ort, an dem sich **Himmel** und Erde berührten.

Teufel *siehe* Satan

Tora, jüdisches Gesetz

Die „Tora" besteht, wenn man sie eng definiert, aus den ersten fünf Büchern des Alten Testaments, den „fünf Büchern Mose" oder dem „Pentateuch". (Diese Bücher erhalten viele Gesetzestexte, aber auch viele narrative Texte.) Der Begriff kann auch in Bezug auf die gesamten alttestamentlichen Schriften benutzt werden, auch wenn das gesamte AT streng genommen aus dem „Gesetz, den Propheten und den Schriften" besteht. Im weiter gefassten Sinne verweist der Begriff auf das gesamte sich entwickelnde Korpus der jüdischen Rechtstradition, und zwar in geschriebener wie in mündlicher Form; die mündliche Tora wurde zunächst um 200 n. Chr. in der **Mischna** kodifiziert; Weiterentwicklungen finden sich im babylonischen und im palästinischen Talmud, die um 400 n. Chr. kodifiziert wurden. In der Zeit, in der Jesus und Paulus lebten, hielten viele Juden die Tora so sehr für gottgegeben, dass sie in gewissem Sinne selbst göttliche Qualität annahm; einige (z. B. Ben Sira 24) identifizierten die Tora mit der Figur der „Weisheit". Das Tun dessen, was in der Tora vorgeschrieben wird, galt nicht als Mittel, um Gottes Wohlwollen zu verdienen, sondern vielmehr als Ausdruck der Dankbarkeit und als Schlüsselmerkmal der jüdischen Identität.

Umkehr, Buße
Wörtlich meint das Wort Buße „sich umwenden, umdrehen, umkehren". Es wird im Alten Testament und in der nachfolgenden jüdischen Literatur häufig benutzt und bezeichnet sowohl eine persönliche Abwendung von Sünde und Israels gemeinschaftliche Abwendung vom Götzendienst als auch die Rückkehr zu **JHWH**. Beide Bedeutungen verbinden den Begriff mit der Vorstellung von der „Rückkehr aus dem **Exil**"; wenn Israel im umfassenden Sinne „zurückkehren" wollte, dann musste es zu JHWH „zurückkehren". Dies steht im Zentrum des Aufrufs zur Umkehr sowohl bei **Johannes dem Täufer** als auch bei Jesus. In den paulinischen Schriften wird das Wort hauptsächlich in Bezug auf Heiden benutzt, die sich von ihren Götzen abwenden, um dem wahren Gott zu dienen; es wird auch im Blick auf in Sünde geratene Christen benutzt, die zu Jesus zurückkehren müssen.

Vergebung
Für den Dienst und die Botschaft Jesu war Vergebung zentral wichtig. Dies nicht zuletzt deshalb, weil der den Anspruch erhob, Gottes lang erwarteten „Neuen **Bund**" (Jeremia 31,31-34) aufzurichten, durch den endlich die Sünden vergeben werden (Matthäus 26,28). Vergebung bedeutet nicht, dass Gott oder jemand anders im Blick auf eine bestimmte Sünde sagt: „Das war nicht so schlimm", oder „Es hat mich nicht betroffen." Der Punkt bei der Vergebung ist, dass die Sünde wirklich schlimm war. Es *hat* Gott (und/oder andere Menschen) getroffen. Sie wird aber nicht gegen den Täter verwendet. Anders gesagt: Vergebung toleriert Sünde nicht einfach. Sie sieht klar, was geschehen ist, und dann behandelt sie den Täter, als ob es nicht geschehen wäre. Die

frühen Christen antworten auf die Frage: „Wie kann denn ein heiliger und gerechter Gott so etwas tun?“ mit: „durch den Tod Jesu“. Mehr als das: Jesus gibt seinen Nachfolgern den Auftrag, einander mit der gleichen Vergebung zu behandeln (Matthäus 6,12). Wer das verweigert, der schließt die Tür zu, durch die auch er selber Vergebung empfängt (Matthäus 18,21-35).

Wort, *siehe auch* gute Nachricht

Wort (Logos)
Der Prolog des Johannesevangeliums (Johannes 1,1-18) verwendet den Begriff „Wort“ (griechisch: *logos*) auf eine besondere Art. Diese geht darauf zurück, wie die alten Juden die Rolle von Gottes Wort in Schöpfung und Neuschöpfung verstanden. Hier ist Jesus das Wort, die persönliche Gegenwart Gottes, der sich immer von der Welt unterscheiden wird. Er ist der eine, durch den die Schöpfung in Existenz kam. Und jetzt ist er auch der eine, durch den sie geheilt und erneuert wird.

Wunder
Wie einige der alten Propheten, insbesondere Elia und Elisa, vollbrachte auch Jesus viele Taten von erstaunlicher Vollmacht, insbesondere Heilungen. Die Evangelien verweisen darauf mit den Begriffen „gewaltige Taten“, „Zeichen“, „Wundertaten“ oder „Paradoxe“. Unser Wort „Wunder“ neigt zu der Unterstellung, Gott sei normalerweise „außerhalb“ des geschlossenen Systems der Welt und würde manchmal „intervenieren“. Daher wurden Wunder oft von Skeptikern aus Prinzip geleugnet. In der Bibel ist Gott jedoch immer gegenwärtig, wenn auch oft auf seltsame Weise, und „Machttaten“ werden als *spezielle* Handlungen eines *gegenwärtigen* Gottes verstanden, im Gegensatz zu *in die Welt eindringenden* Handlungen eines *abwesenden* Gottes. Die „gewaltigen Werke“, die Jesus selbst vollbrachte, werden im Anschluss an prophetische Texte insbesondere als Beleg für seine Messianität verstanden (z.B. Matthäus 11,2-6).

Zeitalter, gegenwärtiges und kommendes; ewiges Leben
Zur Zeit Jesu unterteilten viele jüdische Denker die Geschichte in zwei Perioden: „das gegenwärtige Zeitalter“ und „das kommende Zeitalter“. Letzteres wäre die Zeit, in der **JHWH** endlich entscheidend handeln würde, um das Böse zu richten, Israel zu retten und eine neue Welt der Gerechtigkeit und des Friedens zu erschaffen. Die frühen Christen glaubten: Obwohl die vollständi-

gen Segnungen des kommenden Zeitalters immer noch in der Zukunft lagen, hatte es doch schon mit Jesus begonnen, insbesondere mit seinem Tod und seiner **Auferstehung**. Sie selbst waren durch den **Glauben** und die **Taufe** befähigt, bereits in das kommende Zeitalter einzutreten. „**Ewiges Leben**" meint nicht einfach „unendlich weitergehende Existenz", sondern „das Leben des kommenden Zeitalters".

Zweites Kommen
Wenn Gott, wie er es verheißen hat, die ganze Schöpfung erneuern wird, wird er Himmel und Erde zusammenbringen. Jesus wird im Zentrum des Ganzen stehen. Er wird selber für und mit seinem Volk gegenwärtig sein und so diese Welt endlich völlig regieren. Die christliche Hoffnung nimmt die alte jüdische Hoffnung auf (und gibt ihr einen klareren Fokus), dass JHWH am Ende der Zeit als Richter und Herrscher zurückkommen wird. Weil man sich oft vorstellt, dass Jesus an Himmelfahrt „weggegangen" ist, stellt man sich auch diese letzten Augenblicke so vor, dass Jesus „wieder zurückkommt". Daraus wurde die Kurzformel „Zweites Kommen" oder „Wiederkunft Jesu". Die Himmelfahrt bedeutet in Wahrheit aber, dass Jesus (wenn auch unsichtbar) nicht weit entfernt, sondern eben gerade sehr nahe bei uns ist. Es überrascht darum nicht, dass einige Schlüsseltexte der Bibel nicht von der „Wiederkunft" Jesu reden, als ob er von weit her zurückkäme, sondern von seinem „Erscheinen" oder „Offenbarwerden" (z.B. Kolosser 3,4; 1. Johannes 3,2). Im Gegensatz zur verbreiteten Überzeugung (die auf einem falschen Verständnis von Markus 13 und ähnlichen Abschnitten beruht) erwarteten die ersten Christen das „Offenbar werden" Jesu nicht zwingend innerhalb einer Generation, sondern zu irgendeiner Zeit – das kann unmittelbar bevorstehen oder sich hinauszögern. Für einige frühe Christen wurde das zu einem Problem (2. Petrus 3,3-10), aber nicht für viele. Das aus der Sicht der ersten Christen wirklich wichtige Ereignis – die Auferstehung von Jesus – hatte ja schon stattgefunden. Sein endgültiges „Erscheinen" bringt nur das zum Abschluss, was bereits unaufhaltsam begonnen hat.

Zwölf Apostel, ***siehe*** **Apostel**

N.T. Wright

Die komplette Auslegungsreihe *für heute*

Matthäus für heute, Band 1, 256 S., ISBN 978-3-7655-0611-6

Matthäus für heute, Band 2, 256 S., ISBN 978-3-7655-0612-3

Markus für heute, 304 S., ISBN 978-3-7655-0613-0

Lukas für heute, 384 S., ISBN 978-3-7655-0614-7

Johannes für heute, Band 1, 208 S., ISBN 978-3-7655-0615-4

Johannes für heute, Band 2, 224 S., ISBN 978-3-7655-0616-1

Apostelgeschichte für heute, Band 1, 272 S., ISBN 978-3-7655-0617-8

Apostelgeschichte für heute, Band 2, 352 S., ISBN 978-3-7655-0618-5

Paulus für heute – Römerbrief, Band 1, 224 S., ISBN 978-3-7655-0619-2

Paulus für heute – Römerbrief, Band 2, 176 S., ISBN 978-3-7655-0620-8

Paulus für heute – 1. Korintherbrief, 298 S., ISBN 978-3-7655-0621-5

Paulus für heute – 2. Korintherbrief, 192 S., ISBN 978-3-7655-0622-2

Paulus für heute – Der Galaterbrief und der 1. und 2. Thessalonicherbrief, 208 S., ISBN 978-3-7655-0623-9

Paulus für heute – Gefangenschaftsbriefe: Epheser, Philipper, Kolosser, Philemon, 256 S., ISBN 978-3-7655-0624-6

Paulus für heute – Die Pastoralbriefe: 1. und 2. Timotheus; Titus, 208 S., ISBN 978-3-7655-0625-3

Hebräerbrief für heute, 224 S., ISBN 978-3-7655-0626-0

Jakobus, Petrus, Johannes und Judas für heute, 254 S., ISBN 978-3-7655-0627-7

Offenbarung für heute, 256 S., ISBN 978-3-7655-0628-4